T0287178

BLACK SABBATH

BLACK SABBATH

César Muela

MA
NON
TROPPO

Un sello de Redbook Ediciones
Indústria 11 (pol. Ind. Buvisa)
08329 Teiá (barcelona)
info@redbookediciones.com
www.redbookediciones.com

© 2021, César Muela Ruiz
© 2021, Redbook Ediciones, s. l., Barcelona

Diseño de cubierta: Regina Richling
Diseño de interior: Quim Miserachs

Fotografías interiores: APG images

Fotografía de cubierta: Shutterstock

ISBN: 978-84-18703-02-7
Depósito legal: B-2.949-2021

Impreso por Reprográficas Malpe, S.A.
c/ Calidad, 34, bloque 2, nave 7
Pol. Ind. "Los Olivos" 28906 Getafe Madrid

Impreso en España - *Printed in Spain*

A mi madre
(aunque igual este no era el libro que esperabas de mí),
a mi padre y a mi hermano.
Os quiero.

Gracias a Leo, Txus y Paco por prestarse a colaborar y por seguir
haciendo grande el rock en español; a Rafa Basa por servirme
de faro en el periodismo musical y por dejarse engañar para esta aventura.

A los amigos que más me han apoyado mientras trabajaba en el libro:
Alber, Marta, Jose, Angelita, Jaime Camacho, Lorena, Jesús Pérez,
Eva López, Manu, Eva Correa y Oce. ¡Va por vosotros!

A mis compañeros de Xataka, porque hay pocas cosas más «heavy metal» que ellos.

A Martí y al equipo de Redbook Ediciones por pensar en mí para escribir todo esto.

Y a ti, que estás leyendo esto.

Índice

1. Introducción

La historia de Black Sabbath está teñida de la peor de las suertes, un festín de todo tipo de drogas y algún que otro triunfo. Es una especie de montaña rusa en la que han demostrado ser capaces de llegar a lo más alto, pero también de caer en lo más bajo. Y, además, paradójicamente, esto les pasaba de forma cíclica; siempre que alcanzaban un punto álgido, a continuación venía una enorme caída. Y, aunque el golpe fuera duro, volvían a la carga, se reponían y reiniciaban la partida, como si fuera un videojuego. Eso sí, cada vez con menos comodines y vidas extra.

Quizá ese afán de superación ha estado siempre en el ADN de esos cuatro chicos que vivían calle con calle en un barrio de Birmingham, y que a finales de los años sesenta decidieron empezar a tocar versiones de blues de grupos como Crow o The Aynsley Dunbar Retaliation. A decir verdad, la formación no prometía mucho.

Por un lado tenías a John, un chico que a los 18 años ya había estado seis semanas en la cárcel por robar en una tienda algo de ropa, y cuya única experiencia cercana a la música era haber trabajado en una fábrica afinando bocinas de coche. En el colegio le llamaban Ozzy y decidió que cantar podía ser una buena idea. Aparte de su nula experiencia o formación musical, había una pega: no se enteró hasta sus 30 años de que tenía dislexia y trastorno por déficit de atención e hiperactividad. Ambas cosas le habían frustrado mucho porque le costaba leer y concentrarse y no supo por qué hasta que recibió el diagnóstico.

Al otro lado tenías a Tony, de abuelos heladeros que emigraron de Italia a Reino Unido para ganarse la vida. Era el tipo guay en el instituto porque tocaba la guitarra. Poco después llegó el momento que marcó su vida: un accidente que le amputó parte de los dos dedos centrales de su mano derecha. Coincidencias de la vida, los mismos que utiliza para presionar las cuerdas de la guitarra porque es zurdo. Para más inri, le sucedió justo el último día en la fábrica en la que trabajaba antes de que se fuera a dedicar plenamente

Black Sabbath, cuatro tipo de Birmingham que acunaron el heavy metal.

a la música. Nadie se imaginaba que este hecho marcaría tanto su futuro y el de la historia de la música moderna.

También estaba Terence, al que todos llamaban Geezer. Era el bajista, aunque como no se podía permitir comprar la cuarta cuerda de su instrumento, tocó un tiempo solo con las tres primeras. Eso hasta que tuvo un bajo, claro, porque empezó tocando con una Fender a la que bajaba la afinación para simular ese sonido más grave.

Por último estaba Bill, que empezó a tocar la batería con 15 años influenciado por bateristas de jazz de los años cuarenta como Gene Kupra, o por figuras de los sesenta como Ringo Starr, John Bonham o Larrie Londin. Más que llenar de golpes cada compás, le gustaba mucho jugar con los silencios y el aire en las canciones.

Así que, sí, tenías una banda de versiones de blues con un cantante disléxico, un guitarrista con dos dedos de su mano principal amputados, un bajista sin dinero para comprar cuerdas para su instrumento y, al menos, para compensar, un baterista al que le gustaba tomarse las cosas en serio. Desde luego, con esta presentación nadie diría que estos cuatro ingleses acabarían haciendo historia en la música, llenando estadios, siendo escuchados por millones de personas y, sobre todo, poniendo los pilares de un estilo desconocido hasta entonces: el heavy metal.

Decir que la música heavy metal no existía antes de Black Sabbath puede ser algo atrevido. En los años sesenta el término «heavy metal» se había usado para referirse a los metales pesados de la tabla periódica de los elementos químicos, aunque también empezaron a aparecer referencias en la cultura popular. Es el caso de William S. Burroughs y sus novelas *La máquina blanda* (1961) o *Expreso Nova* (1964), en las que usaba «heavy metal» para referirse al consumo de drogas. En la música, la primera mención apareció justo por influencia de estas novelas de Burroughs en el disco *Featuring the Human Host and the Heavy Metal Kids* (1967), de Hapshash and the Coloured Coat, una formación inglesa de rock psicodélico y *avant-garde* que nada tiene que ver con lo que hoy conocemos como heavy metal.

Bandas de los años sesenta como Iron Butterfly, Cream o Blue Cheer sí se aproximaban más a esos sonidos duros, pero no fue hasta 1968 que empezó a fraguarse ese «metal pesado» musical. Curiosamente, justo en ese año, 1968, nacieron los tres grupos precursores del género: Black Sabbath, Deep Purple y Led Zeppelin. Cada uno a su manera y no sin ciertas rivalidades entre ellos, ayudaron a moldear un tipo de música que se erigía sobre un volumen brutal, riffs de guitarras muy distorsionadas, bases rítmicas pesadas, voces melódicas a la par que estridentes para el estándar de la época, y unas letras muy oscuras y melancólicas, que chocaban contra las más amables y superficiales sobre el amor, la felicidad y la no violencia del movimiento *Flower Power* de esa década.

Fue a partir de entonces cuando los periodistas musicales empezaron a definir esos nuevos sonidos como heavy metal. Tradicionalmente se ha señalado al californiano Lester Bangs como precursor del término para referirse al tipo de música, aunque no hay un consenso claro porque otros periodistas como Mike Saunders, que compartía revista con Bangs; Sandy Pearlman, que acabó siendo el productor y manager de Blue Öyster Cult; o Barry Gifford, por un artículo que escribió sobre Elec-

Las bases rítimicas del heavy metal y sus letras oscuras y melancólicas chocaron de frente con las más amables y superficiales del movimiento *Flower Power* que impregnó la música de finales de los sesenta.

Más de 25 músicos han desfilado por la formación desde sus inicios hasta su gira de despedida.

tric Flag en la revista *Rolling Stone* en 1968, también usaron «heavy metal» para describir la música que estaban escuchando entonces.

De hecho, se suele citar como el origen de la denominación de heavy metal en la música una crítica que hizo Bangs en la revista *Creem* al disco *Paranoid* (1970) de Black Sabbath. Sin embargo, en ese texto, que no era favorable al grupo precisamente, no aparece ni una sola vez el término «heavy metal». En su lugar, sí se puede leer «downer music», o música deprimente.

Paradójicamente, el propio Ozzy ha renegado en los últimos años de la vaguedad del concepto heavy metal «porque engloba tanto a Sabbath como a Poison» y, él, en una entrevista concedida a la revista *Circus* a mediados de los años setenta, definía la música de su banda como «Depression rock», rock depresivo, que se acerca a esa «música deprimente» que definía Bangs.

Sea como fuere y tanto si utilizamos heavy metal o su sinónimo, heavy rock, o, simplemente, metal, no hay duda de que Black Sabbath escribió las primeras páginas del género junto a sus coetáneos Deep Purple y Led

Kurt Cobain definía el sonido de Nirvana como un cruce entre los Beatles y Black Sabbath.

Zeppelin, y sirvieron como referencia a las siguientes generaciones de grupos como Judas Priest, Iron Maiden, Metallica o incluso Nirvana (Kurt Cobain definía su sonido como un cruce entre los Beatles y Black Sabbath).

No obstante, lo que diferencia a Black Sabbath de Purple y Zeppelin es precisamente ese estado permanente de drama. Sí, hubo tragedias y cambios de formación en Deep Purple y Led Zeppelin, pero la palma se la lleva Black Sabbath con un histórico de más de 25 músicos pasando por su formación para la grabación de discos (sin contar músicos de sesión en conciertos), entre los que se incluyen titanes del rock como Ian Gillan (fichar al vocalista de sus «rivales» Deep Purple fue todo un acontecimiento), Glenn Hughes (que también fue cantante de Deep Purple) o Eric Singer, y, por supuesto, el eterno Ronnie James Dio, considerado uno de los mejores cantantes de heavy metal de todos los tiempos y clave en los Sabbath de los años ochenta.

Pardiez, la trayectoria de Black Sabbath es tan dramática que hubo unos años en los que no eran dueños ni de sus exitosas canciones. Vivieron en sus propias carnes las consecuencias de ser engañados y exprimidos por representantes, discográficas y abogados. Casi se arruinan en varias ocasiones. Y, por si fuera poco, la prensa y las críticas nunca les acompañaron. Sus discos fueron menospreciados, mientras que la gloria y las alabanzas se las llevaban Purple y Zeppelin, algo que sacaba de quicio a Tony Iommi, líder indiscutible y único miembro estable en todas las etapas de Sabbath.

Tonny Iommi fue el único miembro original de Black Sabbath que estuvo en todas sus etapas.

Ese sambenito de chicos pobres con complejo de inferioridad de Birmingham siempre les ha acompañado, aunque les salvó el boca a boca, que la gente comprara sus discos y fuera a sus conciertos a pesar de las malas críticas o de los constantes cambios de formación.

Tampoco ayudaron mucho las drogas. Llegaron a tal punto de abuso que decidieron llevar consigo a un camello propio en la gira de su álbum *Vol.4* (1972) para que nunca les faltase cocaína. Eran tiempos en los que empezaban los conciertos con un Ozzy fuera de sí preguntando al público si estaban drogados. Cuando el respetable gritaba de vuelta con un rotundo sí, entonces el vocalista respondía, «genial, ¡porque yo también!», y empezaban con «Snowblind», célebre canción dedicada a la coca. Incluso en los agradecimientos del álbum dedicaron un apartado a «the great COKE-Cola Company of Los Angeles», y no se referían precisamente a la empresa del famoso refresco.

13 es el decimonoveno y último álbum de estudio de Black Sabbath, editado en 2013.

Cada cual tenía su vicio, pero, desde luego, la marihuana, el hachís, el LSD o la cocaína bien podrían considerarse como parte de la formación oficial de Black Sabbath, al menos durante las primeras y más alocadas décadas. No podemos olvidarnos del alcohol, motor de múltiples fiestas y sesiones de composición y grabación que, además, propició anécdotas curiosas, como cuando Ozzy casi prende fuego a un castillo del siglo XVIII porque metió demasiada madera en la chimenea y se quedó dormido al lado. Pero también hubo otras más tristes, como cuando le diagnosticaron hepatitis a Bill Ward a sus veintipocos años, algo que desencadenó en una depresión y en un infierno personal que tardó mucho tiempo en superar.

Y, como remate, la salud no siempre les acompañó. Desde depresiones, ansiedad, adicciones y otros problemas psicológicos, pasando por el grave accidente que tuvo Ozzy en 2003 con un quad y que casi le cuesta la vida, hasta el diagnosticado linfoma (un tipo de cáncer) de Tony Iommi en 2012, la aventura de la banda inglesa también se torció en este apartado.

A pesar de todo, Black Sabbath logró publicar 19 discos de estudio (el primero y homónimo en 1970, y el último, *13*, en 2013), vender más de 70 millones de CD's y, después de 31 giras y cientos de conciertos, fueron capaces de despedirse de los escenarios por todo lo alto en su Birmingham natal el 4 de febrero de 2017. No está mal para un grupo de desdichados que hacen «música deprimente», ¿no?

2. Cuatro chavales humildes de Birmingham

La historia de Black Sabbath comienza en Aston, un distrito al noreste de Birmingham, actualmente la segunda ciudad más importante de Reino Unido, después de Londres. Nos encontramos en los años sesenta, apenas dos décadas después de lo que se conoce como *Birmingham Blitz*, los bombardeos masivos de la Alemania nazi que asolaron la ciudad durante la Segunda Guerra Mundial, y que dentro del país también afectaron, sobre todo, a Londres y Liverpool.

El contexto político de esta década estuvo marcado por la Guerra Fría y la tensión entre Estados Unidos y la Unión Soviética, con episodios como la Guerra de Vietnam (1955-1975), la construcción del Muro de Berlín y el Telón de Acero (1961), que dividió en dos Europa, o la Crisis de los misiles en Cuba (1962), que, según algunos historiadores, a punto estuvo de desembocar en la Tercera Guerra Mundial.

También fueron los años de la carrera espacial, esa obsesión por conseguir hazañas que demostraran la potencia y el progreso de cada uno de los bloques. Los soviéticos asestaron el primer golpe en 1961 poniendo en órbita al primer humano, Yuri Gagarin, aunque en 1969 Estados Unidos mandó al primer hombre a la Luna, Neil Armstrong.

En el ámbito socio-cultural las cosas no estaban mucho más tranquilas. A los asesinatos políticos (John F. Kennedy en 1963, Malcolm X en 1965 y Martin Luther King en 1968), se unieron movimientos sociales por todo el mundo, como la Primavera de Praga (1968); la segunda ola del feminismo, que se centraba en el derecho al trabajo, la sexualidad o el aborto; o las protestas contra la sociedad de clases de Mayo de 1968, que se originaron en Francia y que acabaron teniendo sus réplicas correspondientes por todo el mundo, incluyendo España, Italia, México, Chile o Argentina.

Una de las respuestas ante toda esta crispación fue el llamado movimiento contracultural *Flower Power* y la ideología hippie, basada en la no-violencia y en la resistencia pasiva. El amor libre, las drogas y la psicodelia constituyeron parte de sus pilares clave, con acontecimientos como el Verano del Amor (1967) o el Festival de Woodstock (1969), que encumbraron a referentes culturales como Janis Joplin, Jefferson Airplane, The Who, Jimi Hendrix y, por supuesto, a The Beatles, cuya canción «All You Need Is Love» se convirtió en el himno que representaba a esta generación. El cuarteto de Liverpool, como veremos, también tuvo un fuerte impacto en Black Sabbath.

Con este contexto, y volviendo a poner la mirada en Aston, hay que tener en cuenta que Birmingham se encontraba en plena regeneración posguerra y vivió un florecimiento que afectaba sobre todo a la industria, con un claro desarrollo de la metalurgia (el chiste con el heavy metal se hace solo) y las fábricas de coches y motos. Sin embargo, ese despunte económico no se traducía en optimismo, precisamente, y es que toda la situación geopolítica arrastraba a los más jóvenes a tener muchas dudas sobre el futuro. Corrían tiempos más bien grises. Bill Ward confiesa: «Éramos un caos en términos de dinero, propiedades o prestigio. No teníamos nada». Y añade: «Si crecías en Aston, tenías tres opciones: trabajar en una fábrica, unirte a un grupo de música o ir a la cárcel». Así, no es una sorpresa que los cuatro integrantes originales de Black Sabbath cumplieran con estas tres cosas.

La mala suerte de Tony

El jovencito Anthony Frank Iommi (Birmingham, 1948) llevaba toda su adolescencia tocando la guitarra, aunque su ilusión de pequeño era tocar la batería. No pudo cumplirla porque, al parecer, no le cabía en casa, así que siguió los pasos de su padre y sus tíos, que tocaban el acordeón. Pasó un tiempo hasta que su madre le compró su primera guitarra.

En 1965 tenía 17 años y se sacaba un dinero trabajando en una fábrica de chapa. En el instituto se ganó la fama de tipo duro porque tocaba en grupos y, de hecho, le iba bastante bien con uno en particular: The Birds and The Bees. La cosa iba tan en serio que hasta iba a empezar una gira por Europa con ellos, e incluso había decidido dejar su trabajo en la fábrica para dedicarse plenamente a la música.

Estaba eufórico. Era viernes y su último día de trabajo en la fábrica. Tony no quería ir porque ya tenía su cabeza puesta en la gira con su grupo, pero su madre le pide por favor que vaya porque estaba convencida de que lo mejor era acabar bien en todos los sitios. Le hizo caso y ese día le tocó sustituir

Anthony Frank Iommi está considerado uno de los guitarristas más importantes de la historia del rock.

a una compañera que trabajaba en una máquina que tenía una guillotina incorporada para cortar piezas de metal. Él nunca la había usado antes y fue entonces cuando sucedió EL ACCIDENTE, así, en mayúsculas.

Quedaban pocas horas para que acabara su turno, pero un error de cálculo hizo que la guillotina cercenara las yemas de los dos dedos centrales de su mano derecha. Al ser zurdo, se trata de su mano importante, la que utiliza para tocar las notas y los acordes en las cuerdas de la guitarra.

Tras estabilizarle y sanearle las heridas en el hospital, los médicos le dieron una de las peores noticias posibles: que se olvidara de volver a tocar la guitarra. De hecho, le aconsejaron que se buscara otra cosa para vivir que no fuera la música. Un día estaba a punto de irse de gira por Europa con un grupo y al otro le dicen que no podrá volver a tocar jamás su instrumento. Fue un mazazo terrible para él, pero, cuando estaba recuperándose, el que había sido su jefe en la fábrica le llevó un disco de un tal Django Reinhardt.

Django fue un guitarrista franco-romaní tremendamente influyente en el jazz que se hizo famoso en la década de los años treinta y cuarenta. Durante una noche, su caravana se incendió y su lado derecho del cuerpo y su mano izquierda sufrieron graves daños. Él era diestro, así que, al contrario que Tony, era su mano importante. El fuego le dejó secuelas y a partir de ese mo-

Django Reinhardt, un referente musical en la carrera de Iommi.

mento solo podía utilizar el dedo índice y el corazón para tocar, cuando lo normal es utilizar todos menos el pulgar, que sirve para colocar la mano y navegar por el mástil. Sin embargo, Django solo podía utilizar los otros dos dedos, el anular y el meñique, como apoyo en algunos acordes, así que tuvo que inventarse una técnica de digitación nueva para poder seguir tocando.

Acabó convirtiéndose en uno de los músicos más famosos de aquella época en Europa, aunque, por si el accidente no fuera suficiente drama en su vida, le tocó vivir la Segunda Guerra Mundial y la correspondiente persecución nazi a los gitanos. Para rizar más el rizo, hubo un tiempo en el que Hitler consideraba el jazz, junto con otros estilos como el swing, «música degenerada» *(Entartete Musik)*, que iba contra los principios de la Alemania nacionalsocialista y su obsesión por la pureza racial (el jazz, al fin y al cabo, era una música con origen afroamericano y con algunos máximos exponentes judíos, una tormenta perfecta que le granjeó al género la prohición durante parte del Tercer Reich). Por suerte, Reinhardt sobrevivió el azote nazi a pesar de ser un «músico gitano de jazz» y pudo continuar con su exitosa carrera hasta su muerte, en 1953.

Por supuesto, la historia del guitarrista gitano fue toda una revelación para Tony, que decidió volver a tocar. Era todo un reto porque sin la yema de los dos dedos dañados había perdido el tacto, por lo que le era complicado saber si estaba pulsando bien las cuerdas, así que tuvo que aprender a tocar desde cero y guiándose por el oído. El siguiente inconveniente es que, sin la yema, el agarre en las cuerdas era casi nulo. Esto es importante para tocar con claridad y contundencia (hay que apretar y sujetar fuerte las cuerdas, más en el rock, estilo en el que la característica distorsión de la guitarra se convierte en ruido si no se toca con precisión), y clave para técnicas como el vibrato o el *bending*, que consisten en pulsar una cuerda y estirarla hacia arriba o hacia abajo, algo casi imposible de hacer sin un agarre adecuado. Por último, estaba el dolor en cada pulsación. La punta de sus dos dedos accidentados era prácticamente la de sus falanges, es decir, hueso sin el acolchamiento que proporcionan las yemas. En otras palabras: usar esos dos dedos le dolía mucho y no podía controlar lo que estaba tocando con ellos.

Lejos de rendirse, Tony buscó una solución creativa cuanto menos. No podía hacer nada contra la falta de tacto porque no es posible regenerar las terminaciones nerviosas y la sensibilidad de las yemas, pero quizá sí para el resto de problemas. Empezó fabricándose unos dedales a base de trozos de una vieja chaqueta de cuero, tapones de bote de una conocida marca de lavavajillas y pegamento. Calentaba los tapones con una plancha y los amoldaba a la forma de sus dedos. Para que no se escurrieran al tocar, los recubrió con trozos de cuero y el citado pegamento.

Al principio se frustraba y se sentía torpe, pero poco a poco se acostumbró y le sirvió para ir recuperando la utilidad de sus dos dedos accidentados. Es más, el invento fue tan eficaz que siguió utilizándolo desde entonces y a lo largo del resto de su carrera cada vez que tocaba. Siempre llevaba recambios de sus dedales a sus conciertos por si acaso, incluso en los años de más éxito con Black Sabbath. De hecho, Tony asegura en sus memorias[1] que aún conserva lo que queda de la vieja chaqueta de cuero de la que fue recortando moldes para sus dedos durante más de 50 años. Nadie podrá negar que eso sí que es aprovechar bien la ropa.

Los dedales no fueron su único invento. En aquella época no existía la enorme variedad de cuerdas de guitarra que hay en la actualidad. Ahora, además de distintos materiales, se pueden comprar en diferentes calibres. Hay quien prefiere que las cuerdas sean más gruesas o más finas, pero en los años sesenta había las que había y eran demasiado gruesas y duras para los delicados dedos de Tony, así que decidió ponerle varias cuerdas de banjo a su guitarra, que eran más blandas, y las combinó con las estándar de su instrumento. En palabras de Tony: «Pregunté a varios fabricantes si podían hacerme cuerdas de bajo calibre, pero me decían que no era posible. Yo les decía que sí... ¡porque yo mismo había podido hacerlo!, y entonces me decían que no se venderían bien. Al final encontré un fabricante en Gales que accedió a

(1) *Tony Iommi, T.J. Lammers, Iron Man: My Journey Through Heaven and Hell with Black Sabbath, Simon & Schuster Ltd, 2011*

hacer para mí cuerdas de bajo calibre. Por supuesto, otros fabricantes empezaron entonces a vender cuerdas de bajo calibre».

Además de esta curiosa mezcla, que utilizó durante años, bajó la acción del puente de la guitarra (hacer que las cuerdas estén más pegadas al mástil para que haya menos tensión), y también empezó a jugar con afinaciones más bajas (a afinación más grave, más sueltas están las cuerdas y, por tanto, menos dureza al tocar). Desde luego, en aquel momento Tony no pensaba que iba a marcar la historia de la música con estas decisiones e inventos, pero, como veremos, acabarían moldeando un sonido único, aunque él solo quería volver a tocar como fuera.

Tony conoce a Bill

Fue alrededor de seis meses después del accidente cuando Tony confiesa que dejó de sentir lo peor del dolor y pudo retomar una mayor actividad con la guitarra. Un día, unos chicos vecinos de Aston fueron a buscarle y le propusieron entrar como guitarrista principal a su grupo, que se llamaba The Rest. A Tony le llamó la atención que tuvieran dos amplificadores de válvulas de la marca Vox, justo el mismo modelo que tenía él, y que era caro para la época. También tenían guitarras Fender, de gran prestigio, así que pensó que iban en serio y decidió probar suerte.

Uno de los integrantes se llamaba Bill Ward, que al principio cantaba y tocaba la batería, aunque terminaron fichando a un vocalista y Bill se acabó sentando tras los tambores. No tenía dinero para comprarse baquetas nuevas, así que usaba las que encontraba medio rotas o usadas de otros bateristas, pero a Tony le gustó su estilo tocando.

Cuando Iommi empezó a ensayar con ellos, se dio cuenta de que al otro guitarrista, Vic Radford, le faltaba el dedo corazón. Al parecer, había sufrido un accidente con una puerta y este hecho hizo que Tony fuera perdiendo la vergüenza que sentía tras su varapalo: «Que hubiera perdido su dedo fue de gran ayuda para mí porque nunca había conocido a nadie con ese problema. Pensé, "¡maldición, los dos en el mismo grupo!"», afirma Tony.

Su repertorio se componía de versiones de grupos como The Beatles, The Rolling Stones o The Shadows y lograron cierto éxito en la escena local de Birmingham, donde no les faltaron conciertos en pubs pequeños.

Pronto The Rest se le quedó pequeño a Tony, así que en 1968 hizo la prueba de acceso a una banda de mayor nivel. Se llamaba Mythology y se formó en Carlisle, al noroeste de Inglaterra, cerca de la frontera con Escocia, así que cuando le dijeron que había pasado la audición, Tony se fue a vivir allí. Poco después se unió a la banda Chris Smith, que era el vocalista de The Rest, un grupo que firmó su desaparición en cuanto Mythology necesitó nuevo baterista. ¿Quién fue el elegido? Efectivamente, Bill Ward.

La aventura con Mythology duró poco. Todos ellos compartían piso de alquiler en Carlisle. Una noche decidieron probar el hachís por primera vez en su vida (o eso dicen), y además de comprar un poco, el traficante que les vendió les preguntó si podían guardarle tres maletines llenos de la droga. Ellos, inocentes y quizá algo «perjudicados» en esos momentos, aceptaron confiando en que volvería pronto a recoger toda aquella marihuana. Error. La policía acabó haciendo una redada en su piso justo al amanecer, cuando ellos estaban dormidos. Probablemente fue por un chivatazo de la dueña de la propiedad, que vivía en el mismo bloque, junto a que la policía estaba buscando a ese traficante en concreto. Los cuatro integrantes de Mythology acabaron detenidos. «Salió en todos los periódicos porque era algo grave entonces: "Grupo de música pillado con drogas". Llegó a las noticias nacionales y a Birmingham, así que mis padres se enteraron. Imagina a los vecinos: "Ese chico Iommi es un drogadicto"», recuerda Tony.

Les acabaron poniendo una multa de 15 libras esterlinas a cada uno y les dejaron en libertad condicional. Afortunadamente, el mismo sargento que les detuvo les ayudó cuando la policía descubrió que ellos no eran el traficante que buscaban. Sin embargo, el daño para Mythology ya estaba hecho. Nadie quería que un grupo de supuestos drogadictos tocara en ningún sitio, así que se disolvieron y Tony y Bill regresaron a Birmingham.

La joyita de Aston: John Osbourne

John Michael Osbourne (Birmingham, 1948) vivió su infancia y adolescencia en Aston junto a sus padres, Jack y Lilian, y sus cinco hermanos y hermanas en una humilde casa de Aston de tan solo dos habitaciones. Decir que les costaba llegar a fin de mes quizá sea quedarse cortos.

Dejó el instituto a los 15 años, aunque no fue especialmente recordado por su excelencia académica ni por su actitud ejemplar. En su defensa hay que decir que le costaba mucho leer y concentrarse, algo que acabó teniendo

Ozzy Osbourne, también conocido como el «padrino» del heavy metal
o el «príncipe de las tinieblas».

su explicación cuando tenía 30 años, momento en el que le diagnosticaron dislexia y trastorno por déficit de atención e hiperactividad (TDAH).

Sin embargo, algo que sí le gustaba de su etapa escolar era actuar y cantar en los teatrillos típicos en Navidad o fin de curso. Esto hizo que muchos se burlaran de él y le pusieron el mote de «Ozz-brain», una especie de juego de palabras fónico con su apellido, Osbourne, y lo que podríamos traducir como «cerebrito» (*brain*) en español. Entre que le costaba leer o prestar atención y que le gustaba hacer un poco el payaso en esas funciones escolares, algunos pensaron que tenía cierto retraso mental, de ahí lo de llamarle «cerebrito». Tan irónico como cruel. Sin embargo, el mote acabó derivando en algo más corto, «Ozzy», y así es como le conocía todo el mundo. «La gente me llama «Oz» u «Ozzy». Y si fuera por la calle y alguien dijera «John», no me pararía», reconoce él mismo. De hecho, solo en su casa le llamaban John.

Una vez que dejó los estudios, Ozzy empezó a buscar trabajo. Su currículum acabó siendo tan variopinto como extravagante. Fue ayudante de fontanero, operador de planta en una fábrica de piezas de coches (en la que empezó a «colocarse» delante de unas cubas con cloruro de metileno), afinador de claxons de coches en la misma planta donde trabajaba su madre (que Ozzy recuerda como su «primer trabajo en el negocio de la música») y, finalmente, el primero que él reconoce que disfrutó: ejecutor de vacas en un matadero. Este le duró 18 meses, que era todo un récord teniendo en cuenta que no solía durar mucho en el resto de trabajos. Muy a su pesar, le acabaron echando porque agredió a un compañero que supuestamente le molestaba.

Mientras engrosaba su ecléctica experiencia laboral, Ozzy pensó que sería buena idea robar para ganarse un dinero extra. Centró su objetivo en una tienda detrás de su casa, aunque le costó tres intentos conseguir algo de valor. En el primero, una vez dentro del establecimiento y totalmente a oscuras, echó mano de las primeras perchas que se cruzó, aunque al marcharse acabó dándose cuenta de que eran unos baberos y ropa interior de bebé. Al segundo intento fue directo a por una televisión de 24 pulgadas, pero pesaba tanto que, mientras escapaba por el muro de la parte de atrás de la tienda con ella a cuestas, se le acabó cayendo encima. «No me pude mover durante una hora», recuerda Ozzy. Al tercer intento, en el que ya nuestro torpe protagonista decidió ir equipado con unos guantes como un caco profesional, acabó robando varias camisetas. Sin embargo, a uno de sus guantes le faltaba un dedo, así que acabó dejando sus huellas por todos lados. Le acabaron deteniendo y le condenaron a tres meses de cárcel o a pagar una multa equivalente a 50 euros o 60 dólares. No tenía dinero y le pidió ayuda a su padre, que se negó a prestarle nada porque pensó que un tiempo en prisión le enseñaría una lección a su hijo. Y, efectivamente, acabó entre rejas.

Aunque los tres meses se redujeron a seis semanas por buen comportamiento, su estancia en la cárcel le marcó, literalmente. Fue allí donde decidió tatuarse él mismo las letras O-Z-Z-Y en los nudillos de su mano izquierda. También hubo momentos difíciles porque le intentaron pegar y violar, e incluso le llevaron a una celda solitaria por pelearse con otro prisionero. Ozzy reconoce en sus memorias[2] que fue su sentido del humor el que le ayudó a superar el mal trago, aunque desde entonces, entre otras cosas, le da miedo quedarse a solas en cualquier sitio.

Al poco de ser puesto en libertad se metió en problemas de nuevo. Le acabaron deteniendo por armar jaleo en un bar mientras iba borracho. Esta vez sí pudo permitirse pagar la multa y se juró que nunca volvería ir a la cárcel otra vez. No lo consiguió.

---

(2) *Ozzy Osbourne, Chris Ayres, I Am Ozzy, Sphere, 2010*

La revelación de Ozzy y su incursión en el rock psicodélico

Ozzy asegura que recuerda perfectamente cómo surgió la chispa que le hizo querer dedicarse a la música. «Iba por la calle Witton Road en Aston, llevaba un radio transistor azul y, cuando empezó a sonar esa canción, supe qué quería hacer con mi vida a partir de entonces», confiesa. «Era algo tan nuevo y me hacía sentir muy bien. Me convertí en un ávido seguidor de los Beatles. Eran geniales». Y concluye sin miramientos: «Le debo mi carrera a ellos porque hicieron que deseara estar en el juego de la música».

Se refiere a la canción «She Loves You», perteneciente al disco *Twist and Shout* (1964) de los Beatles y, de hecho, le gustan tanto que ha llegado a confesar que en su funeral quiere que pongan música del cuarteto de Liverpool, probablemente «A Day In Life», o «alguna canción que no sea alegre de los discos *Sgt. Pepper's Lonely Hearts Club Band* (1967) o *Revolver* (1966»). Quién le diría que décadas después conocería en persona a uno de sus ídolos, Paul McCartney, y que en ese encuentro el propio ex-Beatle le iba a reconocer que le encantaba la historia del robo y el guante roto. «Oh, sí, eso es muy típico de mí», contesta Ozzy con descaro en un momento que quedó inmortalizado en vídeo y que se puede encontrar en YouTube.[3]

Tras esa revelación -la de querer dedicarse a la música, no la de conocer a McCartney-, Ozzy decidió probar suerte y encontró un grupo en Birmingham que se llamaba The Rare Breed y que buscaba cantante. Allí conoció a Terence Michael Butler (Birmingham, 1949), que tocaba la guitarra rítmica y al que todo el mundo llamaba Geezer.

De familia humilde, irlandesa y católica y con otros seis hermanos, Geezer también formaba parte de ese Aston pobre, gris y alienado por las fábricas, aunque él quería evitar trabajar en una a toda costa, así que buscó el trabajo de oficina que «menos experiencia requería» y acabó siendo contable durante un tiempo. En la música era muy de escuchar a Frank Zappa, aprendió a tocar la guitarra y acabó creando su propio grupo a mediados de los sesenta: The Ruums, que acabaron cambiándose el nombre por The Rare Breed. Según el propio Geezer: «Estábamos un poco locos. Tocábamos cosas psicodélicas. Solíamos ir con las caras pintadas y formábamos un espectáculo psicodélico. Nunca nos solían llamar de vuelta para tocar en los sitios, así que

(3) *https://youtu.be/AuV0GVVGlCw*

éramos probablemente realmente una mier**. Pero Rare Breed era el único grupo que estaba haciendo eso en Birmingham. Todos los demás hacían soul y pop, y nosotros empezamos a hacer cosas más cercanas al blues, copiando a bandas como Art y Tomorrow».

Geezer conocía de vista a Ozzy del instituto, así que quizá por eso le cuadró que alguien tan pintoresco como él, que justo entonces iba con la cabeza totalmente rapada a lo *skinhead*, entrara a formar parte de una banda «de locos».

El famoso cartel con el que empezó todo

Aunque dieron algunos conciertos, la aventura con The Rare Breed no duró mucho y Ozzy se animó a poner un cartel en una tienda de música para buscar músicos con los que formar su propio grupo[4]. Decía así:

«OZZY ZIG REQUIRES GIG (OWN PA)»

El baterista Bill Ward es uno de los miembros originales de Black Sabbath.

Al traducirlo al español pierde la rima entre «zig» y «gig», aunque en inglés tampoco tenía mucho sentido («zig» no quiere decir nada). Más o menos, significaría algo así como: «Ozzy zig requiere gente para grupo de música (tengo equipo de sonido)».

Casualidades de la vida, ese cartel lo acabaron viendo Tony Iommi y Bill Ward, que acababan de volver de Carlisle tras su pequeño susto con las drogas con ganas de montar un nuevo grupo. «Yo conozco a un Ozzy, pero no puede ser él, ¡no sabe cantar!», le dijo Tony a Bill. Aun así, fueron has-

---

(4) *Hay varias versiones sobre esto: una, que el cartel lo puso antes de entrar en The Rare Breed y que fue así como conoció a Geezer; otra, la que establece que el cartel lo puso después de The Rare Breed. Opto por seguir esta última porque es la que parece tener más sentido según lo que cuentan sus protagonistas.*

ta la casa de los padres de Ozzy, llamaron a la puerta y salió a abrir su madre. «Venimos por el anuncio», le dijo Tony. «¡John, es para ti!», gritó ella.

Cuando Ozzy apareció, la primera reacción de Tony fue decirle a Bill «¡olvídalo, olvídalo, te lo explico luego!». Le recordaba del instituto y, de hecho, Tony era uno de los chicos que solía burlarse de él. Sin embargo, ya que estaban allí, estuvieron charlando un rato los tres y la cosa se quedó ahí. Varios días más tarde, Ozzy contactó con Geezer y ambos acordaron empezar un grupo juntos, así que fueron hasta casa de Tony, que vivía muy cerca de la de Ozzy. «¿Conoces algún baterista?», le preguntaron. «Sí, Bill es baterista», respondió Tony.

Cuando Tony se lo contó a Bill, este le dijo que no iba a entrar a ningún grupo sin él, que lo que sea que hicieran tendría que ser juntos. Y así fue como empezó la aventura entre Tony, Bill, Ozzy y Geezer.

La Polka Tulk Blues Band

Tras pasarse una noche fumando y hablando de sus vivencias, los cuatro jóvenes acordaron que para empezar como grupo lo primero que necesitarían sería un nombre. Ozzy propuso The Polka Tulk Blues Band inspirado por una marca de polvo de talco que usaba su madre para sus axilas y por el nombre de una tienda de Aston regentada por un pakistaní. Todo muy glamuroso. Misteriosamente, a ninguno de sus compañeros se

The Polka Tulk Blues Band.

Fleetwood Mac, uno de los grupos en los que se inspiraron los Black Sabbath primigenios.

les ocurrió una mejor idea, y se pusieron manos a la obra aceptando ese nombre tan peculiar.

Tocaban versiones de blues y, al parecer, la intención era seguir los pasos de Fleetwood Mac, cuyo segundo disco, *Mr Wonderful* (1968), acababa de publicarse y les encantó. Quizá por las ganas de hacer algo diferente, acabaron incorporando a la formación a dos músicos que recomendó Tony: un saxofonista (Alan Clarke) y un segundo guitarrista especializado en la técnica del slide (Jim Phillips).

Ya como sexteto, su primer concierto fue el 24 de agosto de 1968 en una ciudad que Tony y Bill conocían bien, Carlisle, la misma en la que vivieron durante un tiempo en la etapa con Mythology y donde tuvo lugar aquel episodio con la policía y las drogas. El único que tenía carnet de conducir entonces era Tony, así que fue él quien se encargó de manejar la vieja furgoneta durante las ocho horas que duró el accidentado trayecto desde Aston. Cuentan, por ejemplo, que el motor fallaba de vez en cuando y que la suspensión estaba rota, así que cada vez que había una curva tenían que impulsarse desde dentro en dirección contraria para evitar que el chasis chocara contra las ruedas. No se compaginaban para la maniobra, por lo que acabaron por aceptar el olor a neumático quemado durante el recorrido.

El concierto no pareció darse demasiado bien. Así lo recuerda Geezer: «Nos hundimos como el *Titanic*. Me dijeron que no sabía tocar bien el bajo y que Ozzy era un cantante de mier**. Y entonces nos metimos en una pelea con mucha gente mientras estábamos cargando la furgoneta con nuestras cosas. No fue una gran experiencia. Decidimos convertirnos en un cuarteto, en vez de seguir con seis integrantes». Así es, tras aquella experiencia y algunos conciertos más, Tony dijo que no le gustaban ni Alan ni Jim en la formación. El segundo guitarrista era un desastre en los ensayos y Tony no le veía sentido a tener a un saxofonista sin una sección entera de viento metal. ¿Resultado? Los echaron y volvieron a ser los cuatro.

Pero algo seguía sin convencerles.

De cómo Jethro Tull impulsó el nacimiento de Black Sabbath

«Es el nombre, es basura», dijo Tony en un ensayo. «¿Qué tiene de malo?», preguntó el orgulloso creador, Ozzy. «Cada vez que lo escucho, todo lo que me imagino es a ti con los pantalones bajados y plantando un pino», replicó Tony rememorando el épico momento de inspiración en el que a Ozzy se le ocurrió lo de The Polka Tulk Blues Band (yendo de vientre en el baño de casa de sus padres y viendo el bote de polvos de talco de su madre).

En medio de esa conversación, que parecía sacada de una comedia de situación, interrumpió Bill diciendo que justo llevaba un tiempo pensando en un nombre para el grupo: «Tenéis que imaginároslo en un cartel o en una gran valla publicitaria». Y entonces compartió su idea: Earth. Ozzy se

Jethro Tull, una de las bandas más longevas del rock progresivo británico.

burló de él durante un rato por la pronunciación de la palabra en inglés («URFFF», le restregaba con sorna), pero tanto a Geezer como a Tony les gustó. Era corto, fácil de recordar y, a todas luces, les iban a tomar más en serio que con The Polka Tulk Blues Band.

Y así es como empezó la etapa con Earth, en la que siguieron haciendo versiones de blues, pero, al mismo tiempo, empezaron a hacer sus propias composiciones mientras intentaban tocar cada vez en más sitios.

No fueron momentos fáciles. No tenían dinero y se vieron obligados a dormir en la humilde furgoneta de Tony si tocaban fuera de Birmingham. Incluso los padres del propio guitarrista a menudo tenían que darles comida y un puñado de libras para seguir adelante. La situación era tan triste que a veces cargaban todo su equipo de instrumentos y amplificadores en la furgoneta y se iban hasta el sitio en el que tocaba un grupo grande por si no se presentaban y tenían que irrumpir ellos en su lugar para evitar el enfado de la gente. Con una mezcla de suerte y de «el que la sigue la consigue», se salieron una vez con la suya: actuaba Jethro Tull en Birmingham, uno de los grupos de rock revelación de la época. Sin embargo, su autobús se rompió por el camino y el grupo no pudo llegar a tiempo. El líder de la formación, Ian Anderson, llegó a mitad de concierto de unos desconocidos Earth, que alucinaron por lo surrealista de la situación y por poder tocar ante más de diez personas, que solía ser su aforo habitual.

Poco después, Earth empezó a ganar tracción en la escena de música local, y fue entonces cuando Tony reunió a sus compañeros y soltó la bomba: «se acaba de marchar el guitarrista de Jethro Tull y me han ofrecido el puesto». Paradojas de la vida, esa actuación que presenció Anderson fue clave para ello.

En la agenda de Jethro Tull estaba telonear a los Rolling Stones, así que era como pasar de tercera regional a codearse con los de primera división, y Tony no quiso dejar pasar esa oportunidad. Ozzy, Bill y Geezer lo aceptaron con resignación, pero también estaban contentos por él, como es normal en un grupo no solo de músicos, sino de amigos.

Tony empezó su periplo con Tull en diciembre de 1968, aunque decidió abandonarlo apenas un mes después. Lo que empezó como el argumento de la típica película americana de adolescentes se transformó en algo que le producía rechazo. Pudo ver cómo era la rutina de un grupo a un nivel profesional, con ensayos desde por la mañana temprano y con rigurosa puntualidad y disciplina, pero, sobre todo, con un jefe, Ian Anderson. Esto hizo que a Tony aquello le pareciera un trabajo sin más, y era algo que no le motivaba. Se hacía lo que el jefe decía y no había más discusión. Que Ian comiera separado de los demás miembros del grupo fue quizá la gota que colmó el vaso.

Tras la breve pero intensa experiencia con Jethro Tull, Tony quiso volver a Earth y convocó otra reunión con Ozzy, Bill y Geezer. En ella compartió todo lo que había aprendido, lo bueno y lo malo, y puso una condición para volver a Earth: que se tomaran todo tan en serio como lo hacía Jethro Tull. Eso implicaba ensayar más duro y… madrugar: «Solía ir en la maldita furgoneta a recogerles a las ocho menos cuarto de la mañana, que era, créeme, temprano para nosotros en aquella época. Les dije: "Así es como tenemos que hacerlo porque así es como lo hizo Jethro Tull"», recuerda Tony. Los demás, que siempre habían asumido indirectamente que Tony era el líder, aceptaron.

Con esta nueva filosofía algo parecía haber cambiado en el grupo. Retomaron la actividad con la moral alta, empezaron a dar conciertos y hasta ellos mismos sentían que la cosa avanzaba. Entonces apareció en su camino Jim Simpson, un promotor y hombre de negocios conocido en Birmingham que justo acababa de inaugurar una sala llamada Henry's Blueshouse. Se acabó convirtiendo en uno de los pocos sitios en la ciudad donde se podía escuchar en directo a grupos de blues en vez del más extendido pop o soul. Y, claro, dos asistentes habituales del Henry's eran Tony y Ozzy, por lo que Jim acabó hablando con ellos y descubrió que tenían un grupo. Les ofreció tocar y poco a poco lograron ser uno de los platos fuertes del club. Al ver el éxito, los chicos le propusieron a Jim que fuera su representante. Este aceptó y a partir de aquí la cosa escaló al siguiente nivel, incluyendo una gira por Europa.

Tocaron en multitud de sitios, aunque también probaron a hacer las conocidas como «residencias», es decir, actuar en el mismo sitio por un periodo de tiempo extendido. Era algo muy común en la época y ellos lo hicieron, por ejemplo, en la pequeña ciudad suiza de San Galo, donde estuvieron seis semanas ante la friolera de seis o siete personas cada noche. Su caché estaba compuesto de leche y salchichas, lo cual era ciertamente penoso, pero más para Geezer, que era vegetariano. Sin dinero y con muchas ganas de hacerse un hueco en la música, «iban hasta donde fuera y tocaban en cualquier sitio», como recuerda Jim Simpson.

No faltaron las anécdotas, como la afición de Bill por fumar piel de plátano, que era lo más exótico que podía permitirse entonces; que Ozzy salió de gira por toda Europa con tan solo una camiseta y unos vaqueros (que llevaba todo el rato puestos); o que a Tony le diera por tocar la flauta en algunos conciertos, a lo Jethro Tull, con la diferencia de que él iba tan fumado a veces que una vez estaba soplando al micro directamente pensando que era la propia flauta. Aunque la más trascendental es la que sucedió en Manchester, donde fueron contratados por error. Al parecer, el dueño de la sala quería a otra banda que se llamaba Earth y que tocaba canciones del estilo motown y pop. Tuvo que ser memorable su reacción y la del público cuando empezaron a ver a un grupo al que le gustaba subir el máximo el volumen, exprimir la distorsión de la guitarra y, en definitiva, hacer cuanto más ruido, mejor. Fue en este momento cuando Jim Simpson les dijo que tenían que cambiar de nombre, probablemente para evitar más errores como ese y líos legales, ya que los otros Earth habían publicado música e incluso estaban en las listas de ventas.

Mientras pensaban en una alternativa, ellos seguían tocando y haciéndose hueco, y llegaron a actuar en el mítico Marquee de Londres, cuna en la que dieron sus primeros pasos bandas como AC/DC, The Rolling Stones, The Who, Led Zeppelin, Yes o David Bowie, que militaba entonces en un grupo de blues llamado Manish Boys. Quizá para cerrar el círculo, justo en el Marquee fue el último concierto de Earth y el primero de Black Sabbath.

Un grupo llamado Black Sabbath

Después de unos cuantos conciertos, Tony propuso un día que deberían dejar de tocar blues y hacer canciones más oscuras y «malvadas». Lo recuerda Geezer: «Estábamos yendo a ensayar y, cruzando la carretera, había un cine en el que estaban proyectando una película de miedo. Tony dijo: "¿No os parece gracioso que la gente pague para ver una película que les asuste tanto? ¿Por qué no intentamos hacer eso con la música? Como un tipo de música malvada"».

Y así fueron aprovechando las citadas residencias, en las que muchas veces tenían que rellenar un repertorio diferente cada noche de 45 minutos. Ni la más prolífica banda novel podría contar con tantas canciones en tan poco tiempo, así que decidieron tomar esas actuaciones como «ensayos con público». Fueron surgiendo ideas de nuevas canciones cada vez más siniestras, pero seguían sin encontrar un nombre que les convenciera.

Decidieron reunirse un día para tratar este asunto. Ozzy, cumpliendo con el rol de payaso que asumió desde el principio, propuso «Jimmy Underpass And The Six Way Combo», aunque, afortunadamente, Geezer, que llegó tarde al encuentro y con cara de situación, dijo: «Lo tengo, tengo el nuevo nombre». Hizo una pausa dramática y disparó: «Black Sabbath». Se hizo el silencio y Jim Simpson, que también estaba allí, dice que los chicos tardaron dos segundos en gritar «¡sí!» a la propuesta del bajista. «El nombre sonaba misterioso, le daba a la gente algo en que pensar, y nos dio una dirección que seguir», confiesa Tony. Era como una declaración de principios. Mientras los Beatles cantaban optimistas «yeah, yeah, yeah», Ozzy gritaba «no, no, por favor, no».

Por supuesto, el contexto histórico y cultural hacía mucho. Era verano de 1969 cuando decidieron convertirse en Black Sabbath y, como ya repasamos en anteriores páginas, había un ambiente de crispación y agitación en todo el mundo, con la Guerra Fría por un lado y el movimiento hippie por otro.

Semánticamente, Black Sabbath, que se traduce en español como «Sabbat Negro», hace referencia al día sagrado de la semana para los judíos rabínicos y mesiánicos. Se celebra cada semana desde la tarde del viernes hasta la noche del sábado, y los judíos que lo practican deben seguir una serie de preceptos, como evitar cualquier tipo de trabajo. Esto va desde cocinar, lavar la ropa hasta incluso tocar un instrumento musical. Es el equivalente al domingo, el «Día del Señor» y del descanso en el cristianismo. De hecho, hasta la Revolución francesa (1789-1799), los países cristianos tenían por costumbre prohibir también el trabajo, salvo tareas urgentes, y en la actualidad suele ser considerado día no laborable en gran parte de la sociedad civil occidental.

¿Por qué usar un término religioso y ponerle el adjetivo «negro»? Aquí hay que remontarse a la inspiración que le sirvió a Geezer para proponer el nombre. El bajista cuenta que su hermano había visto a principios de los años sesenta la película de terror *Black Sabbath*, dirigida por Mario Bava, y que no dejaba de hablar de ella. Fue una cinta de bajo presupuesto que no funcionó demasiado bien cuando se estrenó en los cines entre 1963 y 1965, pero con los años se fue convirtiendo en una película de culto y es habitual verla en los listados de «mejores películas de terror de la historia». Sea como sea, Geezer afirma que siempre le había parecido un buen nombre para un grupo. Vale, ¿pero y lo del color negro de dónde viene? El título original de la película es *I tre volti della paura*, o *Las tres caras del miedo* en español, por lo que parece que aquí no hay ninguna referencia de la que tirar. Sin embargo, para el mercado inglés se tradujo como *Black Sabbath* como guiño a la película justo anterior de Bava, que se llamaba *Black Sunday*, y que fue su debut como director y un éxito de crítica y público. Una vez más, el título original era diferente, *La maschera del demonio*, *La máscara del demonio* en español, y aquí ya nos vamos aproximando al quid de la cuestión. Era una película gore muy explícita y fue censurada por ello durante un tiempo en Reino Unido, pero la clave está en esa mención al demonio en el título y a la brujería en su argumento, pues la protagonista es una bruja condenada a muerte que vuelve a la vida 200 años después para vengarse.

Siguiendo la pista del mismísimo Belcebú, encontramos el ritual sacrílego conocido como Misa negra, relacionado con el satanismo. Sus seguidores explican que consiste en invertir una misa católica convencional y burlarse de ella y de la crucifixión de Jesucristo, motivo por el que históricamente se han basado en ritos sexuales o de sangre, incluyendo a menudo sacrificios. Suele estar aceptado que la ceremonia concluye con la llegada del propio diablo, frecuentemente representado con forma humana y cabeza de chivo. Si seguimos buceando en el culto a Satán, nos toparemos con la *Biblia Satánica* de Anton LaVey, que es normal encontrarse con el apellido «negra» al final y también que sea el color de su portada. Tampoco podemos obviar la «magia negra», asociada a brujas, esoterismo y maldad. Por lo tanto, utilizar «Sabatt Negro» puede ser, como con todos los ejemplos que hemos comentado, una especie de símbolo para hacer todo lo contrario de lo que dice el Sabatt convencional. ¿No se pueden tocar instrumentos? Pues vamos a hacer un grupo de música y subir el volumen todo lo que podamos. Tiene una connotación de rebeldía, además de esoterismo y oscuridad.

Y este es el estandarte que irguieron Tony, Ozzy, Geezer y Bill a partir de entonces. Lejos de quedarse en una mera anécdota, el nombre sirvió para cimentar los pilares de toda la música de Black Sabbath.

3. Los gloriosos y devastadores años setenta

La semilla de las primeras canciones de Black Sabbath surgió cuando la banda todavía se llamaba Earth. Los chicos tuvieron tiempo de practicar en esos conciertos de 45 minutos por noche, y en alguno de ellos fue cuando Tony se inspiró en la canción «Mars», del compositor británico Gustav Holst, para sacar un riff [5] que acabaría haciendo historia.

En términos musicales, la melodía de ese riff utiliza un recurso llamado tritono, un intervalo que utiliza tres tonos enteros. El resultado es disonante, raro para nuestros oídos, y se percibe como oscuro o siniestro, motivo por el cual se esquivaba desde la Edad Media en cualquier composición o interpretación. Ya a partir del siglo XVIII algunos teóricos etiquetaron el tritono como «Diabolus in musica» o el intervalo del diablo.

Al igual que le sucedía a los Beatles con algunas de sus más complejas canciones, Tony confiesa que no sabía lo que estaba haciendo en términos de teoría musical con ese riff, y menos que lo hubieran catalogado como algo demoníaco. Se dejó llevar y así fue como nació el muro sónico sobre el que acabó sustentándose la canción «Black Sabbath», la primera composición propia con el nuevo nombre de la formación.

Si la guitarra utilizaba una melodía ciertamente inquietante, la letra no se quedó atrás. La escribieron entre Ozzy y Bill, aunque parece que una extraña experiencia que vivió Geezer les inspiró para algunos versos. El bajista recuerda que en aquella época estaba obsesionado con el ocultismo y la magia negra, hasta tal punto que tenía cruces invertidas en su casa y usaba todo de color negro, incluyendo el edredón con el que se arropaba. Sin embargo, una noche se despertó de madrugada y cuenta que vio una sombra a los pies de su cama. Se llevó tal susto que a la mañana siguiente retiró todas las cruces invertidas y se acabó su interés por el ocultismo. De hecho, empezó a llevar un crucifijo convencional «por si acaso».

---

(5) Frase musical o melodía que se repite varias veces en una canción.

Esa vivencia, que Geezer compartió con sus compañeros, acabó de alguna manera trasladada en la letra de «Black Sabbath», en la que Ozzy empieza cantando «What is this that stands before me? / Figure in black which points at me» («¿Qué es eso que se encuentra ante mí? / Figura de negro que me señala»). Y aunque con el tiempo les acusaron de satánicos por la canción, en realidad su mensaje era más bien una advertencia contra la adoración al diablo. El verso «Oh, no, no, please, God, help me» («Oh, no, no, por favor, Dios, ayúdame»), que no parecía ironía por el contexto de las estrofas, podría haber sido suficiente para corroborarlo, pero eran otros tiempos y la gente sentía miedo con esta canción, más por lo tétrica que sonaba que por lo que decía la letra. De hecho, Ozzy recuerda que la primera vez que tocaron el tema en directo la gente alucinó, y remarca que «todas las chicas del público se fueron espantadas». Así, cumplieron con el objetivo que se propusieron: llevar a la música el susto y la tensión de las películas de miedo. Los chicos acordaron que ése era el camino que debían seguir a partir de ese momento con el resto de canciones.

Así, fueron componiendo otras como «N.I.B», que relata cómo sería una cita con el diablo, aunque su título es todo lo contrario a algo satánico. Al parecer, en aquella época se metían con Bill porque, según Ozzy, su cara y su afilada barba se parecían a la de la punta de un bolígrafo, que en inglés se dice «nib». «A Bill siempre le llamamos Nibby», recuerda Tony. «El título original de la canción era "Nib", pero acabamos poniéndole los puntos para hacer que fuera "N.I.B", aunque hay gente que pensaba que significaba "Nativity in Black" ("Natividad de negro"), que suena como la versión elegante, ¿verdad?», acaba bromeando el guitarrista. Y Geezer es más directo y reconoce que le pusieron los puntos para «sonar más misteriosos".

También escribieron «The Wizard», que trata sobre el encuentro del protagonista con un simpático brujo. «Nos metíamos mucha droga», confiesa sin tapujos Tony. «Una noche estábamos en un bar en medio de ningún sitio. Ozzy y Geezer vieron a alguien saltando fuera, haciendo el tonto. Para ellos era como un elfo o algo. Debieron ser las drogas, pero de ahí es de donde viene "The Wizard"», concluye. Geezer, autor de la letra, era muy fan de Tolkien en la época, por lo que es comprensible la influencia de obras como *El Señor de los Anillos* en este tema. No hay que pasar por alto que, aparte su interés en el cine de terror, el coqueteo con metáforas satánicas o querer hacer música oscura, eran cuatro chavales de apenas veinte años que tenían muchas ganas de juerga.

Los grupos que empiezan suelen apoyarse en versiones de otros para rellenar repertorio y darse a conocer. Black Sabbath venía justo de una trayectoria

El Señor de los Anillos, una influencia muy potente para Geezer a la hora de componer sus canciones.

de tocar solo versiones, por lo que acabaron sacando también covers como «Evil Woman» de Crow o «Warning» de Aynsley Dunbar Retaliation, que alargaron de los poco más de tres minutos y medio de la original hasta los más de diez minutos, varios de los cuales son acaparados por punteos y solos de guitarra de Tony.

Cuando ya tenían un buen repertorio listo, su representante, Jim, les sugirió que era momento de grabar.

Black Sabbath: la explosión que nadie se esperaba

Se metieron al estudio Regent Sound en Londres el día 16 de octubre de 1969, y en unas doce horas registraron los ocho cortes de lo que acabaría siendo su disco debut, que llamaron *Black Sabbath* para cerrar el círculo (era lo común entonces, y así lo hicieron también Led Zeppelin o Deep Purple con sus respectivos debuts). Estaban inmersos en una gira por Europa, por lo que el tiempo de grabación estaba marcado por los conciertos que tenían que dar, y al día siguiente tenían que actuar en Suiza. Grabaron todos a la vez, con Ozzy en una sala aparte para que no se colara el sonido de sus compañeros, y, como reconocen ellos mismos, casi del tirón, sin poder repetir muchas tomas ni regrabar prácticamente nada, algo poco habitual en la actualidad, donde los retoques o la grabación por partes están muy extendidas para conseguir resultados sin fallos y con todo medido al milímetro. Bill lo recuerda con cariño: «Es absolutamente increíble. Es ingenuo, y hay un absoluto sentido de unidad, no hay nada forzado. Éramos demasiado jóvenes para ser listos. Me encanta, ¡incluyendo los errores!».

Fue todo tan precipitado que los chicos ni siquiera estuvieron presentes mientras se mezclaba el disco, que es el proceso técnico que viene después a la grabación y que consiste básicamente en hacer que todo suene bien y uniforme, añadir efectos, seleccionar las mejores tomas, etc. Lo normal es que el grupo supervise esta fase para consensuar la dirección musical, pero confiaron todo en su representante Jim y en el productor que este eligió para ellos, Rodger Bain, que acabó trabajando con otros grupos como Judas Priest. También en la discográfica que se encargaría de publicar el álbum, Vertigo Records. El propio Bain recuerda que tuvo que discutir con ellos porque lo primero que hicieron fue subir el volumen a tope. «¡No podéis tocar tan alto en el estudio! ¡No vais a ser capaces de escuchar nada más, ni las baterías!», les decía. A lo que ellos respondieron: «No bajamos el volumen, tío, lo subimos».

A su regreso de Suiza, Jim les reunió para que escucharan y vieran por primera vez su disco. Para hacernos una idea, el gasto total en el álbum fueron unas 600 libras, que, ajustando la inflación al año 2020, equivaldrían a unos 1.500 euros, que es un presupuesto bastante humilde para grabar un trabajo de ocho canciones. Sin embargo, para estos cuatro chavales de Aston fue como un sueño hecho realidad. Cuando escucharon esa introducción hecha a base de lluvia, tormenta y campanas que se rompían de repente con ese tritono en «Black Sabbath», no se lo podían creer. Recordemos que ellos no habían participado para nada en el proceso de mezcla y, por tanto, fue la misma sorpresa para ellos que para cualquier otra persona que escuchara el disco por primera vez.

Black Sabbath, el disco debut con el que fueron acusados de satánicos y adoradores del diablo.

Su reacción no fue menos al ver la portada: una chica vestida de negro, con la piel muy pálida y merodeando cerca del molino de agua de la localidad inglesa de Mapledurham, que data del siglo XV y se encuentra a orillas del Támesis. Era una imagen tenebrosa, que parecía recrear una aparición fantasmal o una bruja dando un paseo.

Justo esa aura de misterio la aprovechó la propia discográfica como estrategia de promoción. Querían llamar la atención. Y vaya si lo hicieron. Sobre todo porque el libreto, la parte interior del disco, era... en forma de cruz invertida. En la parte vertical se podía leer un poema escrito por Roger Brown, asistente de Macmillan en la sesión de fotos, así como los créditos del álbum. A cada brazo de la cruz, las canciones que venían en cada cara del disco. Bill reconoce que no le gustó nada ese detalle: «Lo odié porque no representaba lo que éramos. Y nadie nos había preguntado sobre ello. Creo que querían ofrecer una cierta imagen. No sé qué pensaron, pero nos dieron una imagen contra la que tuvimos que luchar en la prensa durante quizás cuatro o cinco años». El baterista se refiere a las acusaciones de ser un grupo de satánicos, aunque Ozzy afirma en sus memorias que no recuerda que nadie estuviera molesto en aquel momento por esa cruz. En su defensa, el fotógrafo Macmillan, que también diseñó el libreto, dijo que su intención no era ofrecer una imagen anti-cristiana o satánica. «Después de todo, una cruz invertida también se asocia a la cruz de San Pedro».

Sea como fuere, lanzar un disco el 13 de febrero de 1970 tampoco fue casualidad. Si miramos con detalle el calendario, el disco debut de Black Sabbath, con la portada tenebrosa y una cruz invertida dentro, fue puesto a la venta en un viernes 13. El

Cruz invertida en el interior del primer disco de Black Sabbath.

entonces presidente de Vertigo Records, Olav Wyper, reconoce que fue una decisión totalmente deliberada: «Supuestamente el viernes 13 era un día en el que no se hacían lanzamientos. No había que tomar riesgos. Te quedabas en casa. Es un día malo. Cosas terribles podían pasar», haciendo referencia a la superstición asociada a esta fecha en la sociedad occidental.

Parece claro, por tanto, que la discográfica quiso ofrecer una imagen muy concreta de Black Sabbath. Incluso le sumaron un toque gamberro y pretencioso promocionando el disco como «Louder than Led Zeppelin» («Más ruidoso que Led Zeppelin»), que era el grupo de rock de moda y que los propios Sabbath intentaron emular con su canción «Wicked World», que cerraba el álbum. Sin embargo, cuando salió al mercado empezaron a llegar las primeras críticas. Todas fueron muy negativas, aunque fue especialmente dura la de la prestigiosa revista *Rolling Stone*, firmada por Lester

Bangs, que después de cebarse con malos adjetivos concluía diciendo: «es como Cream, pero peor»[6]. Eric Clapton era el guitarrista de Cream y también uno de los favoritos de Tony, pero que la revista que entonces todos consideraban referente hiciera tanta sangre fue doloroso para los chicos. Más graciosa fue la anécdota con el padre de Ozzy cuando le puso por primera vez el disco en el que cantaba su hijo: «John, ¿estás absolutamente seguro de que solo has estado bebiendo esa cervecita ocasional?», le dijo serio y con la cara pálida.

A pesar de esa negativa recepción de la prensa especializada, llegó la sorpresa: Black Sabbath entró en la lista de ventas de Reino Unido directamente al puesto número 28. Los conciertos y el boca a oreja entre el público lograron colocar a estos parias de Aston entre los más vendidos de su país, junto a titanes como los Beatles, los Rolling Stones o, paradójicamente, Cream. A finales de marzo de 1970 consiguieron escalar hasta el puesto número ocho, apenas dos posiciones por debajo del *Abbey Road* de The Beatles.

Por supuesto, este logro no pasó inadvertido en la industria y pronto vinieron buenas noticias desde el otro lado del charco. El vicepresidente y responsable de artistas y repertorio de Warner, Joe Smith, pidió que Black Sabbath entrara en su cartera de grupos para mover su música por Estados Unidos. Aparte de que su éxito en Reino Unido había llamado la atención, eran unos años en los que las discográficas intentaban reforzar su oferta musical con «melenudos» como The Grateful Dead o Van Morrison. Estaban de moda y querían aprovecharlo al máximo también con nuestros protagonistas. La estrategia de Jim para sacar a la venta el disco en Estados Unidos fue dividir en varios cortes las canciones más largas para hacerlas más «digeribles» para el público. Así, separaron la intro de bajo de «N.I.B» y la llamaron «Bassically»; el inicio acústico de «Behind The Wall of Sleep» acabó convirtiéndose en «Wasp»; y la cara B incluyó otra intro llamada «A Bit of Finger», que daba paso a «Sleeping Village», «The Warning» y «Wicked World». Jim también aprovechó para exigir que el álbum prescindiera de «Evil Woman», una versión de una canción muy trillada ya en aquel mercado, que además, según él, «no representaba el sonido de la banda» y que, para más inri, ellos mismos odiaban. Las cosas estaban yendo muy rápido y Black Sabbath acabó vendiendo más de un millón de discos entre Reino Unido y Estados Unidos a finales de 1970.

---

(6) Se puede leer completa en la web de Rolling Stone: https://www.rollingstone.com/music/music-album-reviews/black-sabbath-188300/

Sus conciertos ya no eran ante siete u ocho personas, y entonces fue cuando se cruzó en su camino una figura que marcó también la historia de la banda: Don Arden. Fue a verles a un concierto en el Marquee de Londres y entró al camerino tras la actuación. «Sois unas superestrellas y os voy a conseguir un millón de dólares». A los chicos eso les sonó de maravilla, más teniendo en cuenta que su entonces representante, Jim, estaba totalmente abrumado

Don Arden, representante de músicos británicos conocido como el «Padrino inglés» por sus métodos poco ortodoxos.

por la situación. Sus oficinas estaban en Birmingham, mientras todo el negocio se movía en Londres, sumado a que querían ir a tocar cuanto antes a Estados Unidos y él no lo conseguía y, lo más importante: su disco estaba vendiendo mucho y ellos no habían cobrado nada más allá del avance que les dieron al principio, unas cien libras para cada uno.

Don, nacido como Harry Levy, era un conocido representante en la industria musical al que apodaban «Mr. Big», el «Padrino inglés» o el «Al Capone del rock». Sus métodos de negociación eran poco ortodoxos. Por ejemplo, el entonces baterista de The Who, Keith Moon, estaba montando un grupo aparte con Jeff Beck, Jimmy Page y John Paul Jones, guitarrista y bajista de Led Zeppelin, respectivamente, y necesitaban un vocalista. Se acercaron a Steve Marriott, cantante de Small Faces, cuyo representante era Don Arden. ¿Su respuesta? Una nota sencilla a la par que efectiva: «¿Qué te parecería tocar en un grupo con los dedos rotos?», firmaba Arden dirigiéndose a Keith. También cuentan que le apagó un cigarro en la frente al manager de Fleetwood Mac, Clifford Davis, cuando se enteró de que se interesó por The Move, otro de sus grupos representados. Por si fuera poco, solía presumir de «amigos fuertes y musculosos», que le acompañaban a cualquier negociación, y dicen que llevaba una navaja a todas las reuniones.

Tras el encuentro en el camerino con los chicos, Don les invitó a ir al día siguiente a su oficina de Londres a hablar de negocios. Aceptaron y a la mañana siguiente fueron a recogerles en un Rolls Royce, marca de coches de lujo no apta para todos los bolsillos, y, anonadados por el devenir de los acontecimientos, seguían dándole vueltas a lo del millón de dólares que el empresario les dijo la noche anterior. Es lógico teniendo en cuenta que unas semanas antes estaban tocando en cualquier sitio a cambio de unas salchichas y durmiendo en la vieja furgoneta de Tony, y ahora se les acababa de aproximar un magnate de la música ofreciéndoles ser millonarios.

Cuentan que la reunión fue surrealista, con un Don intentando convencerles como sea para unirse a su cartera de artistas, aunque ellos no lo veían nada claro, sobre todo porque ya les habían contado algunas de sus más famosas hazañas y, más que ilusión, sentían miedo de acabar en una ambulancia si se negaban a trabajar con él. Optaron por ser diplomáticos con un «encantados de conocerle, muchas gracias» y se marcharon diciendo que se lo iban a pensar. A la salida de la reunión se produjo otro encuentro que les marcaría a todos, en especial a Ozzy. Se trataba de la secretaria, Sharon, hija de Don, que les acompañó a la puerta y, tiempo después, jugaría un papel crucial para Black Sabbath.

Pero claro, Black Sabbath era un caramelito en la industria musical y, como es normal, no solo Arden quería trabajar con ellos. De hecho, pocos podían imaginarse que los que acabarían por llevarse el gato al agua fueran nada más y nada menos que dos pupilos del propio empresario: Wilf Pine y Patrick Meehan. Ambos llevaban un tiempo trabajando para Don y habían aprendido todo sobre el negocio gracias a él. Patrick empezó como su chófer, y Wilf, como su guardaespaldas, aunque fueron ascendiendo y se convirtieron en hombres de confianza y de poder dentro de la agencia de representación de Arden.

Cuando ambos se enteraron del caso de Black Sabbath y de que su entonces jefe quería representarles, empezaron a urdir su plan. Don tenía buen ojo para captar talentos y los números de ventas de Sabbath eran otro indicador claro del filón que suponía el grupo.

Primero movió ficha Patrick, que ya tenía cincuenta y pocos años y le dijo a Don que quería retirarse del negocio. Al «Padrino inglés» no le extrañó, pues a esa edad y en los años setenta era raro seguir en activo en una industria tan dinámica. Sin embargo, cuando a las pocas semanas Pine le anunció también su marcha, algo empezó a olerle mal, aunque tardaron un tiempo en dar su estocada.

Mientras tanto, Black Sabbath seguía en la cresta de la ola. El buen funcionamiento de su álbum en Estados Unidos había hecho que Warner lo apostara todo por ellos. Les cerraron un contrato con uno de los represen-

tantes más codiciados del momento, Frank Barsalona, que había
descubierto a unos Led Zeppelin
que estaban ya acostumbrados a
reinar en las listas de ventas y a
llenar en sus conciertos. Barsalona
cerró una gira por Estados Unidos de 60 conciertos para Black
Sabbath, aunque se canceló en el
último momento porque las primeras fechas iban a coincidir con
el mediático juicio contra Charles
Manson, criminal y reconocido
satánico que traumatizó a la opinión pública. ¿Y quiénes tenían
la sombra del satanismo a sus espaldas? Efectivamente, nuestros
chicos. Por eso mismo, Warner
decidió evitar polémicas, a pesar
de que la venta de entradas estaba yendo muy bien para un grupo
que nunca había pisado suelo esta-

Frank Barsalona, manager y descubridor
de Led Zeppelin.

dounidense. Seguro que ahora todos entendemos mejor por qué Bill Ward
acabó renegando tanto de esa cruz invertida en el libreto del disco como de
toda esa parafernalia misteriosa que Vertigo Records creó a su alrededor. Lo
que con toda seguridad supuso un impulso inicial para su carrera, ahora les
acababa de costar una enorme gira por el mercado musical más importante
de la época.

Viendo el enorme éxito de su debut, la discográfica que primero apos-
tó por ellos, Vertigo Records, no tardó en pedirle a la banda un nuevo
disco. En palabras del entonces director del sello: «Lanzar un disco por
año está bien cuando eres un grupo asentado, pero aquí teníamos a un
grupo que había salido de la nada casi de repente, y habían conseguido
una enorme comunidad de seguidores en Reino Unido y en Alemania.
Para consolidar esa posición, necesitábamos un disco nuevo mucho más
rápido de lo normal».

Tony, Ozzy, Geezer y Bill ya tenían nuevas canciones escritas, por lo que
no tardaron en ponerse manos a la obra con su segundo álbum.

Paranoid, la chispa que prendió todo

Paradójicamente, uno de los temas que ya tenían hechos y que venían tocando en los conciertos se llamaba «War Pigs». Warner también sabía eso cuando decidió cancelar esa primera gira por Estados Unidos, y es que Charles Manson y sus seguidores llegaron a firmar con sangre alguno de los escenarios de sus crímenes usando la palabra «pigs» (cerdos, en español). Entre su imagen misteriosa, las asociaciones con el satanismo y «War Pigs», Black Sabbath era todo un riesgo de relaciones públicas para Warner en aquel momento.

Inicialmente, la canción se iba a llamar «Walpurgis» y estaba inspirada en la festividad pagana «Noche de Walpurgis» que Geezer, autor de la letra, había conocido a través de la novela *The Devil Rides Out* de Dennis Wheat-

La novia del Diablo, un film del que Geezer extrajo la inspiración para «War Pigs».

ley, que acabó teniendo su propia película protagonizada por Christopher Lee y conocida en español como *La novia del Diablo* (1968). El argumento consiste en dos amigos que rescatan de una secta satánica a otro colega, y la cosa acaba escalando hasta que el líder de esa secta les persigue y utiliza la magia negra para invocar al diablo. En esa enrevesada trama se basa la letra de «Walpurgis», en la que se mencionan brujas, pecadores, curas y a Satán. Llegaron a publicarla con ese nombre como rareza en vinilo, aunque finalmente, siguiendo los consejos de su discográfica para evitar más polémicas, acabaron cambiándole el título a «War Pigs» y Geezer modificó la letra, incluyendo ahora un mensaje contra los «políticos malvados» que «crean guerras por diversión». Desde luego, en plena Guerra de Vietnam, con miles de jóvenes estadounidenses esperando una llamada para ir a combatir, tenía un significado más vigente y un poder mayor de conexión con la sociedad de aquella época, y más con las imágenes tan explícitas que construían sus versos, que dibujaban «cuerpos ardiendo» en el campo de batalla y rodeados de «máquinas de guerra».

Musicalmente es un corte que roza los ocho minutos, lo contrario a comercial para cualquier radio, y que se asienta en las mismas bases que la canción «Black Sabbath», a ritmo lento y pesado. Esta vez, unas sirenas suenan de fondo en la introducción hasta que aparece ese riff cortante sobre el que Ozzy, con Bill marcando el ritmo con el platillo, canta a capella la pegadiza melodía de las estrofas. Todo lo demás es un delirio instrumental en el que Tony lleva la batuta con pasajes de guitarra influenciados por el blues y la psicodelia que acabaron dando forma a otro clásico del rock.

Ozzy cantando a capella la melodía de las estrofas de «War Pigs».

En estos meses del año setenta empezaron a establecerse los roles que desempeñaba cada uno de ellos en el grupo y que se mantuvieron en el futuro: Geezer escribía las letras, Tony se encargaba de los riffs de guitarra sobre los que partían todas las canciones y luego Ozzy hacía las melodías vocales, aunque a veces se limitaba a seguir lo que hacía la guitarra pero más agudo. Bill, con su peculiar manera de tocar la batería, le daba mucho aire a los temas, con muchos silencios y una clara influencia del jazz. El resultado era una mezcla nunca antes escuchada en la música.

Otra de las composiciones que tenían a medio hacer era «Iron Bloke», que llamaban así porque a Ozzy aquel pesado riff del principio le recordaba a un «hombre de hierro andando muy lento». En realidad, se acabó llamando «Iron Man» porque Geezer estaba obsesionado por la literatura de fantasía y ciencia ficción. Si «The Wizard» estuvo influenciada por Tolkien, «Iron Man» parece un claro guiño a Tony Stark, el personaje que da vida a Iron Man en los famosos cómics de Marvel, aunque la letra no tiene nada que ver con él. Geezer quería mandar el mensaje de lo peligroso que puede ser para el hombre dejar que la tecnología tome el control, y por eso se inventó al protagonista, un viajero en el tiempo que vio el apocalipsis en el futuro y que volvió a su época para advertir del peligro. En el proceso se vuelve de acero y se queda mudo, por lo que acaba convirtiéndose en el hazmerreír de la sociedad. El giro de guion es que es él mismo, furioso por la impotencia y la reacción de sus congéneres, quien acaba provocando el apocalipsis. «La letra se basa en Jesucristo, que primero fue un héroe y luego un paria repudiado. La diferencia es que Iron Man se vengó en vez de perdonar a sus enemigos», acabó confesando tiempo después Geezer.

Otras letras que vinieron después tenían también ese componente de ciencia ficción, como es el caso de «Electric Funeral», en la que Geezer describe un futuro en el que la mitad del planeta ha sido aniquilado por la radiación de una guerra nuclear. Sin embargo, no se olvidaba del mundo actual y de los problemas del presente, como demuestra «Hand Of Doom», que habla sobre la adicción a la heroína.

Una de las que menos sonaban a los oscuros y pesados Black Sabbath era «Planet Caravan», una balada en la que la suave voz de Ozzy se desliza entre una sección de percusión, la línea de bajo y unos arpegios de guitarra eléctrica sonando en limpio. No hay ni rastro de la rudeza ni de la distorsión ni de las bases rítmicas atronadoras por las que el grupo se caracterizaba. Incluso hay un pequeño experimento con una flauta, que grabó Tony y que le da ese toque casi alien al tema, y ya al final, para rematar, aparece un piano. El esqueleto musical fue idea del propio Tony, que tuvo que explicarle a sus compañeros que una canción así de «suave» servía para hacer que el resto de canciones sonaran todavía más potentes de lo que eran. La letra, escrita por Geezer, habla de dos amantes flotando por el universo y, en general, el corte sirvió como prueba de la versatilidad que estos cuatro chicos escondían. Como curiosidad, Pantera, un grupo que apareció en los años noventa y que redefinió la música metal con la agresividad y brutalidad sonora como bandera, hizo una versión de esta pieza en su álbum *Far Beyond Driven* (1994), ayudando a alimentar eso que dicen de que las mejores baladas son las que hacen los grupos heavies.

Pantera, una banda de groove metal que permaneció activa entre 1981 y 2003.

Todo el proceso de preproducción y ensayos de estas canciones fue en un viejo granero de Monmouth, pequeña y tranquila ciudad al sureste de Gales. No querían repetir la sensación de agobio y falta de tiempo del primer álbum, y aprovechando que les dieron más recursos y presupuesto tras su éxito comercial, esta vez lo prepararon todo bien. Una vez que tuvieron siete canciones listas, en las que se despacharon a gusto incluso metiendo un corte instrumental con un solo de batería de un minuto («Rat Salad»), volvieron a los estudios Regent Sound de Londres, los mismos donde grabaron su debut.

Al terminar de grabar casi todos los brutos, se fueron hasta los lujosos estudios Basing Street de Notting Hill, en Londres, donde los propios Led Zeppelin, grupo de moda y éxito, acababan de grabar el que acabaría siendo uno de sus discos más míticos, *Led Zeppelin IV*. Allí nuestros protagonistas retocaron algunas pistas y se llevó a cabo el proceso de mezcla. Entonces el productor Rodger Bain les dijo que necesitaban llenar unos tres minutos más y les preguntó si se les había quedado alguna canción en el tintero. Les sugirió que una más co-

Paranoid, el mayor hit en la historia de Black Sabbath.

mercial estaría bien. No tenían nada en reserva, por lo que aprovecharon para hacer una pausa para comer y, al parecer, ahí fue cuando a Tony se le ocurrió uno de sus riffs. Al volver al estudio, empezaron a tocar sobre esa melodía y en menos de media hora tenían compuesto «Paranoid». A Bain le encantó y pidió que la grabaran. «¿Estás de broma? Nos la acabamos de inventar», respondieron. El productor les insistió en grabarla, pero Geezer se negaba porque le recordaba mucho a Led Zeppelin. «Para mí, "Paranoid" era como un remake de "Communication Breakdown" de Led Zeppelin y no quería grabarla», confiesa el bajista. De hecho, ya miró para otro lado cuando grabaron aquel solo de batería de «Rat Salad», que le recordaba al que John Bonham grabó en «Moby Dick» para Led Zeppelin en su disco *Led Zeppelin II*, que había salido a la venta unos meses antes. Geezer reconoce que era uno de los grupos que más escuchaban entonces y, por tanto, una fuerte influencia, pero es que, además, él y Tony eran colegas del vocalista de la banda, Robert Plant, y del citado Bonham. Para un grupo que quería hacer las cosas diferentes no parecía muy lógico seguir los pasos de lo que hacían otros. No obstante, acabaron convenciendo a Geezer y, menos mal, porque la canción acabó convirtiéndose en el mayor hit en la historia de Black Sabbath. Y, sí, estuvieron a punto de no grabarlo.

Superado ese trámite para terminar de rellenar el álbum y dado que tanto Vertigo como Warner querían nuevo disco cuanto antes, empezaron a preparar la portada. Para nuestros chicos la canción que definía el álbum era «War Pigs», y así propusieron llamarlo. Encargaron la tarea de hacer la cubierta al mismo fotógrafo del anterior disco, Keith Macmillan, que volvió a contar también con su asistente, Roger Brown. Como el título era «War Pigs», a Keith se le ocurrió disfrazar a Roger de algo parecido a un cerdo, al menos por la ropa rosa que llevaba, y hacerle correr hacia la cámara de fotos con una espada y un escudo. La idea no era muy creativa.

Paralelamente, las discográficas decidieron que «Paranoid» era la mejor canción para publicar como adelanto. Se lanzó a finales de agosto de 1970 y la sorpresa fue que se coló en las listas de ventas de Reino Unido, donde llegó al puesto número cuatro, y de Estados Unidos, donde alcanzó la posición 61 de los Hot 100 de Billboard, la referencia de canciones más comerciales del país. El éxito fue aún mayor en territorios como Alemania o Dinamarca, donde acabó siendo número uno en ventas, seguido de otros mercados como Holanda o Suecia, en los que conquistó el segundo puesto.

A partir de aquí empezó la locura. Les llamaron para aparecer en el programa musical de televisión inglés *Top of the Pops*, que veían unos 15 millones de personas y era un auténtico fenómeno cultural. Ozzy recuerda que estaba aterrado porque tenía que cantar en directo y era su primera aparición televisiva, mientras que sus compañeros solo tenían que hacer playback. «Sentía la boca tan seca que parecía como si tuviera una bola de lana dentro». La actuación, disponible en el canal oficial de YouTube de Black Sabbath[7], es digna de ver no solo por lo bien que cantó Ozzy, sino por lo gracioso de observar a Bill Ward «tocar» la batería sin apenas rozar los platos o la caja, quizá porque le dijeran que no podía hacer mucho ruido por si se colaba en el micro del vocalista.

«Paranoid» seguía triunfando en las listas de ventas, y entonces Vertigo decidió desechar el nombre original del álbum, *War Pigs*, para aprovechar el filón del single. A lo largo de los años se ha señalado a la Guerra de Vietnam como posible causa para evitar más polémicas con el título bélico original, aunque el propio Ozzy asegura en sus memorias que fue una decisión meramente comercial, no política. Era un reclamo llamar *Paranoid* al álbum

(7) *https://youtu.be/Uq42HUUJFzU*

que incluía esa misma canción que estaba dando la vuelta al mundo. «Tenía sentido poner el mismo nombre que el single para hacer que fuera más fácil promocionar el disco en las tiendas», sentencia Ozzy. El problema fue que, tal vez por las prisas, la discográfica decidió mantener la misma portada, la del pobre asistente Roger vestido de rosa con una espada y un escudo, que fue ideada para acompañar al título «War Pigs». En palabras de Geezer: «La portada ya era lo bastante mala cuando el disco se iba a llamar "War Pigs", pero cuando fue "Paranoid" no tenía ningún tipo de sentido». Y el bajista añade resignado: «¿Te imaginas las preguntas que nos hicieron a raíz de esto? ¿Qué tiene que ver eso con "Paranoid"? Bueno, nada, en verdad. Pero así es como fue.»

El siguiente acontecimiento llevaba un tiempo cociéndose a fuego lento. ¿Recuerdas a los dos pupilos de Don Arden? Durante el verano de 1970 siguieron muy de cerca el éxito de Black Sabbath y, ya con su propia agencia de representación creada, World Wide Artists, decidieron hacerle una oferta formal al grupo. Wilf Pine, Patrick Meehan y su hijo, Patrick Junior, les prometieron grandes giras y dinero. Mientras tanto, Jim Simpson, su entonces representante, les presentó una lista de conciertos en sitios más bien humildes de Reino Unido, algo que no convenció en absoluto al líder tácito del grupo, Tony, que tenía más altas aspiraciones. A las dos semanas de que *Paranoid* saliera a la venta en Reino Unido, Jim Simpson recibió una carta en la que se le informaba de que ya no era el representante de Black Sabbath porque «no estaba haciendo bien su trabajo». Jim no daba crédito: «Tenían un disco en las listas de ventas de Reino Unido y Estados Unidos, y un single en el Top 5 de Reino Unido. ¿Y yo no estaba haciendo bien mi trabajo», cuenta indignado.

Los Meehan y Pine se habían salido con la suya, pero cuando Arden se enteró de la maniobra, se enfureció y se puso en contacto con Jim Simspon. Le animó a denunciar al grupo por daños y le ofreció apoyo económico y legal. Este le hizo caso, aceptó su ayuda y así comenzó una batalla legal que se extendió durante casi quince años. Al final ambas partes llegaron a un acuerdo, pero Jim confiesa que de las 35.000 libras que acordaron pagarle, él acabó recibiendo tan solo unas 1.000. El resto se fueron en pagar gastos de abogados, juicios, etc. «Hasta hoy, me siento mal sobre lo que pasó con Jim Simpson. Creo que se llevó la peor parte. No acabó ganando al final», confiesa Ozzy, que reconoce que en la actualidad son amigos y le desea lo mejor.

Tras ese mal trago, Tony, Ozzy, Geezer y Bill empezaron a ver pronto los resultados de su nuevo acuerdo de representación. El trato era simple:

podían pedir lo que quisieran que lo iban a tener. Así, Tony formó su propia colección de Lamborghinis, Bill optó por un Rolls Royce con chófer y Ozzy solo tenía que hacer una llamada de teléfono para tener al día siguiente aparcado en la puerta de su casa el convertible verde que se le había antojado. «Éramos veinteañeros y vivíamos como reyes. No teníamos que cargar con nuestro propio equipo ni instrumentos, no teníamos que hacer la comida, y apenas teníamos que atarnos nuestros propios cordones. Y, aparte de todo eso, podíamos pedir cualquier cosa que nos la acabarían trayendo en una bandeja de plata», recuerda Ozzy. El cantante cuenta que no solo se trataba de las grandes cosas: no les faltó cerveza, cigarros, botas de plataformas, chaquetas de cuero o cualquier otro capricho. Por supuesto, se acabó eso de dormir en la furgoneta de Tony. Ahora podían quedarse en hoteles.

Todo esto, que parece sacado de un cuento, acabó convirtiéndose en una pesadilla para Black Sabbath. No tanto por ellos, que decidieron atribuirse y repartirse todo a partes iguales (firmaban los temas los cuatro, aunque las letras las hiciera Geezer o los riffs Tony), sino por los Meehan, que se aprovecharon de la inocencia de cuatro jóvenes que sólo querían hacer música.

Hasta que descubrieron la estratagema de sus nuevos representantes, que explicaremos en su momento, nuestros chicos siguieron disfrutando de los lujos y el famoso tren de vida de «sexo, drogas y rock and roll», a lo que hay que sumar, por fin, su primera gira por Estados Unidos a finales de 1970. Para los posters de los conciertos utilizaron el reclamo de «Louder than Led Zeppelin!» («¡Más ruidosos que Led Zeppelin!»), que ya les funcionó bien en Reino Unido para promocionar su primer disco, y empezaron en Nueva Jersey, pasando por Miami hasta llegar a Nueva York, donde fueron los teloneros de Faces, la banda de Rod Stewart. Allí, según recuerda Tony, pasó algo inédito: «Cuando salimos al escenario la gente se volvió totalmente loca. Luego salió Rod Stewart y el público empezó a tirarle cosas. Fue increíble. A partir de entonces nos convertimos en "el grupo underground" de Estados Unidos».

El grupo sucumbió a un tren de vida en el que estaban presentes el «sexo, las drogas y el rock and roll».

Siguieron tocando por otras ciudades como Los Ángeles (donde abrieron para Alice Cooper durante una residencia de cinco noches con dos pases por día, y nada menos que en el famoso Whiskey A Go Go, uno de los clubs más importantes en el circuito musical californiano), San Francisco o Detroit.

Aparte del éxito tan inesperado para todos y la rapidez con la que estaban evolucionando los acontecimientos, no hay que pasar por alto que era la primera vez que Tony, Ozzy, Geezer y Bill viajaban a Estados Unidos, que en aquella época era casi como la tierra prometida para cualquier joven, no solo desde el punto de vista musical, sino también personal. La sociedad estadounidense era diferente a la británica y a la europea en general. Era menos tradicional, había menos tabúes y nadie te miraba mal en la ciudad por llevar unos pantalones de cuero o llevar el pelo largo. Eso en Europa todavía era «raro».

Ozzy recuerda que Patrick Meehan reunió a nuestros cuatro veinteañeros antes de volar a Estados Unidos y les dijo. «Vais a ser embajadores de la música británica». Esto, por supuesto, era una manera diplomática de pedirles que se comportaran civilizadamente. «Asentimos y le ignoramos», reconoce el vocalista. Dicho y hecho: cuando Ozzy se subió al avión ya estaba completamente borracho, y cuando llegaron a Nueva York, la azafata tuvo que ayudarle a levantarse, aunque acabó cayéndose en las escaleras al salir. Lo siguiente fue llegar al control de inmigración. Con la resaca que llevaba, Ozzy no recordaba que en el documento que hay que rellenar y presentar al agente del control fronterizo había escrito «satánico» en la casilla de religión. «Con qué satánico, ¿eh?», le preguntó el policía". Ozzy confiesa que se le vino el mundo encima y que fueron unos segundos de mucha tensión, aunque cuando el agente gritó «Next!» («¡siguiente!»), respiró aliviado. Por suerte para él, en Estados Unidos se cruzaban a tipos como él todos los días.

Acostumbrados al «anything and chips» (en Reino Unido muchos platos de comida del día a día llevan chips, patatas fritas, como el clásico «fish and chips», pescado rebozado con patatas fritas), alucinaron con la pizza, las hamburguesas por todas partes o los puestos de perritos calientes. La comida no fue lo único que descubrieron: bebida (cócteles), chicas que se les acercaban tras los conciertos para acostarse con ellos, el jet lag, las piscinas al aire libre y, por supuesto, la droga dura. Ellos eran consumidores de marihuana, speed y alcohol, pero fue en Estados Unidos donde descubrieron la cocaína que, como veremos, acabó siendo prácticamente una integrante más de la banda durante esos años.

También se dieron cuenta de lo heterogéneo que era el público, desde un concierto en Filadelfia en el que la mayoría de asistentes eran negros (que

Ozzy recuerda como «el mayor shock cultural» de esa gira) o seguidores de sectas satánicas, que tenían a Black Sabbath como grupo de culto y que les seguían incluso hasta sus hoteles. En un concierto en Memphis uno de estos satanistas se subió al escenario. Iba con un manto negro y, Ozzy, que solía abrazar e interactuar a la gente que hacía eso, desconfió y le empujó hacia el lado, donde se encontraba Tony. Rápidamente uno de los roadies (o pipas, personas del equipo responsables de montar y desmontar el equipo de sonido, colocarlo, etc.), se abalanzó hacia ese extraño individuo y le golpeó. «¿Qué co** haces, tío? ¡No puedes hacer eso!», le recriminó Ozzy al pipa. «Sí, claro que puedo. Mira», respondió. Resulta que el satánico llevaba una daga en la mano derecha, por lo que la cosa podría haber acabado muy mal esa noche para Ozzy o Tony.

A Bill le daba miedo volar, por lo que mientras sus compañeros se movían por Estados Unidos en avión, él viajaba en una furgoneta GMC, que quizá sea más conocida por ser la que usaban los miembros del *Equipo A*, mítica serie de televisión de los años ochenta. Ozzy decidió unirse al baterista en estos *road-trips*, aunque su motivación era distinta: era un transporte más lento, pero así tenía más tiempo para fumar, beber y pasarlo bien junto a Bill, su mejor amigo dentro de la banda. Mientras vivían todas estas emociones y se recorrían costa a costa Estados Unidos, unos en avión y otros en furgoneta, su primer disco seguía en las listas de ventas y *Paranoid*, que salió a la venta en Reino Unido en septiembre de 1970, se estaba convirtiendo en un mastodonte comercial en aquel país. De hecho, viendo el fenómeno, la discográfica Warner decidió retrasar el lanzamiento de *Paranoid* en Estados Unidos hasta enero de 1971 por lo bien que seguía funcionando el debut: querían exprimirlo más y preparar una mejor campaña de lanzamiento para el disco.

Pero la máquina tenía que seguir funcionando y, justo a principios de 1971, Black Sabbath empezó a preparar *Master of Reality*, su tercer álbum en poco más de doce meses.

Master of Reality: el rayo que no cesa

El grupo llevaba dando conciertos sin parar casi dos años, y entre medias había grabado dos discos y visitado un par de veces Estados Unidos. Con toda esta frenética actividad, los delicados dedos de Tony empezaron a resentirse. Aunque su invento con los dedales caseros funcionaba, le dolían. Como

siempre, en vez de resignarse, buscó
soluciones y decidió bajar tres semi-
tonos la afinación de su guitarra. De
esta manera, la tensión en las cuerdas sería menor y podría tocar sin
sufrir tanto. Geezer tuvo que hacer
lo mismo con el bajo para adaptarse
a su compañero, y eso implicó que
el sonido de Black Sabbath se hiciera
todavía más oscuro.

Inspirados por el jazz y las largas
improvisaciones que tenían que hacer durante aquellas noches en las
Master of Reality, tercer álbum de estudio
de la banda británica.

que aún no tenían repertorio sufi-
ciente, también empezaron a experimentar más con los cambios de tempo,
quizá una manera para que Tony pudiera dosificar mejor y no forzar tanto
sus dedos. Los parones o cambios de velocidad se hicieron más frecuentes
en su música. Eso sí, ya no tenían más ideas de canciones de las que tirar,
como sucedió con *Black Sabbath* y *Paranoid*, que habían desarrollado cuando
todavía se llamaban Earth. Había que componer desde cero y todos miraban
a Tony. Los temas partían de sus riffs y el guitarrista se tuvo que emplear a
fondo. Hasta entonces, llegaban a los ensayos, Tony repescaba uno de los
riffs que tenía y a partir de ahí todo venía más o menos rodado. Pero una vez
que se acabaron las reservas, Tony tuvo que tocar mucho en casa para llegar
con material sobre el que trabajar en los ensayos.

Earth era el nombre que adoptó la banda tras el de Polka Tulk.

A pesar de la presión de tener dos discos de oro en Estados Unidos, con casi un millón de copias vendidas, de Vertigo y Warner expectantes ante las nuevas canciones, y de que las críticas de la prensa seguían siendo malas (incluso les echaban en cara que tuvieran un hit como «Paranoid»), Black Sabbath se puso manos a la obra y los chicos acuñaron ocho nuevas canciones que grabaron junto al mismo productor de *Paranoid*, Rodger Bain.

Las más representativas y memorables de *Master of Reality* son, probablemente, «Sweet Leaf» y «Children of the Grave». La primera arrancaba con un riff muy pesado que, años más tarde, influiría en el nacimiento de un género musical que se acabaría conociendo como grunge, del que grupos como Nirvana, Soundgarden o Alice In Chains fueron exponentes. Todos ellos bebieron de la marmita que Black Sabbath preparó en este álbum: riffs machacones, bases rítmicas lentas y pesadas y voces gritonas, casi enfadadas. Este corte reúne todo eso.

Antes del citado riff y como intro concisa de la canción y del propio álbum, decidieron incluir una tos de fumador (que grabó el propio Tony tras una larga calada), un claro guiño al tema de la letra: «Sweet Leaf» («dulce hoja»), se refiere a la marihuana, por lo que, sí, es una especie de oda a fumar porros, aunque sin las florituras ni pomposidades de otros grupos de los años setenta. Black Sabbath venía de las calles grises de Aston y en sus letras nunca se olvidaron de ello, ni de ese sentimiento de preocupación por el futuro. «My life was empty, always on a down, until you took me, showed me around» («Mi vida estaba vacía, siempre de bajón, hasta que me atrapaste y me enseñaste lo que había»), cantaba Ozzy, dejando claro que la droga era una vía de escape del mundo real, no un capricho ni un milagro lleno de arcoíris, como solía representarse en el entorno hippie y *Flower Power*.

«Children of the Grave» seguía los pasos de «War Pigs» y lanzaba un mensaje antibélico. La letra refleja el temor a una guerra nuclear, muy presente en la sociedad de la época, y reflexiona sobre el poder que tienen los jóvenes para lograr la paz: «Can they win the fight for peace or will they disappear?» («¿Pueden ganar la guerra por la paz o desaparecerán?»), decían varios versos. Y otro más directo les animaba a actuar: «Show the world that love is still alive» («Mostradle al mundo que el amor sigue vivo»). Bill recuerda con cariño cuando la tocaban en directo: «Había muchos veteranos de guerra que venían en silla de ruedas a los conciertos, y se acercaban a primera fila para esta canción, como hacían con «War Pigs», ondeando sus banderas y cantando». Ozzy, sin embargo, simplemente dice que es «la canción más cañera que jamás llegamos a grabar». Ciertamente, con ese ritmo tribal, las percusiones y toda la banda aporreando su instrumento, es uno de los cortes más enérgicos de su discografía.

Aprovechando que Tony había estado tocando más en casa, preparó dos temas instrumentales, «Embryo», que hacía las veces de intro con aire medieval para «Children of the Grave», y «Orchid», grabado con guitarra acústica e inspirado por la música clásica. También se animó a volver a tocar la flauta («Solitude»), quizá una reminiscencia de su breve paso por Jethro Tull. Otro corte destacado es «After Forever», en el que Geezer aprovecha para hablar del cristianismo y reflexionar sobre qué hay después de la muerte. «¿Es Dios solo un pensamiento en tu cabeza o una parte de ti?» «¿Es Cristo solo un nombre que leíste en un libro cuando fuiste a la escuela?», cuestiona en varios versos. Así, como recuerda Bill, *Master of Reality* supuso un cambio en la manera de escribir letras y canciones para Black Sabbath: «Nos cuestionábamos todo. Estábamos en esa fase de nuestra vida. Escribíamos sobre lo que pasaba a nuestro alrededor. Nos habíamos convertido en observadores de la vida, y eso seguiría siendo así durante el resto de la década. Quizá antes estábamos más influenciados por historias que eran fantasía, pero no ahora». Efectivamente, las historias de brujos inspirados por Tolkien o los cuentos de ciencia ficción pasaron a un segundo plano, y la banda adquirió un lado más social, más real, haciendo que su música, ya de por sí oscura, sonara todavía más lúgubre e incluso pesimista.

Master of Reality fue un éxito comercial. Se lanzó en julio de 1971 en Reino Unido sin ningún tipo de single como anticipo, y llegó hasta el puesto número cinco en las listas de ventas. En Estados Unidos salió a la venta en septiembre y allí su desempeño fue excelente, logrando escalar hasta el puesto número ocho. Ningún otro álbum de Black Sabbath superaría esa marca en aquel país. Hubo sólo una excepción, pero no sería hasta cuarenta y dos años después y porque se trató de un acontecimiento histórico por sí mismo.

Ante este panorama, Black Sabbath logró cerrar su tercera gira por Estados Unidos y fue la mayor hasta la fecha. Un total de 57 conciertos que empezaron el 2 de julio de 1971, cuando todavía *Master of Reality* no estaba a la venta en aquel país pero triunfaba en las prerreservas, y concluyeron el 28 de octubre de ese mismo año. Ahora eran otros grupos los que hacían de teloneros suyos (como Yes o Humble Pie), salvo con Led Zeppelin, que seguían en otra liga y Black Sabbath abrieron para ellos en un par de ocasiones en esta gira.

La audiencia de nuestros cuatro chicos cada vez era más grande, pero también más extravagante, quizá por la propia actitud del grupo, que además de

Humble Pie, teloneros de los Black Sabbath en su gira americana.

sus locos conciertos ahora también decidió rechazar entrevistas e ignorar a la prensa, como también hacía Led Zeppelin. Eso les otorgó una imagen de inalcanzables y de más misteriosos todavía, aunque posiblemente también tuviera que ver que los periodistas seguían haciendo malas críticas de su música. Hubo una anécdota con la revista *Rolling Stone*, que fue la que en su día publicó aquello de «son como Cream, pero peor» sobre su debut, algo que dolió especialmente a la banda. Siendo ahora uno de los grupos revelación, la revista les pidió una entrevista y aceptaron, aunque para burlarse de ellos. Las declaraciones de nuestros chicos no tienen desperdicio: Geezer aseguró ser Lucifer y que era capaz de ver al diablo, mientras que Ozzy vaticinó que sería el primer integrante de la banda en morir, y que sería antes de cumplir 40 años. El único que al parecer mantuvo las formas fue Bill, que aseguró que Tony era el más callado del grupo, pero también el mejor músico de los cuatro. «Es el mayor, con 23 años», concluía el baterista, al que el periodista retrata como «amable y con las uñas mordidas».

Volviendo al asunto de la audiencia cada vez más extravagante, los chicos recuerdan momentos como ver «miles de jeringuillas» en el suelo cuando todo el público se marchó en uno de sus conciertos, o cuando alguien dibujó con sangre una cruz en la puerta de sus camerinos. «Nos acostumbramos a ese tipo de cosas, aunque no sabíamos que era sangre al principio, pensábamos que era pintura», recuerda Tony. Black Sabbath era todo un fenómeno social y a la enorme gira por Estados Unidos le siguió otra ronda de conciertos por Europa y Reino Unido, con tan solo dos semanas para descansar entre el fin de una y el principio de otra.

Sin embargo, algo empezó a fallar: sus cuerpos no podían más. Casi la primera mitad de la gira europea tuvo que ser cancelada porque, según se informó entonces, Tony, Geezer y Bill cayeron enfermos. En concreto, Geezer sufrió varios cálculos biliares, aunque en realidad lo que les pasaba es que estaban exhaustos de tocar y llevar un ritmo de fiestas, drogas y apenas dormir que se había extendido durante muchos meses seguidos. Este aviso no pareció servir a su representante, Patrick Meehan, que decidió cerrar otra nueva gira por Estados Unidos a principios de 1972. Dieron 31 conciertos en 33 días y aquello fue la gota que colmó el vaso. Ozzy recuerda que había días que ni dormían, y todo ello sin rebajar el listón de intensidad en sus vidas, claro. Por ejemplo, en aquella época les dio por jugar con su integridad física, y no solo por el consumo de drogas o la falta de sueño. Por alguna razón, decidieron que prenderle fuego a Bill era algo divertido. El baterista siempre fue como el saco de boxeo del grupo, al que iban dirigidas todas las bromas. No hay más que recordar el título de la canción «N.I.B». A él parecía no importarle y le seguía el juego a sus compañeros. Por eso no era raro que en un hotel de Seattle al lado del mar Tony decidiera utilizar un pequeño tiburón que había pescado para colarlo por la ventana de la habitación de Bill, que al llegar para acostarse se encontró con una nada agradable sorpresa en la cama. Entre motes y bromas como estas se movían a diario.

Entonces se les ocurrió jugar con fuego. Empezaron a una escala menor. Utilizaban un mechero y apuntaban a la barba de Bill. Él apenas se inmutaba y se limitaba a oler su vello quemado y decir «buen material», haciendo una analogía con la droga, cómo no. No obstante, hubo una noche, varios años más tarde, que a Tony se le fue de las manos: roció con gasolina de mechero las piernas de su compañero, y el episodio acabó con Bill en el hospital con varias quemaduras porque, ¡oh, sorpresa!, la gasolina es muy inflamable. «Pensamos que quizá habíamos ido demasiado lejos, pero no, él estaba más preocupado por sus pantalones», bromea Tony. Y Ozzy añade: «Mientras tuviera su sidra y sus drogas, Bill estaba bien». Y es cierto que Bill estaba bien, hasta que fue diagnosticado con Hepatitis B. Al parecer, tenía tanto alcohol en sangre que permaneció ictérico[8] durante tres meses. Apenas tenía 22 o 23 años y ya estuvo a punto de morir por su elevado consumo de alcohol y otras drogas. «Hasta

---

(8) Es una patología que se caracteriza por provocar el aspecto amarillento de piel, ojos y mucosas debido al aumento de la bilirrubina, que suele ser síntoma de que el hígado no funciona bien.

ese momento pensaba que era invencible, pero no tanto después de aquello. Tengo bastante suerte de estar vivo, para ser honestos», recuerda Bill.

El estado del resto de sus compañeros no era mucho mejor. Estaban agotados y, como recuerda Geezer, recurrían a las drogas para poder seguir adelante: «El problema es que entonces no te decían «tómate unas semanas hasta que te encuentres mejor», sino que te decían «toma una raya de esto, fuma esto, toma estas pastillas». No consistía en hacerte sentir mejor, sino en poder seguir de gira».

Con este panorama, posiblemente fueron afortunados ya que varios conciertos por Japón y Australia tuvieron que ser cancelados. Les fueron denegadas las visas por sus antecedentes penales (Ozzy por aquel penoso robo que le llevó a la cárcel, y Tony y Bill por su incidente con la droga en los tiempos de Mythology). Entre los largos viajes y el cansancio, quién sabe qué más podría haberles pasado. En su lugar, volvieron a Londres y allí, por primera vez, nadie les metió prisa para grabar el siguiente disco, así que fueron poco a poco preparándolo.

Vol.4: oda al polvo blanco

Originalmente titulado con el nombre de *Snowblind*, por su clara alusión a la cocaína, fue más tarde cambiado por el de *Vol. 4* por las presiones de la discográfica.

Los ensayos para preparar las nuevas canciones comenzaron varias semanas después en su Birmingham natal. El único problema es que el local de ensayo estaba demasiado cerca de un pub. Y no hay nada como dejar tranquilos a unos jóvenes veinteañeros con ganas de fiesta para que acaben justo en el bar de la esquina. Siguiendo la dinámica de trabajo que tuvieron con *Master of Reality*, todo dependía de los riffs de Tony, por lo que Ozzy, Geezer y Bill se iban al pub y, mientras, dejaban a Tony que hiciera su magia en el local de ensayo. Al volver le preguntaban si tenía algo listo y, como es comprensible, el guitarrista enseguida empezó a poner malas caras.

Cuando Patrick Meehan apareció con la propuesta de grabar el nuevo álbum en Los Ángeles, a todos les pareció genial, especialmente a Tony, que pensó que así todos se implicarían más en el proceso. En realidad, el representante estaba pensando más en poder evadir impuestos y en que los estudios de grabación de Los Ángeles eran más baratos que los de Londres, pero, sea como sea, todos estaban contentos con esta decisión.

Desde junio de 1972, los cuatro miembros de Black Sabbath vivían en una lujosa mansión de Los Ángeles en el conocido barrio de Bel-Air. A ellos se sumó Meehan junior y dos chicas francesas *au pair* que, al parecer, iban incluidas en el contrato de alquiler.

Led Zeppelin seguía siendo una de las influencias principales de Sabbath en esta época.

Aunque según Ozzy la idea original era titularlo *Snowblind*, al final optaron por llamar al nuevo disco *Vol. 4* (diminutivo de *Volumen 4*), otra de las varias inspiraciones que tuvieron en Led Zeppelin, que no quiso poner título a sus cuatro primeros trabajos. También acordaron que el álbum lo producirían ellos mismos, sin ayuda de Rodger Bain, que trabajó en *Master of Reality* y *Paranoid*. Finalmente, como motivación, decidieron recurrir a la cocaína. Mucha.

Todos los días llegaban repartidores o camellos con enormes cajas selladas repletas de la más pura y potente cocaína que se podía conseguir en Estados Unidos. A veces incluso dos veces por día. «Éramos como aspiradoras humanas», bromea Ozzy. Enseguida corrió la voz en la zona y pronto empezaron a llegar las fiestas con chicas y más droga. «Demerol (Dolantina en España), morfina, cocaína, había de todo por aquella casa», recuerda el cantante. «Esnifaba tanta cocaína que tenía que fumarme una bolsa de marihuana cada día para que no me explotara el corazón», concluye el vocalista. Con razón Geezer reconoce que «grabar y trabajar era lo más aburrido».

La mansión pertenecía a la familia Dupont, una de las más ricas de Estados Unidos desde el siglo XIX y dueña de la Dupont Corporation, a día de hoy una de las empresas químicas más importantes del mundo, y una de las responsables del desarrollo armamentístico y nuclear de Estados Unidos, además de ayudar a crear materiales como el nailon, el neopreno o el kevlar. Resulta paradójico que un grupo como Black Sabbath, con mensajes contra la guerra en sus canciones, acabara en un sitio así, aunque es de suponer que las seis lujosas habitaciones, los siete baños, el cine privado, la piscina en la parte trasera y el ejército de asistentas y jardineros pesaron mucho en la decisión final.

Como se puede deducir de un escenario como este, no faltaron las anécdotas, desde la vez que Tony roció con espray azul el miembro viril de Bill mientras este orinaba, hasta cuando Ozzy pulsó por error un botón de alarma que acabó con una inesperada visita de la policía local. Aparte de experiencias surrealistas como estas, o como cuando a Tony y Ozzy les daba por decirse lo mucho que se querían durante toda la noche y totalmente puestos de coca, Black Sabbath también acabó grabando su disco. Quedó registrado en los estudios Record Plant en Hollywood, que desde los años setenta y hasta la actualidad han sido los elegidos por decenas de artistas de éxito internacional, desde Eagles para parte de su *Hotel California* pasando por B.B. King, Frank Zappa o John Lennon, hasta estrellas actuales como Lady Gaga o Rihanna. Como recuerda Geezer: «La mitad del presupuesto nos lo dejamos en cocaína y la otra mitad en ver cuánto tiempo podíamos estar en el estudio».

En los nuevos temas quisieron recrearse en la complejidad y en la variedad, querían demostrar de lo que eran capaces musicalmente. «Queríamos impresionarnos a nosotros mismos antes que a nadie más. Si a la gente le gustaba lo que estábamos haciendo, era como un extra», reconoce Ozzy. Siguiendo esta filosofía, Tony le sacó provecho al piano que había en el gran recibidor de la mansión: «Solíamos componer por el día y ensayar por la noche. Había un gran ambiente. Nos lo pasamos fenomenal. En el recibidor había un piano de cola. Nunca había tocado el piano antes y aprendí durante aquellas semanas. Lo primero que compuse fue "Changes"». Aquella canción, «Changes», en la que Geezer toca el melotrón, fue la primera balada de amor que compuso la banda y, posiblemente, una de las más elegantes y bonitas de su trayectoria. La letra, acuñada por el citado bajista, habla de la

«Changes» fue la primera balada de amor que compuso la banda.

ruptura que su compañero Bill estaba viviendo con su mujer. Warner quiso que la publicaran como single, pero en esta época los Black Sabbath solo estaban dispuestos a lanzar un adelanto por disco, y eligieron «Tomorrow's Dream», que bebía de la esencia más rockera y oscura de *Master of Reality*. Tres décadas más tarde, Ozzy, ya en solitario, grabó su propia versión de «Changes» junto a su hija Kelly y con unos ajustes en la letra. Fue número uno en Reino Unido, por lo que parece que Warner no andaba desencaminada cuando quiso que este tema fuera el single de *Vol. 4.* Todavía hoy su estribillo es uno de los más reconocibles no solo de Black Sabbath, sino de la música de los años setenta.

También incluyeron piezas como «Wheels of Confusion», de casi ocho minutos de duración y que se regocija en la lentitud y en la pesadez que siempre le encantó a la banda, como también demuestran en la stoner «Cornucopia». Había otros cortes como «Supernaut», con un ritmo casi funk y una gran interpretación vocal de Ozzy, o «FX», una bizarrada instrumental que Tony grabó completamente desnudo y encocado en el estudio. «Laguna Sunrise», otra de las instrumentales de Tony, esta vez con guitarra acústica e inspirada en el amanecer desde Laguna Beach, ciudad costera californiana, en la que, para variar, pasaron más de una noche en vela gracias a la cocaína. «Under the Sun», un corte muy heavy que sirvió más adelante de caldo de cultivo para grupos como Metallica o Iron Maiden.

Por supuesto, estaba «Snowblind», que era tras la que querían haber nombrado el álbum, pero la discográfica se negó por su clara alusión a la cocaína, un tema serio y especialmente delicado en la época. De hecho, pronto un narco colombiano llamado Pablo Escobar aparecería en las noticias de todo el mundo por el tráfico de esta droga a Estados Unidos. Claro, la letra de la canción era una oda a ese polvo blanco con versos como «El sol ya no me libera, siento los copos de nieve helándome»; unos copos de nieve metafóricos que «me hacen feliz», como cantaba Ozzy.

Aunque cedieron con el cambio de nombre a *Vol. 4*, quisieron incluir más guiños a su amada droga aparte de la citada «Snowblind», como en los créditos, en los que dieron las gracias por la ayuda a «the great COKE Cola Company» («la gran empresa COCA Cola»), que no era precisamente la del famoso refresco carbonatado.

Cuando terminaron de grabar todo, el grupo volvió a Reino Unido, donde el disco fue mezclado bajo supervisión de Tony. Los demás se fueron a hacer su vida: Ozzy con su entonces esposa, Thelma, con la que tuvo dos hijos; Bill con una novia que se había echado; Geezer a una casa en el campo inglés. Sin embargo, antes de esto hubo momentos tensos, como cuando casi echan a Bill. Aparte de que hubo canciones que le costaron grabar especialmente, como «Cornucopia» o «Under the Sun», el baterista no estaba muy por la labor de complicar el estilo musical de la banda y proponía que siguieran aferrados al blues. A Tony, que tenía ambiciones mucho más allá de eso, no le sentó bien, y dudó sobre si Bill debía continuar o no. La sangre no llegó al río, pero, desde luego, no todo fue de maravilla en la grabación, a pesar del ambiente festivo que relatan y lo bien que se lo pasaron allí.

Vol. 4 salió a la venta en septiembre de 1972 y supuso el primer tropiezo en su trayectoria. No consiguió igualar a su antecesor, y Black Sabbath se tuvo que conformar con llegar al puesto 13 en la lista de ventas de Estados Unidos y al 8 en Reino Unido, similar a lo que ya consiguieron en su primer CD. No estaba nada mal, pero en un grupo en pleno ascenso era mala señal. Además, las críticas de la prensa seguían siendo negativas, aunque, paradójicamente, el mismo periodista que dijo aquello de «son como Cream, pero peor» en la revista Rolling Stone, escribió una reseña más o menos favorable de *Vol. 4*, aplaudiendo que el grupo fuera honesto y siguiera fiel a sus principios y, al mismo tiempo, consiguiendo éxito en el camino.

A pesar de esta pequeña decepción en ventas, no tardaron en llegar los conciertos para presentar las nuevas canciones en directo. En la gira por Estados Unidos, ya en 1973, decidieron llevar consigo a su propio camello para que no les faltara nunca cocaína. Volvieron las fiestas y los excesos con las drogas. Aquel polvo blanco ya no era suficiente. Empezaron a experimentar con barbitúricos, antidepresivos y casi cualquier cosa que les mantuviera en pie. Mientras tanto, sus seguidores seguían yendo en masa a los conciertos y seguían comportándose como locos.

El negocio iba bien, hasta que acabaron la primera gira por Estados Unidos y, al día siguiente Tony decidió anular con una llamada de teléfono la siguiente gira por aquel país y algunos compromisos que tenían por Europa. Tras ocho meses dando conciertos sin parar, no podían más. La discográfica y los promotores se enfurecieron, pero Tony, que era el que de facto llevaba las riendas sobre la dirección musical del grupo, lo tenía claro: había que grabar nuevo disco y tendría que ser una obra maestra. Quizá así conseguirían de una vez por todas el respeto que otros grupos como Deep Purple o los Rolling Stones habían logrado, tal vez por el apoyo mediático. Ya ni siquiera el objetivo era igualar a Led Zeppelin, que tenían un estatus inalcanzable en esta época, pero a Tony le molestaba que desprestigiaran su música con malas críticas y que, a pesar del éxito, muchos no les tomaran en serio. No quería ser recordado como el guitarrista de ese grupo de frikis satánicos, que era la imagen más extendida de la banda en la época.

Así las cosas, llegó el verano de 1973 y Black Sabbath volvió a la misma mansión de Bel-Air para grabar el sucesor de *Vol. 4*.

Sabbath Bloody Sabbath: en busca de la obra maestra

Aunque lo primero que hicieron fue llamar a los mismos distribuidores de droga y organizar fiestas con chicas, Tony tenía claro que no quería un *Vol. 5*. En aquella época estaba habiendo trabajos muy disruptores de grupos como Yes o Pink Floyd, que abrazaron el rock progresivo, o discos conceptuales como el *Quadrophenia* de The Who. Todos ellos funcionaban mucho mejor en ventas que Black Sabbath, y eso que los propios Yes habían sido sus teloneros.

Sabbath Bloody Sabbath, un aire renovado para la música heavy.

Para Tony eso era un mal síntoma. Incluso Deep Purple, que había roto las expectativas con el exitazo de su álbum en directo *Made in Japan* (Black

Sabbath podría haber grabado un CD similar en vivo en Japón antes que Deep Purple si no fuera porque les denegaron las visas a los chicos por sus antecedentes penales). Desde luego, algo estaba pasando y el pinchazo de *Vol. 4* era un indicativo de que los seguidores no querían más de lo mismo. Seguían colgando el cartel de lleno en sus conciertos, pero las ventas de discos señalaban cierto desgaste. Y Tony se dio cuenta de eso.

Lo que vino después fue un enorme bloqueo creativo. La presión que sí lograron atajar tras *Paranoid* en *Master of Reality* se convirtió en un muro infranqueable esta vez. Ni siquiera la droga, que fue la musa de tantas canciones, servía para inspirarles. Sin riffs, no había nuevas canciones de Black Sabbath, y Tony no encontraba nada en su chistera de melodías, tal vez por esa autoexigencia y la intención de impresionar al mundo. «No se nos ocurría nada. Estábamos secos y el mundo se nos venía encima. Estábamos abatidos», rememora el guitarrista. Para intentar romper la rutina, hasta probó a cortarse el pelo y quitarse su característico bigote, que siempre se había dejado para ocultar una cicatriz que se hizo de pequeño. Al ver que el bloqueo solo parecía preocuparle a él, dado que los demás se pasaban las horas drogándose o simplemente pasándoselo bien, decidió que tenían que volver a Reino Unido y tomarse un descanso.

En vez de pasar tiempo cada uno en sus casas, que tampoco ayudaría a romper el bloqueo ni a solucionar la poca implicación de sus compañeros, Tony pensó que sería buena idea hacer una especie de retiro espiritual todos juntos. Para ello, eligieron un monumento neogótico inglés del siglo XVII: el Castillo de Clearwell. Su emplazamiento es idílico, al lado del Bosque de Dean, en el condado de Gloucestershire, al suroeste de Reino Unido, casi en la frontera con Gales y lejos del bullicio y cualquier cosa que pueda recordar a las fiestas y drogas de una ciudad como Los Ángeles. Aunque el primer grupo en alquilar la propiedad fue Black Sabbath, poco después acabaron yendo otros como Bad Company, Deep Purple o Led Zeppelin.

Nadie les contó la leyenda del fantasma de una mujer que supuestamente vagaba por las dependen-

El Castillo de Clearwell en el condado de Gloucestershire, idílico retiro espiritual de la banda.

cias del castillo, cantando nanas a su hijo y colándose en cualquier habitación para causar el caos. Cuando ya estaban allí, se sintieron inspirados y montaron su local de ensayo nada más y nada menos que en las mazmorras del edificio. Aunque el sitio era más bien lúgubre, se lo tomaban todo a guasa y pronto empezaron a bromear entre ellos y a darse sustos. Ozzy recuerda que descubrió que si metía un cartucho en una máquina ocho pistas, le bajaba el volumen completamente y le daba a reproducir, al llegar al final, emitía un sonido robótico inquietante. No dudó en buscar a su primera víctima: Tony. Esperó a que el guitarrista fuera a irse a su habitación a dormir. Fue corriendo hasta allí, metió el dispositivo debajo de la cama de su compañero y le dio al play. Todo estaba en silencio y a oscuras cuando, de repente, empezó a retumbar el sonido de la máquina y vino el consiguiente alarido de pánico de Tony: «¡Hay algo en mi put* habitación, hay algo en mi put* habitación!», gritaba en calzoncillos desde el pasillo. El propio guitarrista era también muy bromista con sus compañeros, como cuando le puso una peluca y un vestido a un viejo maniquí y decidió tirarlo desde el tercer piso para asustar a Bill y a Geezer, que estaban volviendo en ese momento. Por lo visto, les faltó camino para correr. Eso sí, quien se llevó la peor parte de este festival de la broma fue Bill, como siempre. Un día se quedó dormido en el sofá después de atiborrarse a sidra y a sus queridos amigos se les ocurrió colocar un espejo de cuerpo entero justo enfrente del baterista, tumbado como él y muy cerca de su cara. Cuando empezó a abrir el ojo, lo único que podía ver era a sí mismo. «Nunca he escuchado a un hombre adulto gritar tan fuerte», dice Ozzy. «Empezó a irse a la cama con una daga a partir de ese momento», concluye.

Todo fueron risas hasta que un día creyeron ver una figura con una capa negra corriendo a través de la puerta mientras ensayaban. Como estaban acostumbrados a seguidores excéntricos, pensaban que alguno había averiguado la localización del grupo y se había colado en el castillo, por lo que Tony no dudó en iniciar una persecución junto a un ayudante que estaba allí con ellos. Al llegar a la habitación hacia la que habían visto que se metía, no había nadie. Por supuesto, le contaron todo esto al dueño del castillo y este respondió tan tranquilo: «Ah, sí, es solo un fantasma. El castillo está lleno de fantasmas». La cosa quedó en una anécdota y, de hecho, lo único realmente peligroso que sucedió en su estancia allí fue cuando Ozzy se emborrachó y se quedó dormido al lado del fuego. Además de por su embriaguez, tal vez por las botas que llevaba puestas no se dio cuenta de que sus pies estaban demasiado cerca de la chimenea. Cuenta que acabó despertándose a las tres de la mañana sintiendo un cosquilleo en uno de sus pies que, efectivamente, estaba en llamas. Se levantó y empezó a gritar y a mo-

Golden Earring, el grupo holandés que ayudó a romper el bloqueo creativo de Black Sabbath.

verse por la estancia para ver con qué podía apagar aquello. «¿Tienes fuego?», bromeó Geezer mientras señalaba su cigarro. Al bajista le cambió la cara cuando la bota de Ozzy acabó prendiendo la enorme alfombra que había en el suelo. La genial idea vino cuando decidieron utilizar la botella de sidra que Bill solía dejar al lado de su batería para extinguir el fuego. Sorprendentemente, funcionó y la situación no fue a mayores. «Sigo impresionado de que consiguiera apagarlo. He probado la sidra de Bill, así que casi me esperaba que aquello actuara como un cocktail molotov», rememora el vocalista.

Entre la coca, que ahora vivían con miedo de ser atacados por fantasmas o de que Ozzy le prendiera fuego al castillo y que, además, querían conseguir el mejor disco de Black Sabbath, el bloqueo creativo del que huyeron de Los Ángeles ahora estaba allí con ellos, en medio de la campiña inglesa. A pesar de ello, intentaron probar de todo para encontrar nuevos sonidos, y eso les llevó irremediablemente a usar el mobiliario de un castillo de 1727. Por ejemplo, a Bill se le ocurrió arrojar un yunque al agua para observar el efecto de sonido, mientras Tony experimentaba con el piano y a hacer ruidos raros en sus cuerdas. También se llevó instrumentos poco habituales para una banda de rock, como violines, un chelo e incluso una gaita, con la que acabaría experimentando en el futuro disco en la canción «Spiral Architect». Nada de eso pareció ayudar a levantar el bloqueo. Sin embargo, un día escucharon un grupo holandés, Golden Earring, que acababa de publicar su disco *Moontan*. Su estilo mezclaba blues y trazas de rock progresivo e incluso hard rock, y su tema «Radar Love» entró de lleno en las listas de ventas de Europa y Estados Unidos. «A Tony le hizo clic el cerebro y un par de días después bajó a la mazmorra y empezó a tocar el riff de «Sabbath Bloody Sabbath». Desde ese momento, se acabó el bloqueo creativo», recuerda orgulloso Ozzy.

«Sabbath Bloody Sabbath» fue justo la que dio nombre al disco. En ella escuchamos a unos Sabbath menos preocupados por la pesadez y los riffs machacones hasta la saciedad y más por la sofisticación y los detalles. En este corte, por ejemplo, pasan de un riff muy potente a un estribillo con guitarras acústicas y con claras influencias del jazz, así como unas partes instrumentales muy variadas y que daban un aire renovado a su música.

También empezaron a tomarse las letras menos en serio, como demuestra «A National Acrobat», que trata sobre la masturbación masculina desde el punto de vista de los espermatozoides y cuyo riff, por cierto, compuso el propio Geezer. Por otro lado, se atisba algún retazo autobiográfico en «Killing Yourself To Live», un corte con influencia del blues que deja entrever la extenuación que había vivido el grupo tras largas giras de desenfreno y sin descanso. «Sabbra Cadabra» coquetea con el rock and roll más que con el heavy metal que ayudaron a moldear, e incluye la colaboración de Rick Wakeman, entonces en Yes, que grabó varios fragmentos con un sintetizador Moog y su piano. «Recuerdo enseñarle la melodía de la canción con mi sintetizador ARP 2600 a Rick y, cuando acabé, me dijo que tal vez sonaría mejor de otra manera. Empezó a tocar y sus dedos se movían tan rápido que te juro que no los podía ver», dice Ozzy, quien recuerda que el pago que Rick exigió a cambio de la colaboración fueron dos pintas de bíter. Varias décadas más tarde, Metallica grabaría una versión de este tema.

«Looking for Today» parece un híbrido entre los Rolling Stones y los Beatles, aunque los arreglos de flauta le dan un toque exótico a uno de los cortes que menos suena a Black Sabbath del álbum. «Who Are You?» fue compuesta por Ozzy en una de sus borracheras en el campo y se mostró muy contento por que la banda decidiera incluirla en el álbum.

No faltó una canción instrumental, algo ya habitual en los discos de Sabbath. En este caso se llamó «Fluff», en honor a Alan Freeman, presentador de la emisora inglesa Radio One, al que todos conocían como «Fluff», y uno de los pocos que seguía pinchando la música de Sabbath en la radio. El resultado es una balada en la que las guitarras eléctricas, el piano y un clave presentaron una nueva cara más dulce en el sonido de la formación.

Como último tema del álbum estaba «Spiral Architect», que inicia con unos bonitos arpegios de guitarra acústica y que, según Ozzy, «era tan heavy que era como ser golpeado en la cabeza con un bloque de hormigón».

Rick Wakeman, teclista de Yes, colaboró en este disco.

Recuerda mucho al sonido de The Who, con riffs y armonías similares y unos arreglos de cuerda muy grandilocuentes. Como curiosidad, inicialmente iba a incluir unas gaitas, que quería tocar el propio Tony. Sin embargo, no fue capaz de llenar el fuelle, aunque al parecer lo intentó hasta con un aspirador. Acabó desechando la idea.

Cuando ya tenían la mayor parte de canciones armadas, abandonaron el castillo y se desplazaron a los famosos Morgan Studios de Londres, en los que grabaron muchos de los mayores artistas británicos de la época, desde Supertramp o Led Zeppelin, pasando por Paul McCartney o Pink Floyd, hasta llegar a Rod Stewart o Jethro Tull.

La citada colaboración de Rick Wakeman se gestó porque Black Sabbath estaba en el estudio de al lado en el que Yes grababa su álbum *Tales from Topographic Oceans*, aunque fue Ozzy quien le conoció y congenió con él en sus frecuentes visitas al bar/cafetería del estudio. «Rick estaba siempre en la cafetería, normalmente bebiendo muchísimo. Prefería salir del estudio y jugar a los dardos conmigo», rememora Ozzy.

Como curiosidad, Led Zeppelin también andaba por allí mientras Sabbath registraba las canciones de este disco, y John Bonham se prestó voluntario a grabar la batería de «Sabbra Cadabra». El grupo estuvo tentado, pero decidió que no era buena idea porque Bonham tenía un estilo muy personal que rompería la coherencia con el resto del álbum.

El proceso de grabación fue bien y todos acabaron contentos con el resultado, incluyendo Patrick Meehan y la discográfica. «Creo que fue nuestro último gran álbum», confiesa Ozzy, que menciona que hasta con la portada estaban felices (a diferencia del desastre con la de *Paranoid*). En ella vemos a un hombre tumbado en una cama mientras es atacado por unos demonios. La escena la preside una enorme calavera y el número 666, con claras connotaciones satánicas. Además, se animaron a grabar un vídeo promocional usando la canción que daba título al disco, aunque Ozzy ni se molestó en cuadrar sus labios con la letra de la música. Claramente se le ve haciendo el tonto. Por otro lado, el supuesto bosque que aparece en el clip es en realidad el jardín de la casa de Geezer.

Sabbath Bloody Sabbath llegó al mercado de Reino Unido en diciembre de 1973, donde alcanzó el puesto número cuatro en las listas de ventas. Se convirtió en el álbum más exitoso de Sabbath desde *Paranoid*. En Estados Unidos, donde llegó un mes después, alcanzó el puesto once, por lo que la tendencia a la baja que marcó *Vol. 4* quedó corregida. Lo que no mejoraron fueron las críticas de la prensa. Salvando la benevolente review de la revista Rolling Stone, que decía que eran unos grandes exponentes de la música de los años setenta, en Reino Unido, su propio país, llegaron a decir que su música sonaba a «broma irlandesa». A ninguno de los chicos le gustaban las malas críticas, pero a Tony era algo que le fastidiaba especialmente, y ya tenía la sensación de que hicieran lo que hicieran siempre iba a haber malas palabras hacia su trabajo. Empezó a refugiarse en su soledad, en seguir componiendo, exigirse más a sí mismo y seguir recurriendo a la cocaína para pasar las penas.

El siguiente paso fueron los conciertos. Más de 50 actuaciones por Estados Unidos, incluyendo una aparición en el histórico California Jam Festival ante más de 250.000 personas; casi quince por Reino Unido, e incluso hubo tiempo para siete shows por Australia, donde tuvieron como teloneros a unos viejos conocidos de la escena británica, Status Quo, y a unos chicos que estaban empezando a sonar fuerte, AC/DC.

Por desgracia, a partir de aquí empezó la debacle.

El ambiente entre ellos era cada vez peor, y no solo por el cansancio o las drogas, sino porque eso de llamar por teléfono y pedir lo que sea a Patrick Meehan, desde un Rolls Royce hasta un oso grizzly disecado de más de dos metros, se había acabado. Casi nunca localizaban a Patrick y tenían que conformarse con hablar con alguien que trabajaba para él. Empezaron a sospechar que algo olía mal cuando nadie les respondía a la pregunta de cuánto dinero estaban ganando.

En verano de 1974 descubrieron que Meehan se la había jugado. Todos los coches, la ropa, sus casas, etc. eran propiedad de World Wide Artists, la agencia de Meehan. «Nos ató de pies a cabeza con sus contratos, y tuvimos que pagarle para alejarnos de él. Fue horrible», dice Geezer. «Supuestamente cada uno tenía su propia cuenta en el banco, pero no existían, así que teníamos que ir en persona a pedir dinero, hasta que un día los cheques que nos daban empezaron a volver rechazados», relata Ozzy. Tuvieron que pagar a unos abogados para que les confirmaran que no tenían el dinero que pensaban que tenían y, lo que es peor, que no eran dueños ni de su propia música. Al parecer, los derechos de distribución de sus primeros trabajos habían sido vendidos «a perpetuidad», es decir, para siempre, a una empresa llamada Essex Music. Imagina ser el autor de éxitos en las listas de ventas de todo el mundo como «Paranoid», «War Pigs» o «Iron Man» y no poder decidir cómo, dónde ni a qué precio puedes comercializarlos. Ni en ese momento ni nunca.

El remate fue cuando la agencia World Wide Artists se declaró en quiebra. Si ya era difícil contactar con Meehan, ahora más. A partir de aquí empezó una batalla legal que se extendería durante muchos años, y de la que Patrick sacó el máximo rédito, ya que publicó durante los años ochenta y noventa discos recopilatorios de Black Sabbath con rarezas o versiones nunca antes escuchadas de sus canciones, que agotaron a la audiencia y vilipendiaron el catálogo de un grupo que tampoco pasaba entonces por su mejor momento. Al final, la banda tuvo que llegar a un acuerdo y pagar a Patrick para finalizar sus contratos con él y también tuvieron que renunciar a los derechos de los discos publicados bajo su auspicio, es decir, desde *Paranoid* hasta *Sabbath Bloody Sabbath*. Prácticamente sus mejores trabajos.

Paradójicamente, el salvador de Black Sabbath fue nada más y nada menos que Don Arden, quien recibió con los brazos abiertos a Tony, que mantuvo una relación cordial con el empresario a pesar de todo, y al que el guitarrista decidió acudir en 1975 cuando se vio en una situación tan complicada. Cuando le explicó lo que había pasado, Arden vio la oportunidad de vengarse de su expupilo, Patrick Meehan, y nwo se lo pensó dos veces. Desde ese momento, Black Sabbath estaba en manos del «Al Capone del rock».

Sabotage: el fin de la inocencia

Arden no había estado perdiendo el tiempo en los últimos años y, de hecho, se encontraba en un gran momento profesional. Representaba a varios artistas exitosos en las listas de ventas de Reino Unido como Wizzard, Electric Light Orchestra o Lynsey De Paul, pero aún le quedaba una espinita clavada: triunfar en Estados Unidos. Y ahí es donde vio todo el potencial de Black Sabbath, que ya eran muy conocidos allí, aunque antes de eso había que solucionar el principal problema. «Mi prioridad número uno era conseguirles dinero», cuenta Arden. «Eso implicó ir hasta sus discográficas [Vértigo y Warner] y hacerles entender que Black Sabbath era todavía un grupo viable y que ahora estaba en buenas manos. Les dije que se olvidaran del caos anterior y que me lo dejaran todo a mí. Era lo que necesitaban escuchar y conseguí un gran avance[9] que usamos para llevar al grupo de nuevo al estudio y grabar nuevo álbum», concluye.

El empresario también tenía claro que solo podía contar con el dinero que el grupo fuera hacer a partir de ese momento. Todo lo anterior lo

Sabotage, sexto álbum del grupo, es una referencia directa a las cuitas legales que estaban viviendo.

daba por perdido en batallas legales y abogados, por lo que se aseguró de que las nuevas canciones generasen regalías por derechos de autor, algo de lo que él también sacaría tajada, claro.

En medio de este caos e incertidumbre, Tony, Ozzy, Geezer y Bill volvieron a los Morgan Studios de Londres, donde ya grabaron *Sabbath Bloody Sabbath*. Esta vez ni se podían permitir un bloqueo creativo ni estaban preocupados por conseguir una obra maestra. Lejos quedaban los tiempos en los que podían estar todo el día de fiesta en una mansión en uno de los mejores barrios de Los Ángeles sin pensar en nada más. Querían terminar cuanto antes para acabar con esa pesadilla y volver a vivir de la música, algo que, paradójicamente, había pasado a un segundo plano con el devenir de los acontecimientos.

Así las cosas, no tardaron mucho en decidir cómo llamarían a la nueva obra: *Sabotage*. Con la jugada de Meehan, la necesidad de pagar abogados para que gestionaran todo el enredo, y la constante sensación de ser menospreciados desde la prensa especializada, es comprensible por qué eligieron un título como «Sabotaje», si lo traducimos al español. «Creo que Meehan se llevó todo el dinero y compró una cadena de hoteles. Estábamos sin blanca, completamente arruinados. Si el grupo se hubiera acabado ahí habríamos sido totalmente indigentes, aunque, por suerte, seguimos adelante y logramos sacar algo de dinero con una nueva gira», recuerda Geezer.

Por otro lado, estaba el efecto desalentador que les causaba estar en el es-

---

(9) El «avance» es el dinero que se da por adelantado a los artistas en un contrato discográfico.

tudio y recibir a diario escritos con demandas hacia ellos. «Puedes escuchar la frustración en *Sabotage*», reconoce Ozzy, quien llegó a odiar a sus propios abogados: «Te cobraban hasta el último céntimo que gastaban mientras trabajaban para ti, hasta el último clip de papel. Y, claro, ellos felices de tontear en los tribunales durante el resto de su vida, siempre y cuando hubiera alguien pagándoles». En efecto, los costes legales fueron tan altos que solo al final de la gira de *Sabotage* pudieron empezar a ganar dinero de nuevo. Todo lo demás tuvieron que invertirlo en abogados y burocracia legal. No ha trascendido la suma total, pero una gira como la de *Sabotage* para un grupo de la talla de Black Sabbath era lo suficientemente ambiciosa como para generar ingresos por varios millones de dólares.

Si eres de las personas que juzgan a un libro por su portada y también lo aplicamos a los discos, entonces posiblemente *Sabotage* te parecería de lo peor del grupo, y eso que la cubierta de *Paranoid* puso alto el listón del desastre. En la carátula, catalogada como una de las peores de Black Sabbath, vemos a los cuatro chicos posando ladeados con cara de circunstancia frente a un enorme espejo. El reflejo, en lugar de mostrar la parte trasera de sus cuerpos, es un burdo retoque que les coloca en la misma postura pero un poco más atrás. El diseño tipográfico tampoco es que fuera excesivamente acertado, con el título de *Sabotage* en rojo y mucho más grande que el nombre de la banda. Por si fuera poco el desaguisado, Ozzy aparece con un kimono y unas botas de plataformas, y Bill con unas mallas rojas muy ajustadas, unas pintas extravagantes que rompían con la estética oscura, sobria y lúgubre que solían llevar desde el principio, salvo Ozzy, que siempre fue caso aparte. En la otra mitad de la portada tenemos a Tony sentado en el suelo, que aparece con una expresión muy seria, y Geezer, a su lado, también con cara de pocos amigos. El resultado global es tan extraño como singular, puesto que es la única vez que los cuatro aparecieron en una portada de un disco de estudio de Black Sabbath. Afortunadamente, dentro había muy buenas canciones.

La que iniciaba el trabajo, «Hole in the sky», sin ir más lejos, es otra de las que se acabarían convirtiendo en indispensables en el repertorio de clásicos de la banda. En el corte experimentan con compases de 12/8, tremendamente raros en el rock, un género en el que predomina el 4/4. Escuchamos a un Ozzy muy afilado cantando enfadado una letra que se puede interpretar como un guiño al trauma generado por Meehan («He visto a estrellas desaparecer en el sol», como una metáfora de su propia carrera), o tal vez como una reflexión sobre la vida y la muerte («Puerta hacia el Cielo | Ventana

en el tiempo | A través de ella | Volaré», dice el estribillo). Luego estaba
«Symptoms of the Universe», considerada por muchos como una de las primeras canciones de metal progresivo. Desde luego, es una macedonia musical extraña: está rociada de un espíritu mezcla de punk y de lo que acabaría
convirtiéndose en thrash metal en grupos como Metallica o Anthrax. De-
rrocha energía y adrenalina, aunque el inesperado final acústico, con unos
bonitos arreglos de guitarra y percusión, sirvieron a la vez para demostrar la
versatilidad de Sabbath.

«Supertzar» fue una de las sorpresas del CD. «Recuerdo el día que la
grabamos. Cuando entré al estudio había un coro completo de 40 personas
junto a una arpista de 86 años. El sonido que lograron era como si Dios
estuviera dirigiendo la banda sonora del fin del mundo. Ni siquiera intenté
grabar voces encima de aquello», recuerda Ozzy de esta instrumental, que
mezcla sofisticadas líneas de guitarra con unas partes corales que, en efecto,
suenan a película épica. Al mismo tiempo, Tony cuenta en sus memorias que
el propio Ozzy pensó que se había equivocado cuando entró al estudio y se
encontró a toda esa gente, por lo que salió inmediatamente por la puerta.
Lo de la coral fue idea de Tony y los demás no estaban al tanto, así que la
reacción de Ozzy es cuanto menos comprensible.

«Megalomania» alcanza casi los diez minutos de duración y, en una estructura casi de ópera rock, se centra justo en el trastorno de la personalidad
que da título al corte, que consiste en delirios de grandeza y manipulación
hacia la gente, por lo que parece otro guiño más a su exrepresentante. «Am
I Going Insane (Radio)» fue el único single escogido para promocionar el

«Megalomania», un tema con una estructura casi de ópera rock,
alcanza casi los diez minutos de duracion.

álbum, siguiendo con la política de Sabbath de solo elegir una canción como aperitivo, y aunque intentaron recrear el toque comercial de «Paranoid» y le añadieron un toque psicodélico con un sintetizador, muy de moda en la época, no logró igualar al mayor hit de la banda. Tony también coló una de sus instrumentales, «Don't Start (Too Late)», una corta pieza grabada con guitarra española que servía como intro de la citada «Symptoms of the Universe».

Como última pista estaba «The Writ», cuya letra escribió en su mayoría Ozzy, algo raro, dado que era el rol habitual de Geezer. «Fue como ir al psicólogo», confiesa el vocalista, que se desahogó sobre cómo se sentían tras la decepción con Meehan («Buitres sacando oro de ti», «Has cambiado mucho desde que todo empezó»…). Además, firma una de sus mejores interpretaciones vocales junto a Black Sabbath.

Sabotage salió a la venta a final del verano de 1975 y logró otro Top 10 en las listas de Reino Unido, aunque la prensa especializada se cebó otra vez contra ellos, que lanzó dardos envenenados como «probablemente cause daño cerebral», publicado en la revista *NME*. En Estados Unidos fue el álbum que peor funcionó de todos los editados hasta ese momento, con un discreto puesto 28 en Billboard.

Sin embargo, el objetivo prioritario para Arden era que el grupo hiciera dinero, y les organizó una gira incluso antes de que *Sabotage* saliera a la venta. Contaron por primera vez con un integrante más en los conciertos: Gerald Jezz Woodroffe, teclista del grupo Quartz, para el que Tony había producido uno de sus discos. Más adelante, Woodroffe se convertiría en un apoyo fundamental para el guitarrista.

Por suerte para ellos, seguían agotando entradas allá donde iban, incluyendo en la siempre imponente y difícil Nueva York, donde unos jóvenes Aerosmith y KISS actuaron como teloneros.

Sea como sea, el buen desempeño de los conciertos supuso un balón de oxígeno para la moral del grupo y para sus cuentas bancarias, pero no frenó el descarrilamiento que se avecinaba.

Por un lado, Patrick Meehan empezó a hacer de las suyas con los derechos de la música de sus exrepresentados. Así, de cara a la campaña de Navidad de ese mismo año, y poco después de que saliera a la venta *Sabotage*, decidió publicar un álbum recopilatorio de la banda llamado *We Sold Our Souls to Rock And Roll* («Vendimos nuestras almas al rock and roll»), que incluía los principales singles de sus discos y del que Black Sabbath no sabía nada. Es más, Tony llegó a confesar que se enteró de la existencia del trabajo cuando los seguidores le pidieron que se lo firmaran después de un concierto. Lo más triste es que nuestros protagonistas no ganaron ni un céntimo de este disco, aunque funcionó tímidamente en las listas de ventas, otro indicativo de que su popularidad se había estancado.

Por otro lado, la adicción de Ozzy a la droga seguía yendo a peor. En aquella época le dio por el ácido, con múltiples alucinaciones asociadas. Él mismo cita varias que tuvieron consecuencias graves, como cuando una noche apuntó con una pistola a su mejor amigo Bill. El baterista no se lo tomó mal al parecer, y el arma no estaba cargada, pero Ozzy reconoce: «nunca hemos vuelto a hablar de aquello, lo que quiere decir que probablemente fuera muy importante». Otra es cuando maltrató a la que era entonces su mujer, Thelma. «Es posiblemente lo peor que he hecho en mi vida», confiesa el vocalista. Sin embargo, hubo un episodio que le pudo costar la vida. Tuvo un accidente de moto por conducir borracho y fumado y se hirió la espalda, lo que obligó al grupo a posponer el último concierto de la gira de *Sabotage*. El vocalista recuerda que estuvo una semana a base de morfina y analgésicos, pero no le quedó ninguna secuela y se recuperó sin problema. No obstante, en el seno del grupo surgió el tema de las drogas y de que quizá había llegado el momento de pisar el freno con ellas. La realidad es que, con una adicción tan profunda y con la mala situación que vivían a todos los niveles, era uno de los peores momentos para intentar dejar su principal recurso de evasión y, por supuesto, no lo consiguieron.

Algo contra lo que tampoco pudieron luchar fue la sangre nueva que revigorizó la escena musical. Grupos como Sex Pistols, Ramones o The Damned empezaron a poner de moda el punk rock, un género que paradójica-

Sex Pistols, fenómeno punk que bebe de *Paranoid* de Black Sabbath.

mente había bebido de lo que Sabbath llevaba haciendo toda la década de los setenta. «Paranoid» es una de las referencias que citaba John Lydon, más conocido como Johnny Rotten al frente de los Sex Pistols, que logró todo un hit internacional con «Anarchy in the UK». Las letras críticas y antisistema y la música enérgica eran las banderas del punk, y todo eso ya lo habían explorado nuestros protagonistas unos años antes.

En el otro frente empezaron a triunfar bandas como AC/DC, Aerosmith, KISS o Van Halen, y nombres como Black Sabbath o Deep Purple sonaban anticuados entre las nuevas generaciones, que se veían mucho más reflejados en la estética, la música y el espíritu de Angus Young o Gene Simmons. «En la actualidad, si eres un grupo de heavy metal, lanzas un disco de heavy metal. Entonces no era así, tenías que al menos intentar sonar moderno y evolucionar. El punk era tan grande que pensábamos que nuestro tiempo había llegado a su fin», dice Geezer. Al mismo tiempo, para Don Arden, Sabbath había dejado de ser una prioridad porque prefirió centrarse en caballos ganadores como Electric Light Orchestra, que justo entonces habían logrado escalar al Top 10 de las listas de Estados Unidos con su nuevo álbum, *Face the Music*, que incluía «Evil Woman», su primer hit internacional. Mientras tanto, a Black Sabbath le costaba cada vez más vender música.

Con este contexto tan poco propicio, Tony y los demás se volvieron a meter al estudio en 1976.

Technical Ecstasy: la respuesta ante el punk

BLACK SABBATH

TECHNICAL ECSTASY

Decidieron volver a grabar en Estados Unidos. Esta vez eligieron la soleada ciudad de Miami y sus Criteria Studios, apodados en la actualidad como The Hit Factory («La fábrica del Hit»), donde se grabaron canciones míticas como «Layla» de Eric Clapton o discos como *Rumours* de Fleetwood Mac, que incluyó su único número uno en Estados Unidos, «Dreams», o el icónico *Battle Hymns* de Manowar, el debut de la que acabó convirtiéndose en una de las bandas más importantes de heavy y power metal a partir de los años ochenta. Además, justo coincidieron con Eagles, que estaban grabando algunas partes de su aclamado *Hotel California*. Al parecer, tuvieron que interrumpir varias veces la grabación porque Black Sabbath tocaba tan alto que su música se colaba en sus micros, y eso que estaban en salas diferentes.

Como venía sucediendo en el seno de la banda, todos volvieron a mirar a Tony para las nuevas canciones. Él respondió encerrándose en el estudio y obsesionándose por volver a llevar el sonido de su grupo a un nuevo nivel. «Debo admitir que se convirtió en algo insano. Si llegaba al estudio y no se me ocurría nada, entonces acabaríamos por no hacer nada seguramente ese día», declara Tony, que recalca la frustración y la presión que sentía al depender todo sobre él, aunque en esta ocasión buscó apoyo en el teclista Gerald Woodroffe, al que no se le acredita como compositor en el álbum, pero sí estuvo ayudando a Tony a armar los temas.

Desde luego, sus propios compañeros no se lo pusieron fácil. No se involucraron nada en el proceso creativo, se levantaban a las dos de la tarde y seguían dándose sus atracones de droga, que compaginaban con largas jornadas en la playa de Miami. En su defensa, Ozzy recuerda alguna discrepancia con el guitarrista: «Tony decía cosas como que teníamos que sonar como Foreigner o como Queen, pero a mí me parecía raro que grupos que fueron influenciados por Black Sabbath estuvieran influenciándonos ahora a nosotros». Eso sí, también reconoce sus excesos con la droga y cómo afectó a su comportamiento con los demás.

El resultado de todo aquello fue el séptimo disco de la formación, y una especie de heredero espiritual de *Sabbath Bloody Sabbath* que llevó el atrevido título de *Technical Ecstasy* («Éxtasis técnico»), una declaración de intenciones para marcar las distancias con los menos sofisticados grupos de punk, y una clara provocación hacia la prensa especializada.

Musicalmente está repleto de teclados y piano, signo de lo importante que había sido para Tony el apoyo de Gerald Woodroffe, y suele estar considerado como uno de los peores discos de Black Sabbath. Experimentaron tanto que pusieron a cantar a Bill en «It's Alright», una balada que compuso el propio baterista y muy cercana al glam rock. Tanto es así que recuerda a grupos como KISS o Alice Cooper, más que a los mismos Sabbath que habían compuesto «Iron Man» o «Children of the Grave». «Me encantó. Bill tiene una gran voz, y yo estuve más que feliz de que él hiciera los honores», declara sorprendentemente Ozzy, que podría haber reaccionado muy distinto si se hubiera sentido desplazado de su rol como cantante.

El álbum arranca con «Back Street Kids», un tema animado y rápido que deja atrás el heavy metal más oscuro característico de la banda, y se abre hacia un hard rock más desenfadado y acompañado de sintetizadores a lo Van Halen. «You Won't Change Me» sí recupera el lado más pesado y tétrico de Sabbath, y camina a ritmo lento arropado por un órgano que le da un toque gótico. «Gypsy» coloca a la banda en un estilo muy alejado de su núcleo duro, y se acerca al «sonido hippie» típico de los años setenta que marcaron bandas como Free, o el lado más comercial de grupos como Boston, que triunfaba entonces por un single que acababa de publicar, «More Than A Feeling».

La que suele ser centro de todas las peores críticas es «Rock 'N' Roll Doctor», que introduce a la formación en el terreno del rock sureño comercial. Tiene ritmo, un riff pegadizo y un groove para bailar, y justo por eso se suele percibir como una especie de herejía para el fan de Black Sabbath, prácticamente como si hubieran hecho una canción de reggaeton hoy en día. La edulcorada balada «She's Gone», aunque emotiva y con una producción muy cuidada, incluyendo una preciosa sección de cuerda, es como un atracón de azúcar para un público que tal vez buscaba lo contrario en la banda de Tony.

Para clausurar el disco llega «Dirty Woman», cuya letra habla de la experiencia con las prostitutas que tuvo Geezer en Florida. Fue la única de este álbum que sobreviviría más adelante en los repertorios en vivo del grupo, e incluso fue interpretada en la gira de despedida de Sabbath muchas décadas después.

Salvo Tony, que en la actualidad dice que el CD le gusta y que «probablemente es el tipo de álbum que debes escuchar más de una vez para pillarle el punto», *Technical Ecstasy* no fue especialmente valorado ni por sus compañeros ni por los seguidores. «No es un mal disco, pero perdimos nuestra dirección. No parecíamos saber quiénes éramos. Por un lado sacamos *Sabbath Bloody Sabbath*, con aquel tipo siendo atacado por unos demonios en la portada, y lo siguiente son dos robots teniendo sexo mientras suben por una jodi** escalera, que fue la portada de *Technical Ecstasy*», dice Ozzy.

Las ventas fueron un desastre. En Reino Unido arañó un puesto 13, aunque desapareció por completo de los rankings al mes y medio de publicarse. En Estados Unidos ni siquiera alcanzó el Top 50. A estas malas noticias se le unieron otras, como que Arden cada vez les ignoraba más, y que se les acabó el dinero mientras grababan en Miami. Cuando avisaron a la discográfica de que necesitaban apoyo económico, la respuesta que les dieron es que unas cuantas hamburguesas de McDonald's estaban en camino. Esto, que era una broma con cierto tono de desprecio, era una clara representación de la importancia que tenía Black Sabbath entonces para el sello, que años atrás habría aceptado casi cualquier petición con tal de tener contentas a sus estrellas. Ahora, más que estrellas, eran como un coche yendo cuesta abajo y sin frenos.

Tampoco ayudó una factura de la IRS (siglas de Internal Revenue Service, «Servicio de Impuestos Internos», equivalente a la Hacienda o Agencia Tributaria de Estados Unidos), que les exigía más de un millón de dólares en impuestos. Paradójicamente, el grupo llevaba unos años perpetrando una trama de evasión fiscal con decisiones como grabar fuera de Reino Unido, y se salieron con la suya en sus años de más éxito, pero ahora que las cosas no iban tan bien les llega este aviso.

Por último, y no menos importante, Ozzy, que seguía a caballo entre la depresión y las drogas, se imaginaba cada vez a sí mismo iniciando una carrera musical en solitario. Incluso se llegó a hacer una camiseta en la que ponía *Blizzard of Ozz* (una especie de juego de palabras con su nombre y la popular obra *El Mago de Oz*, *Wizard of Oz* en inglés), que fue un nombre que siempre le llamó la atención. Él mismo describe su tren de pensamiento en aquellos días: «No podía estar en paz. Si no era por Thelma, era por los abogados. Si no era por los abogados, eran los contables. Si no eran los contables, era la discográfica. Y si no era la discográfica, eran Tony, Bill o Geezer preocupándose por la «nueva dirección» o quejándose sobre las facturas de los impuestos. La única manera que podía aguantarlo era ir puesto y borracho todo el tiempo». Y concluye: «Nos pasábamos más tiempo en reuniones con abogados que escribiendo canciones. Estábamos agotados de tocar por todo el mundo casi sin parar durante los últimos seis años, y habíamos perdido la cabeza por el alcohol y las drogas. La gota que colmó el vaso fue cuando nuestro contable nos dijo que si no pagábamos nuestras deudas fiscales pronto iríamos a la cárcel».

Como pasó con *Sabotage*, el recurso fácil para ganar dinero y poder pagar las deudas era salir de gira. Don Arden, teniendo en cuenta que el grupo no gozaba de la popularidad de antaño, hizo un movimiento muy inteligente: buscó unos teloneros lo suficientemente atractivos como para asegurarse de que Black Sabbath colgaba el cartel de «no hay entradas». Los elegidos fueron grupos como Journey, Ted Nugent o Boston, que tenían muchísimo tirón tanto en las listas de ventas como a la hora de movilizar al público. La estrategia le salió muy bien a Arden y la gira fue un éxito de asistencia.

Cuando los chicos regresaron a Reino Unido en 1977 se encontraron que los grupos de punk acaparaban todos los titulares de la prensa. Bandas como The Damned o The Clash eran la sensación, lo que movía el interés del

Journey, teloneros de lujo para Black Sabbath.

público. «Admito que no lo vi venir para nada. Pensé que estos grupos eran una moda pasajera para las revistas y periódicos. Creíamos que les quedaba un largo camino hasta alcanzarnos», reconoce Tony. Para su compañero Geezer fue una señal de que habían perdido su foco: «Esos grupos sonaban muy frescos para mí. Pensé que nosotros habíamos perdido toda esa energía y rabia de los primeros años. Y fue duro de aceptar porque habíamos vendido millones de discos».

Por supuesto, cuando les sugirieron que los teloneros para los conciertos por Europa serían unos australianos llamados AC/DC, pensaron que era otro grupo de punk más, solo que con un guitarrista que vestía con uniforme de colegial. Aceptaron la propuesta, pero no terminaron ni de confiar en ellos ni de respetarles, aunque al único al que pareció darle igual fue a Ozzy, que recibía encantado las visitas de Bon Scott a su camerino, siempre un oasis de drogas y sustancias psicotrópicas. Sin embargo, la anécdota más destacable de esta gira conjunta la protagonizaron Geezer y Malcolm Young, guitarrista y cofundador de AC/DC junto a su hermano Angus. Al parecer, Geezer le sacó un cuchillo de mariposa de juguete a Malcolm. Lo más seguro es que sus compañeros de Black Sabbath le hubieran seguido la gracia, y más con el largo historial de bromas que compartían, pero no fue el caso de Malcolm, que respondió dándole un puñetazo en la cara a Geezer. El guitarrista se acabó disculpando, pero Geezer le devolvió el tortazo y pidió en ese mismo momento que no se hicieran el resto de conciertos con AC/DC. Y así fue. Las últimas cuatro actuaciones de la gira europea, previstas

La pelea entre Geezer y Malcolm Young, guitarrista y cofundador de AC/DC, hizo que se cancelara la gira conjunta que tenían por Europa.

para finales de abril de 1977 en Oslo, Estocolmo, Londres y Helsinki, fueron completamente canceladas. No tocó ni Black Sabbath.

Con el paso de los años hemos escuchado diferentes versiones de esta historia. Por ejemplo, Malcolm aseguró en una entrevista en 2003 que la sangre no llegó al río. En ella cuenta que Geezer estaba borracho quejándose de lo duro que había sido estar en Black Sabbath durante diez años. «Esperad a que pasen diez años y me contáis», le decía el bajista a Malcolm, que le respondió con un seco «no lo creo». Ahí supuestamente sacó el cuchillo de juguete y, según Young, apareció Ozzy para salvar la pelea. «Tú, put* idiota, estás borracho, vete a la cama», increpó Ozzy a Geezer. El propio Geezer también ha hablado sobre esto en varias ocasiones, y cuenta que él estaba jugando con el cuchillo cuando Malcolm se le acercó y le dijo «debes pensar que eres un tipo duro teniendo en cuchillo mariposa». El bajista contestó «¿de qué hablas?» y, en teoría, ahí acabó todo. De todos modos, si fuera como cualquiera de los dos relata, no parece algo tan grave como para suspender de forma fulminante esos últimos cuatro conciertos. Considerando que la cancelación fue literalmente de un día para otro y que Sabbath necesitaba dar conciertos, parece plausible una versión en la que hubiera más que palabras entre ambos músicos.

Aunque la gira fue un parche y otro alivio económico para el grupo, Ozzy no se encontraba mejor. De hecho, le avisaron en estos meses de que su padre, Jack, se estaba muriendo de cáncer. «Perder a mis padres siempre ha sido mi peor miedo desde que era pequeño. Ese miedo se hizo real. Sabía que mi padre estaba enfermo, pero no pensaba que la muerte estaba llamando a su puerta», recuerda el vocalista, que entró en una depresión aún más fuerte. Con su matrimonio resquebrajándose, un grupo en el que todo eran problemas, las drogas y su padre muriéndose, se veía en un callejón sin salida y tuvo dos reacciones. La primera fue matar a escopetazos a las gallinas de su gallinero en un ataque de rabia. La segunda fue marcharse de un ensayo de Black Sabbath sin intención de volver nunca.

Never Say Die!: el primer aviso de Ozzy

Never Say Die! marca el fin de la formación original de Black Sabbath, que no volvería a reunirse para grabar nuevo disco de estudio hasta 35 años después.

Era 1978 y Tony, Ozzy, Bill y Geezer estaban ensayando en los Rockfield Studios de Gales del Sur para el que sería su nuevo disco. «Acabábamos de tener una descorazonadora reunión sobre dinero y abogados, y no podía aguantarlo más, así que me marché del estudio y me fui a mi casa en el campo», dice Ozzy, que se hizo los 170 kilómetros que separaban ambos puntos totalmente borracho y… ni siquiera tenía el carnet de conducir. Poco después empezó a despotricar de sus compañeros en la prensa, que se hizo eco sin piedad de la separación del vocalista. El remate fue cuando le llamaron para decirle que a su padre le quedaban pocas horas de vida. Fue a verle inmediatamente. Le acababan de operar, pero estaba sereno y consciente. Pudo hablar con él y contarle que acababa de dejar Black Sabbath. «Están acabados entonces», le respondió su padre antes de dormirse. Murió al día siguiente y Ozzy volvió a sumergirse en el alcohol y en las drogas.

Mientras tanto, Black Sabbath decidió seguir adelante sin Ozzy. Tony en el fondo siempre había pensado que el vocalista era un mal necesario para Sabbath y por eso no tardó en tomar la decisión de continuar sin él. El sustituto elegido fue Dave Walker, conocido por su trayectoria con grupos como Savoy Brown o Fleetwood Mac. Su voz, rasgada y de la vieja escuela del blues, no tenía nada que ver con la de Ozzy, y era justo lo que perseguía Tony, que quería evitar cualquier tipo de comparaciones. Además, Walker también era de Birmingham y tanto Tony como Bill le conocían desde su época en Mitology. Tanto es así que Walker estaba en Savoy Brown gracias a Tony, por lo que se sentía en deuda con él y, aunque vivía en San

Los Rockfield Studios de Gales del Sur donde grabaron *Never Say Die!*

Francisco por la época, no dudó en decir que sí y viajar hasta Reino Unido para empezar su nueva etapa con Black Sabbath.

La recepción que le hicieron no fue la más cálida del mundo. El ambiente entre Tony, Geezer y Bill era raro, y quizá se echaba en falta la personalidad más extrovertida, más de payaso, que tenía Ozzy, que siempre utilizó el humor para capear las situaciones más complicadas. Tony se encerraba en su guitarra, Geezer recelaba de Walker porque veía un posible competidor en él, ya que también le gustaba componer y escribir letras, y Bill tenía bastante con no ir lo suficientemente borracho como para poder atinar a tocar algo en la batería. A pesar de ello, la reacción de Walker fue escribir como loco, tanto letras como canciones que acabarían en el nuevo disco de Sabbath.

Por su parte, Ozzy dio una entrevista para la popular revista *NME* en la que explicó más detenidamente su salida de la banda. «Si no lo hubiera hecho, estaría muerto en dos o tres años», refiriéndose al ritmo de vida y el estrés al que estaba sometido. También explicó que había choque de egos y personalidades, que no le gustó *Technical Ecstasy* y que, al mismo tiempo, estaba cansado de tocar todas las noches los mismos clásicos de Black Sabbath. «No quiero decepcionar a los fans», decía. Incluso metió el dedo en la llaga hablando del punk: «No digo que nosotros fuéramos punk antes que el punk, pero en cierta manera fuimos lo que el punk es hoy: un grupo de la gente. No quiero hacer punk, pero me gusta porque no necesitas ser un neurocirujano para escucharlo», afirmó con un claro mensaje hacia la complejidad que Tony estuvo intentando perseguir en los últimos trabajos. Al mismo tiempo, aprovechó para anunciar que estaba creando su propio grupo, que se iba a llamar Blizzard of Ozz —el nombre que le llevaba rondando en la cabeza un tiempo—, y que no permitiría «ser prostituido otra vez», refiriéndose

Dave Walker, conocido por Savoy Brown o Fleetwood Mac, fue brevemente el nuevo cantante de Black Sabbath.

a tener que salir de gira solo para pagar a abogados y a representantes que te la juegan.

Black Sabbath inauguró su nueva etapa en enero de 1978 e incluso llegaron a tocar en un programa de televisión. La aceptación fue buena y parecía que las cosas marchaban bien, salvo que a Don Arden no le convencía el cambio. No tardó mucho en hacer su movimiento: llamar a Ozzy para que volviera y convencer a sus excompañeros a base de promesas de dinero y fama. Todos aceptaron y en apenas un mes después de su marcha, Ozzy estaba de vuelta. Sin duda, el principal perjudicado de esta historia fue Dave Walker, que, viendo lo apresurado de la situación, pidió ser acreditado como autor de las canciones que había compuesto, pero Arden dijo que no y se limitaron a incluirle en los agradecimientos del álbum. Su paso por la banda quedó en una mera anécdota. Además, una de las condiciones que puso Ozzy para regresar fue que no cantaría ninguna letra escrita por Walker, lo que explicó algunas decisiones creativas del álbum, que decidieron llamar *Never Say Die!* (*¡Nunca te rindas!*, en español). Fue paradójico teniendo en cuenta que todos sentían que aquello ya no era lo mismo. «Nunca hablamos de lo sucedido. Me presenté un día sin más al estudio, pero era obvio que las cosas habían cambiado, especialmente entre Tony y yo. Pienso que nadie creía de corazón en lo que estábamos haciendo entonces», se sincera Ozzy.

Siguiendo la recomendación de su contable, se fueron a grabar a Canadá, donde tendrían que pagar menos impuestos. Eligieron los Sounds Interchange Studios de Toronto porque les encajaban en su presupuesto y porque los Rolling Stones habían grabado hace poco ahí. Tan pronto como llegaron empezaron a surgir los problemas. El primero, que el sonido no era el que esperaban: «el estudio resultó ser una mierda», dice abiertamente Tony, que describe la acústica como «tan muerta como un clavo». Intentaron poner alfombras para ver si aquello ganaba calidez, pero al parecer la cosa no mejoró mucho, por lo que simplemente se resignaron y siguieron adelante con lo que tenían.

El día a día de la banda empezaba con ensayos a las nueve de la mañana, herencia directa de lo que Tony aprendió en su paso por Jethro Tull. El sitio elegido fue un cine abandonado, que tenía una pega: no funcionaba la calefacción. Eso era un problema en Toronto en pleno mes de enero, por lo que se vieron obligados a tocar con los abrigos puestos, otro signo de que las cosas ya no eran tan glamourosas como en sus años más gloriosos. Tampoco eran mucho mejor en el aspecto personal. Descansaban a la hora de la cena, pero apenas hablaban entre ellos y, cuando lo hacían, acababan discutiendo. Por ejemplo, cuando Ozzy sacó el tema de su proyecto en solitario. «Ozzy, si tienes alguna canción, deberías traérnosla a nosotros primero», sentenciaba Tony con tono autoritario. «Sin embargo, nadie me hacía caso cuando les mostraba algo, o simplemente me decían «nah, es basura»», protesta el vocalista.

Las canciones de este álbum no son las más inspiradas de Black Sabbath. Los críticos suelen estar de acuerdo en que parecen una colección de ideas a medio hacer y en las que la banda pierde el norte e ignora sus propias fortalezas. Da la sensación de que su respuesta al dominio mediático del punk fue acelerar el ritmo de sus temas, como en «Shock Wave», «Air Dance» o «Hard Road» (la primera y única del grupo en la que Tony grabó coros), que recuerdan más a su etapa de blues con Earth que a la propia impronta pesada que ellos diseñaron en los primeros discos de Black Sabbath. O «Never Say Die», que no desentonaría en un recopilatorio junto a Ramones, The Damned o Sex Pistols. Luego estaba el asunto de las letras que había escrito Walker, caso de «Over To You» o «Junior's Eyes». Ozzy mantenía que no iba a cantar ninguna letra de Walker, por lo que Geezer tuvo que improvisar una nueva para «Over To You», que se nota poco inspirado en estos versos. Le lograron engañar con «Junior's Eyes» porque le prometieron que habían reescrito la letra, aunque no fue así. Por otro lado, cuando escuchó «Breakout», también compuesta cuando Walker estaba en el grupo, a Ozzy le horrorizó esa aproximación al jazz, que incluía hasta saxofones, y se negó a poner su voz, por lo que acabó quedando como canción instrumental. Ozzy terminó bastante enfadado por este tema y se negó a seguir grabando. No quedaba mucho del disco, pero este es el motivo por el que Bill volvió a ponerse delante del micro, esta vez en «Swinging The Chain», que clausura el CD.

Para rematar, *Never Say Die!* tuvo que terminar de grabarse en Reino Unido. Un día, mientras seguían con sus frías sesiones en Toronto, llamaron a Ozzy para avisarle de que su mujer, Thelma, había sufrido un aborto. Todos decidieron volver a su país y acabaron lo que quedaba allí, aunque eso no cambió el hecho de que a ninguno de los integrantes les acabó gustando el álbum. Geezer es muy claro: «Odio esa cosa. No soporto escucharlo, suena tan falso y forzado…». Ni siquiera le convence a Tony, el cerebro de la banda, que asegura que es un trabajo que le trae malos recuerdos porque es cuando la formación original empezó a tambalearse.

Aunque en Estados Unidos fue un batacazo, en Reino Unido las ventas del álbum fueron bastante buenas, logrando un decente puesto doce, e incluso consiguieron que el single, que fue el punky «Never Say Die», fuera su primer hit ocho años después de «Paranoid». Esto les llevó a volver a visitar el popular programa de televisión *Top of the Pops*, con un Ozzy vestido totalmente de blanco[10], aunque esta vez cantando en playback, no como durante el mal trago que pasó con «Paranoid».

David Lee Roth y Eddie Van Halen, también hicieron gira conjunta con Black Sabbath.

Como siempre después de un nuevo disco, tocó gira, que volvió a ser un éxito de asistencia. Estuvieron acompañados por Van Halen, que acababan de firmar contrato con Warner y eran pura adrenalina en el escenario. Su vocalista, David Lee Roth, compensaba sus limitaciones vocales con un estado de forma envidiable. No paraba de saltar ni de moverse por el escenario. Sin embargo, el líder indiscutible de la formación era Eddie Van Halen, que sentó cátedra en el mundo del rock por su virtuosa manera de tocar la guitarra, especialmente por un estilo llamado *shredding* («triturado» si traducimos literalmente al español), que mezcla velocidad y técnica y que se hizo muy popular a partir de los años ochenta. Con su disco debut siendo platino, esta gira conjunta le hizo flaco favor a Black Sabbath, que quedó visiblemente como el dinosaurio moribundo del rock, frente a los enérgicos y vigorosos Van Halen. Por si fuera poco, Geezer recuerda que esto mismo acentuó el malestar que sentía Ozzy en Black Sabbath: «Ozzy pensaba que Van Halen era diez veces mejor que nosotros». Esto afectó

---

(10) Puede verse en el canal de YouTube oficial de Black Sabbath: https://youtu.be/2Q6gPouusHs

directamente al ya maltrecho estado de ánimo de la banda: «Empezamos a tener problemas, y entre eso, las drogas y todo lo demás, el grupo empezó a romperse en pedazos. Posiblemente debimos haber parado antes de lo que lo hicimos». En su lugar, siguieron adelante con una gira en la que sabían que la mayor parte del público venía a ver a los teloneros, y no podían hacer nada para remediarlo. Eso también les fue minando y lo peor es que no podían cancelar, primero por orgullo, pero, sobre todo, porque no era viable económicamente.

Con un contexto así, Ozzy terminó de enloquecer y su comportamiento era de todo menos normal ni profesional. Hay una anécdota que resume su estado entonces en la banda y explica lo que acabó pasando poco después. Tiene que ver con una vez que iba tan puesto de cocaína que no había dormido nada en tres noches consecutivas. «Parecía un muerto viviente. Sentía como si me hubieran inyectado cafeína en los ojos, tenía la piel roja e irritada, y apenas podía sentir las piernas», recuerda el vocalista.

Ozzy junto a su amigo Lemmy Kilmister.

Era 16 de noviembre de 1978 y todos llegaron sobre las cinco de la mañana a Nashville, donde tocarían esa misma noche. Ozzy por fin se quedó dormido en la habitación del hotel, aunque a partir de aquí empezó una historia difícilmente repetible. Al parecer, el vocalista llevaba consigo una llave de otro hotel de la misma cadena que habían visitado en la gira en una ciudad diferente y se dirigió a la habitación que indicaba. En otras circunstancias, al llegar a la puerta se habría dado cuenta de que la llave no abría, bajaría a recepción y todo se habría aclarado. Sin embargo, la señora de la limpieza estaba justo en aquella habitación cuando Ozzy llegó. Este le enseñó la llave, que tenía el logo de la misma cadena de hoteles y el número de esa habitación, por lo que la mujer le dejó tranquilo y le dijo que disfrutara de la estancia. Ozzy cayó directamente en la cama como una losa durante 24 horas seguidas. Llegó el momento de prepararse para el concierto y enviaron a alguien a la habitación en la que supuestamente debía estar Ozzy, pero allí solo estaba su equipaje. Ni rastro del cantante. Nadie sabía que él estaba totalmente KO en otra ala del hotel, en una planta diferente y en una habitación que no era la que le correspondía. Todo el mundo entró en pánico. ¿Habrá pasado algo malo? ¿Le habrán secuestrado? ¡¿Dónde está Ozzy?! Pusieron su cara en las estaciones de televisión locales, los policías empezaron a buscarle con una unidad especial, los seguidores comenzaron a organizar una vigilia con velas pensando en lo peor, los promotores del resto de conciertos estaban ya barajando la posibilidad de cancelar lo que quedaba de gira, la discográfica se preparaba para las pérdidas que iba a suponer y, por supuesto, Black Sabbath no tocó esa noche en Nashville. Sólo actuaron sus teloneros, Van Halen. Entonces Ozzy se despertó. Se sentía como nuevo y, según cuenta, lo primero que hizo fue llamar a recepción para preguntar qué hora era. «Las seis en punto». El concierto era a las ocho, así que pensó que la jugada le había salido perfecta. Fue en busca de su maleta para prepararse, pero la habitación estaba vacía. Volvió a llamar a recepción:

- «¿De la mañana o de la tarde?», preguntó Ozzy.
- «¿Disculpe?», contestaron.
- «Usted dijo que eran las seis en punto. ¿De la mañana o de la tarde?»
- «Oh, de la mañana».
- «Ah».

Se dio cuenta inmediatamente de lo que había pasado, que había dormido todo el día y la noche anterior, y llamó a la habitación del tour manager, que era el responsable de la ruta, del equipaje y de velar que todo saliera bien en los viajes del grupo durante la gira. «Soy Ozzy. Creo que puede haber un problema», dijo. «Primero hubo silencio, luego lágrimas de rabia. Nunca me han vuelto a echar una bronca como la de aquel día», reconoce el vocalista que, definitivamente, estaba fuera de sí.

A finales de 1978, tan solo dos semanas antes de Navidad, dieron sus dos últimos conciertos de la gira en Alburquerque (Nuevo México, Estados Unidos). Fueron los últimos de Ozzy en Black Sabbath.

Adiós a Ozzy

Los chicos acababan de regresar a Reino Unido para descansar de la gira de *Never Say Die!* cuando Don Arden les llamó. Les propuso que se fueran a vivir a Hollywood, donde él mismo llevaba ya un tiempo instalado. Desde allí podía gestionar mejor a sus niños mimados, Electric Light Orchestra,

que triunfaban en Estados Unidos. A Black Sabbath el cambio
les venía bien para quitarse de
encima a la prensa inglesa, que
atacaba cada vez con más saña a
las viejas glorias de los años setenta, pero también para pagar
menos impuestos. En aquel entonces el grupo tenía saneadas
sus cuentas por fin, pero Arden
no les quería quitar ojo porque
pensaba que aún podía conseguir grandes cosas de ellos, tal
y como ya logró con Electric

La expulsión de Ozzy del grupo impulsó su carrera
en solitario.

Light Orchestra o con Air Supply. Además, allí había conseguido conexiones con las altas esferas, incluyendo al jefe de la mafia de Nueva York, Joe
Pagano, y con todo el dinero que estaba ganando había montado su propio
sello, Jet Records. En Estados Unidos el propio Dan se quitó la imagen de
mafioso que tenía en Reino Unido. Ahora se le veía como un hombre de
negocios y bien posicionado en la sociedad, aunque en el fondo siguiera con
sus prácticas poco ortodoxas de siempre.

Había otra razón para que Don ofreciera a Sabbath que se fueran a vivir
a Los Ángeles. Su hija, Sharon, estaba encaprichada de Tony. El guitarrista
tenía una relación con una modelo llamada Melinda, la que poco después
sería su segunda mujer y la madre de su única hija. No obstante, Tony, conociendo las maneras de actuar de Arden, interpretó esto como un «ten a
mi hija contenta y a Black Sabbath no le faltará de nada», un chantaje de
manual al que accedió. A Tony le atraía Sharon, pero en aquel entonces sus
prioridades eran Black Sabbath y la cocaína, por lo que simplemente se dejó
llevar y mantuvo un pequeño escarceo con ella.

Arden también prometió un generoso avance de dinero para hacer el
próximo disco y, para terminar de convencerles, les ofreció varias de sus lujosas propiedades en Hollywood para que vivieran a cuerpo de rey. La única
condición es que se pusieran a trabajar de inmediato en el próximo álbum.
Aceptaron, aunque arrastraron consigo los mismos problemas que llevaban
un tiempo acechándoles.

Para empezar, aunque Ozzy seguía con su seria adicción a cualquier tipo
de droga, no era el único en el grupo que estaba enganchado. Tony ahora re-

cibía viales de cocaína que le prescribía el famoso Doctor Shapiro, un dentista que se prodigaba a hacer bastantes visitas a domicilio, algo raro para una especialidad médica que a menudo requiere material e instalaciones muy concretas. Tal vez por estas visitas era el dentista favorito de Elvis Presley, aunque acabó en el ojo de la polémica por recetar al mítico cantante cocaína líquida, entre otras drogas duras. Tony se refugió como nunca en la cocaína en busca de inspiración para las nuevas canciones. Cada semana, la discográfica y el propio Arden le preguntaban qué tal estaba yendo la composición, que, una vez más, recaía en el guitarrista. Su respuesta era que todo iba bien, aunque en realidad no tenía nada escrito. En su lugar, canalizó su frustración contra Ozzy, al que pareció no perdonarle la primera vez que se marchó, ni mucho menos que pretendiera impulsar su propia carrera en solitario. Así, cuando su compañero tenía que grabar alguna toma de voz, le pedía que la repitiera una y otra vez, «aunque la primera estuviera perfectamente bien», según el cantante. Es como si de alguna manera Tony culpara de todos los males de Black Sabbath a Ozzy: «Supongo que nos culpamos todos de todo. Ozzy se estaba metiendo aún más en las drogas y nosotros también. Todo se fue yendo al garete y teníamos que hacer algo», dice Tony.

Ese «algo» fue despedir a Ozzy. Según Geezer, lo que catapultó la decisión fue encontrarse al vocalista en el estudio de grabación inconsciente sobre su propia orina. Sin embargo, Tony dice que fueron Geezer y Bill los que se le acercaron diciéndole que o lo echaban o ellos se marcharían. Incluso Ozzy dijo una vez que, haciendo caso a un abogado, forzó su comportamiento para que le echaran. Sea como fuere, el mensajero acabó siendo su mejor amigo, Bill, que recuerda que fue «jodidamente horrible» y que no soportó tener que ser él quien le dijera que estaba despedido. «Nunca he dejado de sentirme mal por ello», concluye el baterista.

Ozzy confiesa que se sintió traicionado: «No éramos un grupo de chicos creados por una discográfica. Éramos cuatro tipos de la misma ciudad que habían crecido en las mismas calles. Éramos como una familia, como hermanos. Y despedirme por estar jodido fue una mierda hipócrita. Todos estábamos jodidos. Si yo estoy drogado y tú estás drogado, y me dices que estoy despedido porque estoy drogado, ¿cómo coñ* es posible? ¿Es que yo estoy ligeramente más drogado que tú?».

Quizá fue un fallo de coordinación, pero antes de esa conversación con Bill, le echaron de la mansión en la que vivían en Beverly Hills, por lo que enseguida entendió que algo pasaba. La asistenta le había preparado las maletas con sus cosas y un conductor fue a buscarle para llevarle a un hotel

Ronnie James Dio al frente de la nueva formación de Black Sabbath.

al oeste de Hollywood. Aunque Ozzy reconoce que fue lo mejor para todos al final y que aquello le sirvió para darle «una patada en el culo que necesitaba», su reacción en el momento fue encerrarse en la habitación de ese hotel y no salir para nada. Nunca abría las cortinas, tampoco dejaba pasar a que limpiaran y su rutina era pedir pizzas y atiborrarse a cerveza y más alcohol. Vivía como en un estercolero inmerso en una depresión profunda, y eso que tenía dinero de sobra para empezar de nuevo: le correspondieron 96.000 libras por vender su parte del nombre de Black Sabbath. «Fue la primera vez en mi vida que tenía tanto dinero en efectivo», reconoce el vocalista.

A Don Arden no le gustó nada la noticia del despido de Ozzy. Llegó en un momento muy delicado para el grupo, uno en el que él estaba tratando de convencer a la industria de que Black Sabbath no estaba acabado. Que echaran a su cantante de siempre, sin duda, enviaba el mensaje contrario. Sin embargo, cuando Arden intentó mediar para que Ozzy volviera, Tony lanzó un ultimátum: o se iba Ozzy o se iba él. Y, claro, teniendo en cuenta que era el cerebro y principal compositor de la formación, al empresario no se le ocurrió forzar nada. Es más, lo vio como una oportunidad para impulsar la carrera en solitario de Ozzy y así tener dos grupos de rock de éxito, el de Ozzy y Black Sabbath. Arden era un hombre de negocios y enseguida buscaba cualquier resquicio para ganar dinero, por lo que, como parte del acuerdo de su salida de Sabbath, a Ozzy también se le ofreció un contrato discográfico con Jet Records y un pequeño adelanto para grabar su primer álbum en solitario. Además, Arden envió a su hija Sharon para gestionar directamente al artista y asegurarse de que trabajara y volviera pronto a sus cabales.

La cuestión ahora era quién iba a ser el nuevo cantante de Black Sabbath, y aunque Arden tenía una lista de candidatos que creía que podían funcionar, Tony lo tenía claro. Su nombre era Ronnie James Dio.

4. Años ochenta: el antes y después de Black Sabbath

Los años ochenta marcaron el inicio de una de las etapas más convulsas para Black Sabbath. Al despido de Ozzy en 1979 hubo que añadir poco después la marcha de Geezer y Bill, por lo que Tony acabaría quedándose solo al frente del grupo con la difícil tarea de empezar de cero con otros integrantes, y con la eterna duda de cómo sería la recepción del público.

Todo comenzó con la llegada de Ronnie a la banda.

Los años de Ronnie James Dio

Aunque Sharon acabó siendo la mujer de Ozzy y su papel sería cada vez más importante en su carrera en solitario y, más adelante, también en la de Black Sabbath, paradójicamente fue ella quien presentó a Tony y a Ronnie James Dio. Sucedió en una fiesta en el mítico bar Rainbow de Los Ángeles, casi un lugar de peregrinación para los seguidores del rock (Lemmy Kilmister, líder de Motörhead, acabó comprándose un caro cuchitril solo porque estaba al lado de este local), y

El mítico bar Rainbow de Los Ángeles.

poco antes del despido de Ozzy. Sharon le había sugerido al guitarrista preparar algún proyecto alternativo con Ronnie, que en ese momento acababa de abandonar Rainbow, el grupo del exguitarrista de Deep Purple, Ritchie Blackmore, y que acabó convirtiéndose en otro de los clásicos del rock con

temas como «Stargazer», «Man on the Silver Mountain» o «The Temple of
The King», por citar solo algunos de la era con Dio.

«Estoy en una situación terrible. No creo que vaya a funcionar más con
lo que tengo en mi grupo. ¿Estarías interesado en hacer otra cosa?», acabó
diciéndole Tony a Ronnie. Él aceptó, pero la cosa se quedó parada hasta
que finalmente Black Sabbath despidió a Ozzy. Entonces Tony le sugirió
a Geezer y Bill que le dieran una oportunidad a Ronnie. Tony terminó lla-
mándole y, sobreentendiendo que se había enterado de lo de Ozzy, le dijo:
«Ahora tenemos otro tipo de situación. ¿Estarías interesado en probar con
nosotros?». Le invitaron a la mansión de Beverly Hills en la que estaban
instalados y tocaron para él «Children of the Sea», un nuevo tema en el que
trabajaban. «Y de la nada a Ronnie se le ocurrió la melodía vocal. Nos dejó
muy impresionados porque habíamos pasado de una situación en la que no
surgía nada a hacer una canción inmediatamente», recuerda Tony. Sucedió
lo mismo con la siguiente que le enseñaron, «Lady Evil». Había química
entre ellos y, sin dudarlo, se pusieron manos a la obra.

Ronnie James Dio empezó su carrera musical
al frente de The Red Caps.

Nacido como Ronald James Padavona un 10 de julio de 1942, era
el hijo único de una familia de in-
migrantes italianos que se habían
instalado en Portsmouth (Nuevo
Hampshire, Estados Unidos). Cre-
ció al norte de Nueva York y en el
instituto aprendió a tocar el bajo
eléctrico, el piano y la trompeta.
Como muchos músicos de su edad,
formó varios grupos y en uno de
ellos, que se acabó llamando Ronnie and The Red Caps, asumió el
rol de cantante «porque no había
nadie más que lo hiciera». Él mismo reconoce que enseguida sintió
un talento especial con la voz, aunque también confiesa que tocar la trompeta le ayudó mucho para respirar y entonar mejor.

A mediados de los años sesenta decidió que Padavona no era un apellido
muy sonoro ni atractivo y se inspiró en un mafioso local, Johnny Dio, para
convertirse en Ronnie Dio porque «simplemente sonaba guay», según el
vocalista. Su grupo de entonces, Ronnie Dio and The Prophets, acabó re-

nombrado como The Electric Elves, que poco después fueron conocidos como Elf. Fue el primer proyecto con el que se tomaron en serio las canciones propias y tuvieron bastante reconocimiento, hasta tal punto que les fichó la discográfica de Deep Purple, uno de los grupos más grandes de la época. El bajista de la citada formación, Roger Glover, trabajó con ellos como productor y la cosa derivó en Elf como teloneros de Deep Purple en 1974 durante la mítica gira del dis-

Ronnie Dio and The Prophets.

co *Burn*, uno de los más valorados por sus seguidores. Así fue como Ronnie conoció a Ritchie Blackmore, entonces líder, guitarrista y compositor de Deep Purple. El propio Blackmore acabó proponiendo a Ronnie y sus compañeros de Elf que se unieran a la banda para su proyecto en solitario, que fue lo que terminó convirtiéndose en Rainbow y el motivo por el que acabó marchándose de Deep Purple.

La historia de Rainbow es otra de las que sustentan los pilares del rock actual. Fue un grupo muy influyente en el desarrollo de estilos como el hard rock o el heavy de corte más clásico, aunque también tuvo etapas convulsas. Sin ir más lejos, a Ritchie Blackmore le gustaba cambiar de formación a menudo para mantener un sonido fresco. Si unimos eso a que su ambición era, según Ronnie, «ser una estrella del pop y escribir canciones de amor»,

Deep Purple, pioneros del heavy metal junto a Led Zeppelin y Black Sabbath.

la ruptura era cuestión de tiempo. El vocalista no quería hacer ese tipo de música más comercial, por lo que *Long Live Rock'n Roll* (1978) fue el tercer y último álbum que grabó con Rainbow. A Ronnie no le faltó razón en su diagnóstico porque justo el disco que Rainbow publicó después, ya con Graham Bonnet como cantante, incluía un corte llamado «Since You've Been Gone», que, aunque era una versión, acabó siendo el mayor éxito comercial del grupo. «Es una gran canción y fue un gran hit para ellos, pero no es una que yo hubiera compuesto o cantado con ellos. Es rock comercial y ahí es dónde Ritchie quería llegar», afirma Ronnie.

Con todo este contexto, Dio estaba ya pensando en una carrera en solitario, pero la oportunidad de entrar en un grupo con la trayectoria de Black Sabbath le resultó muy atractiva. Eso sí, ni su voz ni su personalidad tenían nada que ver con la de Ozzy. Incluso en lo musical había grandes diferencias. Mientras Ozzy intentaba imitar los riffs de Tony con su voz, Dio construía armonías en torno a ellas. Sus timbres también eran radicalmente diferentes. Ozzy tenía una voz aguda y afilada, mientras que la de Dio era rasgada y con mucho cuerpo. Algo que también les diferenciaba era su manera de ser. Ozzy siempre fue el payaso de Black Sabbath, el que usaba siempre el humor como recurso para cualquier tipo de situación. Dio, sin embargo, tenía muy mal genio y se tomaba las cosas muy en serio.

Lo importante para Tony fue esa conexión y química que se generó cuando Ronnie cantó sobre sus riffs. «Fue el destino. Conectamos casi instantáneamente», llegó a decir Dio, que concluye que cuando fue a cantar junto al guitarrista por primera vez no lo sintió como una prueba o audición, sino como «dos músicos disfrutando». Incluso en lo personal parecieron congeniar.

Si algo nos enseña la historia de Black Sabbath, y esto es algo que repetiremos varias veces, es que las buenas noticias les duraban poco tiempo. Ahora que habían encontrado a un vocalista con el que las cosas estaban fluyendo, Geezer decidió abandonar el barco. Se puso del lado de Ozzy: «Ozzy y yo íbamos a preparar un disco y Bill no tenía claro si seguir con Tony o conmigo y Ozzy. Acabamos teniendo reuniones los unos con los otros, malmetíamos y hablábamos mucho a las espaldas de los demás», declara Geezer, que terminó marchándose de Sabbath porque, además de esta incómoda situación, estaba teniendo problemas con su pareja y necesitaba tiempo para solucionarlos. No llegó a grabar nada con Ozzy.

Bill se quedó en Sabbath, aunque empalmaba una borrachera con la siguiente y seguía muy afectado porque su mejor amigo, Ozzy, ya no era su compañero de grupo. Tony recuerda la actitud de Bill: «Intentábamos evi-

Rainbow, la banda británica liderada por el guitarrista Ritchie Blackmore.

tarle a partir de las nueve o diez de la noche porque se ponía insoportable y muy agresivo». Ronnie tampoco pasaba por una situación fácil. Tras ser despedido de Rainbow, se quedó sin las ventajas asociadas a pertenecer a una banda de tal calibre: una paga de 150 dólares a la semana, una casa en Connecticut y un coche. Decidió mudarse a Los Ángeles con su esposa, Wendy, quien reconoce que tenían solo 800 dólares en el banco y que pasaron momentos difíciles para seguir adelante.

Dio estaba iniciando diferentes proyectos musicales con artistas como el teclista Micky Soule (Rainbow, Elf) o los guitarristas Paul Gurvitz (Three Man Army) y Jeff 'Skunk' Buxter (Stevie Dan, The Doobie Brothers), aunque ninguno era tan prometedor como la oferta de unirse a una banda como Black Sabbath. Según cuenta Wendy, Ronnie tenía sus dudas al principio porque no quería que le pasara lo mismo que con Rainbow, es decir, obedecer a un jefe como Blackmore. Tony le convenció diciéndole que liderarían conjuntamente el grupo, que serían socios a partes iguales. Bill estaba a otras y, sin Geezer, Dio se ocuparía también de las letras, por lo que esa dupla era casi algo natural que solidificase.

A Don Arden no le convenció nada la elección de Dio («¡es un put* enano, no puedes poner a un put* enano como cantante de Black Sabbath, vais a ser el hazmerreír!», decía) y, temiendo que aquello fuera a ser la estocada definitiva para la banda, decidió vender su contrato de representación a Sandy Pearlman, que en ese momento llevaba a un grupo llamado Blue Öyster Cult, claramente influenciado por los propios Sabbath. Así las cosas, empezaron a grabar las demos de *Heaven and Hell*, que no solo sería el siguiente disco de Black Sabbath, sino uno de sus mayores éxitos comerciales desde Paranoid y también una de las obras maestras del heavy metal.

Heaven and Hell: el rugido del heavy metal

Las discográficas de Black Sabbath entonces, Warner y Phonogram, no daban un duro por ellos. Sus ventas estaban en pleno declive y pensaban que sin Ozzy la cosa no iba a ir a mejor. Aunque sus expectativas cambiaron cuando empezaron escuchar las demos con la voz de Ronnie, decidieron no pagar las sesiones de grabación, por lo que la propia banda tuvo que costearlas de su propio bolsillo. Más adelante, ambas discográficas descubrieron que Ronnie no sólo tenía una voz espectacular, sino que era un hombre elocuente y que trataba bien a los periodistas y a los fans, básicamente todo lo contrario que Tony, Ozzy, Geezer y Bill. A Dio le encantaba acabar los conciertos y pasar horas con los seguidores, atendía con gusto entrevistas y nunca se le vio borracho o fumado en público. Era un profesional y esto para las discográficas y los representantes ponía más fáciles las cosas, sobre todo teniendo en cuenta que Black Sabbath había llegado a un punto en el que ni concedía entrevistas. Los fans enseguida le cogieron mucho cariño y, en definitiva, se dejaba entrever que algo había cambiado en el seno de la banda.

Fue Dio quien temporalmente tocó el bajo para seguir preparando los temas nuevos, aunque poco después sugirió incorporar a Craig Gruber, viejo compañero suyo en Elf y Rainbow, que acabó grabando el disco, aunque sus pistas terminaron siendo sustituidas por las de Geezer que, tras solucionar sus problemas maritales, accedió a volver al grupo cuando Tony le llamó para proponérselo. Por lo visto, ni siquiera le mostraron lo que Craig había grabado para que tocara libremente. «Desde el mismo momento en que empezó a tocar, volvió esa especie de muro de sonido, e hizo que la música tomara forma de nuevo», dice Tony, que concluye que esa forma agresiva de arrastrar y atacar las notas es «totalmente diferente a la de cualquier otro bajista», y que le sentó «muy bien» a *Heaven and Hell*.

Tony también decidió que era buena idea fichar a un teclista, aunque no recurrió a Gerald Jezz Woodroffe, que le ayudó en la etapa de *Sabotage*. El elegido en su lugar fue Geoff Nichols, otro paisano de Birmingham que Tony conocía por su grupo Bandylegs, que teloneó en alguna ocasión a Sabbath.

Nichols era multiinstrumentista, tocaba la guitarra, el piano y cantaba, por lo que sirvió de apoyo también en las composiciones. De hecho, Paul Clark, tour manager de Black Sabbath y muy cercano a los integrantes del grupo, dice que Nichols era como la sombra de Tony. Pasaban mucho tiempo juntos, y no solo porque ambos eran aficionados a la cocaína, sino porque les gustaba tocar y componer. Sin embargo, como ya sucedió con Geral Jezz Woodroffe, Nichols nunca recibió crédito como compositor en Sabbath. A pesar de ello, la buena química entre Tony, Ronnie, Geezer, Bill y Nichols se tradujo en una renovada energía y una motivación que los chicos hacía tiempo que no sentían: «Estábamos componiendo por pura tozudez, creo. Todos nos preguntábamos qué iba a pasar, cómo iba a ser y si iba a funcionar. Simplemente confiamos en lo que estábamos haciendo y fuimos a por ello», recuerda Tony.

El siguiente cambio fue que sustituyeron Los Ángeles por Miami. Al no ser ya representados por Don Arden, se acabó lo de aquella lujosa mansión en Beverly Hills, por lo que el grupo decidió probar suerte en la cálida Florida, que conocían de la época en la que grabaron *Technical Ecstasy*.

El proceso de composición del nuevo disco fue muy fluido. Tampoco podían perder mucho tiempo porque, como hemos dicho, ellos mismos tuvieron que pagar la grabación, así que esas jornadas de fiestas a todo trapo con chicas y drogas en ostentosas mansiones no se repitieron. Según Tony: «No podíamos llevar el mismo nivel al que estábamos acostumbrados. Teníamos que estar concentrados y trabajar rápido. Dicho eso, tuvimos nuestros días para relajarnos un poco, pero no decíamos "bien, vamos a hacer un disco, así que metámonos toneladas de droga y alcohol"». Esto no significó que el grupo se aburriera, ni mucho menos. De hecho, cuando acababan de grabar una canción, adquirieron la costumbre de llevarla a un club de estriptis para que el DJ la pusiera en el equipo de sonido a todo volumen. Así podían escucharla mientras se divertían. También había buen ambiente entre ellos, y eso significaba que seguían con sus bromas. Una de las favoritas de Tony era prender con un poco de fuego al bueno de Bill. ¿Recuerdas el episodio en el que comentamos que Bill acabó con varias quemaduras en las piernas? Sucedió durante las últimas sesiones de grabación de este álbum, que tuvieron lugar en los estudios Town Hall de Londres. Entonces, Tony le pregunta al baterista:

- «Bill, ¿puedo pegarte fuego otra vez?»
- «Ahora no, estoy ocupado».
- «Oh, vale».

Martin Birch, ingeniero de sonido y productor de bandas británicas como Iron Maiden o Black Sabbath.

Al cabo de un par de horas, Bill se acercó a Tony y le dijo «Mira, me voy a ir al hotel, ¿sigues queriendo pegarme fuego o qué?», ante la atónita mirada de Martin Birch, el productor, que no podía creer lo que estaba escuchando. Por supuesto, Tony no se lo pensó dos veces y quiso recrearse. Roció a Bill con un líquido que se usa para limpiar los cabezales de las cintas de grabación. Entonces acercó su mechero y aquello prendió mucho más de lo esperado, sobre todo en los pantalones del músico, que habían absorbido buena parte del líquido. Bill se tiró al suelo para intentar apagar las llamas mientras Tony le echaba más de este líquido porque pensaba que su compañero «estaba bromeando». No lo estaba. Los pantalones acabaron consumidos por el fuego, los calcetines se le derritieron y sus piernas sufrieron quemaduras de tercer grado. Todo quedó en un desagradable susto, aunque Bill asegura que a día de hoy sigue teniendo las cicatrices de las quemaduras en sus piernas.

Otra víctima de las bromas fue el propio productor, Martin. De alguna manera, los chicos se enteraron de que le daba mucho miedo la magia negra. Tony se las ingenió para tallar en un trozo de madera una cara, que envolvió con un paño negro y guardó en un maletín. Cuando estaba delante de Martin, Tony fingió abrir el maletín para buscar algo y sacó su artilugio:

- «¡¿Qué es eso?!», preguntó el productor.
- «Oh», dijo Tony mientras cubría de nuevo la madera y cerraba el maletín.
- «¿Qué es?», volvió a insistir Martin.
- «No es nada. No te preocupes».

Y vaya que se preocupó. Fue a decirle a Ronnie que Tony tenía algo en su maletín que parecía un muñeco de vudú. Por supuesto, Ronnie estaba compinchado y siguió con el juego, haciendo que el productor se preocupara aún más. Para alimentar la paranoia apareció Geezer:

- «Geezer, ¿vas a ir a la…reunión mañana?», le pregunta Tony haciendo una especie de pausa con suspense.
- «¿Reunión? ¿Qué reunión?», responde Martin preocupado.
- «Martin, de verdad, es un asunto personal», contesta Tony.
- «¿Qué hacéis en esas reuniones?», replica medio desesperado.
- «Oh, Martin, no podemos… es un secreto, no podemos hablar de ello», dijo Tony aguantándose la risa.

El pobre pensó que Tony y los demás estaban en una secta de magia negra y que esa cosa en el maletín era contra él. Incluso empezó a sentirse mal y preguntó directamente si le estaban haciendo vudú. Los chicos se reían a pierna suelta a sus espaldas, pero nunca le reconocieron que todo era una broma y siguieron confabulando contra él. Volvió a trabajar con Sabbath en el futuro, aunque, según Tony, pasó de ser una persona confidente a un manojo de nervios preocupado por cualquier cosa. No es para menos. Pobre.

El resumen es que, aunque no llevaran el tren fastuoso de vida de años anteriores, seguían con ganas de pasarlo bien (a pesar de que la cosa se desmadrara con la historia de las piernas de Bill). Y Ronnie, tan serio para trabajar, encajó bien en esta filosofía desenfadada, aunque él entonces tenía 37 años y sus compañeros apenas superaban los 30. «Siempre le gustó el humor inglés y se sintió cómodo alrededor de los británicos», reconoce su mujer, Wendy.

La grabación fue entre octubre de 1979 y enero de 1980 y eligieron los estudios Criteria, los mismos en los que registraron *Technical Ecstasy*. Ronnie sugirió contratar al mencionado productor, Martin Birch, para que Tony se liberara de esa tarea (y para evitar de paso cualquier tentación de sonar a los Black Sabbath de Ozzy). Martin había trabajado en varios discos míticos de Deep Purple (*Burn*, *Stormbringer* o *Made In Japan*) así como con otros grupos como Fleetwood Mac y, más adelante, hizo carrera con Whitesnake o Iron Maiden. Sin embargo, Ronnie lo recomendó porque fue el productor de Rainbow mientras él estuvo en la banda. Martin animó al grupo a explorar nuevas estructuras y a jugar con todas las posibilidades melódicas que ofrecía la voz de Ronnie. Teniendo en cuenta eso y que Tony y Ronnie fueron los compositores principales, la expansión sonora fue evidente. Fue tanta que hay quien considera que todo disco después de Ozzy no se debería considerar Black Sabbath. Incluso ellos mismos barajaron la posibilidad de cambiar su nombre a Sabbath, a secas, pero finalmente siguieron adelante con el nombre completo.

El primer corte de *Heaven and Hell* es «Neon Knights», y es uno de los más comerciales del grupo desde el mismísimo «Paranoid». De hecho, al igual que el citado hit, este tema fue el último que compusieron y surgió porque creyeron que era buena idea tener uno más rápido que contrarrestara con los otros más lentos y pesados. Además, fue el único del álbum en el que Geezer aportó ideas, aunque la letra fue compuesta por Ronnie, al que le gustaba hablar de mitos, fantasía y de lo épico, algo que se dejó notar en esta época de Sabbath. En este caso en concreto, los versos tratan sobre los caballeros medievales ingleses y sus equivalentes en la actualidad. En ambos casos comparten la noble tarea de defender a la gente de las fuerzas malvadas. Además, tanto Ronnie como Martin animaron a Tony a que grabara más solos de guitarra y «Neon Knights» incluye el primero de los varios solos que el músico grabó para el álbum.

«Children of the Sea», la primera que compusieron del disco, arranca con una introducción de guitarra acústica y la suave voz de Ronnie, que brilla en este registro más melódico. Luego el tema explota y cabalga a paso lento y pesado, al más puro estilo Sabbath pero con la aguerrida y versátil voz de Dio. A Tony esta canción le sugería la imagen de unos esclavos remando en una galera, y para intentar recrearla quiso incluir algunos arreglos corales. Se le ocurrió que podía ser buena idea contratar a unos monjes para ello. Miami no es ciudad de mucho monje, por lo que solo consiguieron a uno, que tuvo que grabar varias tomas para luego superponerlas y conseguir el resultado adecuado. La letra intenta concienciar sobre el medio ambiente y las consecuencias de jugar con el equilibrio de la naturaleza. Como curiosidad, Tony confiesa que guarda una grabación de este tema con la voz de Ozzy. Eso sí, con una melodía y letra diferentes a las que se le ocurrieron a Dio.

«Lady Evil», «Wishing Well» o «Walk Away» recuperan ritmos más cercanos al blues, que siempre estuvieron presentes desde los orígenes de la formación, cuando todavía eran Earth, aunque con un toque menos oscuro, más melódico y comercial. «Die Young» tiene una introducción que comienza con el teclado de Nichols y luego se une la psicodélica guitarra de Tony, que podría haber firmado David Gilmour en Pink Floyd. Enseguida explota hacia una de las canciones más rápidas y cañeras del trabajo, aunque tiene una pausa hacia la mitad que fue toda una revelación para Ronnie. Él estaba acostumbrado a pisar el acelerador y no parar hasta que acabara el corte, pero Tony le explicó que ellos llevaban mucho tiempo experimentando con este tipo de parones o *breakdowns* y le sugirió que probara. Al final el vocalista simplemente le dio la razón y dijo: «¡Oh, sí, funciona!».

Judas Priest, una de las bandas que formaba parte de la Nueva Ola
del Heavy Metal Británico.

La pista que daba nombre al álbum, «Heaven and Hell», constituye la clara base sobre la que años después beberían grupos como Iron Maiden, Judas Priest o Saxon, agrupados dentro de la conocida como NWOBHM (*New Wave of British Heavy Metal*, «Nueva Ola de Heavy Metal Británico»). Un bajo muy presente, unas armonías de guitarra muy cuidadas y unas líneas de voz poderosas fueron los ingredientes que crearon un nuevo capítulo dentro del heavy metal y, una vez más, Sabbath fueron los artífices.

Como cierre está «Lonely Is The World», que incluye varios de los solos de guitarra más inspirados y emotivos que jamás ha grabado Tony. Con todo, daba la sensación de que Black Sabbath no solo habían recuperado la ilusión, sino que también eran capaces de volver a transmitir emociones con su música, algo que entre deudas, rencillas y drogas quedó sepultado en los anteriores discos.

El remate fue una portada con fondo negro en la que aparecen tres ángeles vestidos de azul fumando y jugando a las cartas. Hay quien interpretó que los ángeles representaban a los integrantes de Sabbath y que el ángel que faltaba era en realidad Ozzy. Ronnie explicó que no era así, y que la intención era mostrar a los ángeles tomándose un descanso de su trabajo, como cualquier otra persona más. Tony, Geezer, Bill y Ronnie sí aparecen en el reverso de la portada en una ilustración a cargo de Harry Carmean, que el propio Dio cataloga como «heroica». «La portada tiene que causar un impacto», afirmaba el propio vocalista, y a juzgar del resultado del álbum en las tiendas, lo consiguió.

Def Leppard, hard rock melódico que triunfó en los años ochenta.

Heaven and Hell, publicado a finales de abril de 1980, fue un exitazo en Reino Unido, donde alcanzó el puesto nueve en las listas de ventas, el mejor desempeño comercial del grupo en los últimos cinco años. En Estados Unidos llegó al puesto 28 y fue su primer trabajo en superar el millón de copias vendidas desde *Sabbath Bloody Sabbath*. De alguna manera, Black Sabbath dejó de ser una vieja gloria de los años setenta para ser parte de la ola de música «fresca» que triunfaba en los años ochenta, con AC/DC, Def Leppard, Motörhead o Judas Priest como principales exponentes.

La gira de *Heaven and Hell* fue de maravilla. Empezó en abril de 1980, se extendió hasta febrero de 1981 y les llevó por Europa, Estados Unidos, Australia y, por fin, a Japón. Un signo de que Black Sabbath estaba en otra etapa era la cantidad de integrantes de otros grupos (Rainbow, Thin Lizzy, Pink Floyd...) que fueron a verles cuando tocaron en Londres por cuatro noches consecutivas. No faltó John Bonham de Led Zeppelin, al que Bill siempre tuvo en un pedestal. Era un referente para él como músico. El baterista, que

John Bonham, mítico baterista de Led Zeppelin.

entonces tenía problemas con la cocaína y el alcohol y tenía episodios de ansiedad por volver a tocar en directo con Led Zeppelin, vivía una época complicada y su comportamiento en público no era precisamente ejemplar. Se presentó en el primero de los cuatro conciertos de Sabbath en Londres y, por alguna razón, pidió ver la actuación en el escenario, detrás de Bill, donde habitualmente se coloca el técnico de batería para ayudar si se cae algún micro o hay que ajustar algo del instrumento. Bill aceptó y, según Paul Clark, tour manager de Black Sabbath, aquella noche tocó de manera excepcional. Tener a uno de sus ídolos viéndole de cerca fue un plus de motivación que aprovechó al máximo. Lo que no se podía imaginar era que Bonham acabaría tirando de sus piernas y haciendo lo imposible para molestarle. Fue tan bochornoso que tuvieron que sacarle de ahí para que Bill pudiera tocar tranquilo. Ahí no acabó todo. Relegado al lateral del escenario, Bonham dijo en voz alta sobre Ronnie: «es un gran cantante para ser un puto enano». Por supuesto, Ronnie le escuchó y le gritó a la cara: «¡maldito cabrón!». Tony tuvo que intervenir y acabaron desalojando del escenario al baterista. Ya cuando acabó el concierto, Bonham entró al camerino y Bill, orgulloso de su actuación, le preguntó con sorna: «¿Qué te ha parecido, Bonzo?» [Bonzo era el apodo por el que se referían a Bonham]. «¡Tocaste como una put* mierda!», respondió Bonham. Antes de que la cosa acabara en pelea, Geezer pidió de inmediato que le echaran del camerino. En septiembre de ese mismo año, Bonham se atiborró a vodka y acabó ahogado en su propio vómito, lo que supuso también la disolución de Led Zeppelin en «señal de respeto» a su compañero fallecido.

Durante esta gira también pasó algo doblemente histórico. El 17 de abril de 1980 no solo fue el primer concierto de Dio como vocalista de Black Sabbath, sino que también fue cuando nació un símbolo, el de los cuernos asociados al heavy metal. Una de las cosas que más preocupaban tanto a Ronnie como al resto de la banda era cómo le iban a recibir los seguidores de Ozzy. Por esta misma razón, quiso asegurarse de marcar las distancias con su predecesor y lo hizo con esta señal. «Es algo que solía hacer mi abuela siciliana para evitar el mal de ojo. Me imagino que la señal de la paz pertenece a Ozzy. No puedo usarla. Quizás pueda hacer esto en su lugar», explicaba Ronnie, que antes de mostrarla en su primer concierto con Sabbath lo comentó con Tony y los demás.

Fue un gesto muy inteligente y a la vez respetuoso. Una de las señas de identidad de Ozzy en los conciertos era utilizar los dedos índice y corazón y ponerlos en forma de V, símbolo de la paz. Los cuernos de Dio eran una manera de reconocer la labor de Ozzy, pero al mismo tiempo también para dejar claro que él era diferente. Al final de ese primer concierto con Sabbath, y después de que Dio utilizara varias veces su gesto, todo el público tenía los cuernos en alto y fue cuestión de tiempo que se convirtieran en el signo habitual en cualquier concierto de rock o heavy metal. El periodista Mick Wall, muy cercano a Black Sabbath, lo define como una especie de «grafiti físico» que representa la hermandad y la rebeldía del heavy metal. No tiene nada que ver ni con Satán ni con el diablo. Es un símbolo de respeto y paz, aunque su origen estuviera en la superstición.

A Black Sabbath, que sumó a sus ya conocidas cruces de metal el símbolo de los cuernos, le iba bien en la nueva etapa y, sorprendentemente, todos sus integrantes estaban contentos. Eso incluía a Geoff Nichols, que aunque no era un miembro oficial de Black Sabbath, cobraba 750 dólares por semana, dietas y gastos aparte. A cambio, tenía que tocar cada noche lo más escondido posible en el escenario porque el protagonismo era para Tony, Ronnie, Geezer y Bill. No pareció importarle.

La excepción a esta ola de felicidad y autorrealización fue Bill. Estaba bebiendo más que nunca, su madre acababa de fallecer y le daban ataques de ira y pánico. El primer aviso fue cuando, en una sesión en Londres en la que a los chicos les estaban enseñando el resultado del videoclip de «Neon Knights», Bill salió de la sala gritando, tirando unas mesas y vasos al suelo. Cuando los allí presentes preguntaron qué pasaba, Geezer respondió «es Bill», como normalizando la situación. Sin embargo, el 21 de agosto de 1980, Black Sabbath, que iba a tocar ante 18.000 personas en Denver (Colorado, Estados Unidos), tuvo que cancelar su actuación. Bill había desaparecido sin decirle nada a nadie. Se había montado con su hermano en el autobús que utilizaba para ir de ciudad en ciudad (seguía teniendo miedo a volar) y simplemente se marchó para no volver. Todos pensaban que regresaría al día siguiente, que era otra de «las cosas de Bill». Pero no fue así. «Cuando finalmente contactamos con él, nos dijo que no quería seguir haciéndolo más. Cuando grabamos *Heaven and Hell* le gustó el resultado, pero tener que salir de gira le pasó factura. Teníamos que salir ahí y volver a demostrar de lo que éramos capaces. Bill no podía soportar eso y no quería saber nada más de ello», recuerda Tony. Geezer añade que sus problemas con el alcohol fueron los principales responsables de sus problemas: «Bill estaba en otro planeta entonces. Por supuesto, no se lo podías decir. No le puedes decir a un borracho que está como en otro planeta porque pierde la cabeza. Y, claro, no podías hablar con él. No era el Bill de siempre. Se había convertido en un lunático». No obstante, años más tarde Bill reconoció que, aparte de las drogas y el alcoholismo, su marcha se debió a que no superó la marcha de Ozzy: «Simplemente no podía aceptar Black Sabbath sin Ozzy. Aquello fue el principio del fin de Black Sabbath para mí. Se me hacía muy difícil tocar cualquier canción original de Sabbath con Ronnie. Y no tengo nada en contra de él. Tenía una buena relación con Ronnie entonces. Sin embargo, aquello no era Black Sabbath para mí. No podía aceptar que «Oz» no estuviera allí. Sabía que era una cuestión de cuántos días más podría aguantar en el grupo». Las drogas no fueron un problema menor y el propio baterista relata que después de marcharse de Sabbath estuvo un año encerrado en casa, sin apenas levantarse de la cama y drogándose a diario. Cuando se enteró de que su ídolo John Bonham había muerto ahogado en su propio vómito, lo primero que pensó es que él podría haber corrido la misma suerte.

Las cosas de repente se pusieron feas. El promotor de la gira amenazó con demandar a Black Sabbath con 100.000 dólares por incumplir el contrato, aunque cuando quedó claro que Bill no iba a volver, decidieron reubicar las cuatro fechas siguientes y tuvieron que encontrar a un sustituto en tiempo récord (en concreto, en un día y medio para escuchar a todos los candidatos

y decidirse por uno). El elegido fue un chaval de 22 años, Vinny Appice, que, irónicamente, acababa de rechazar entrar en el grupo de Ozzy, que estaba a punto de publicar su primer disco en solitario. A pesar de su juventud, ya había trabajado con el guitarrista Rick Derringe, ganador de un Grammy y descubridor de Cyndi Lauper, entre

Vinny Appice, sustituto de Bill Ward a la batería.

otras cosas, y tenía una banda llamada Axis con la que había publicado el que sería su único álbum, *It's A Circus World* (1978).

Appice aceptó entrar de manera temporal hasta que Bill regresara, aunque terminó insuflando una energía renovada al grupo. Tenía muchas ganas de triunfar en la música, pero también tenía claro que su papel en la banda era una sustitución. Congenió muy bien con Ronnie: «Ronnie me adoptó casi como su discípulo de inmediato porque yo me tenía que aprender las canciones y todo eso. Entonces empezamos a hablar. Él es italiano. Yo soy italiano. Ambos éramos de Nueva York. Teníamos muchas cosas en común», dice Vinny. Su manera de tocar era muy potente y mucho más precisa que la de Bill, que tendía a dejarse llevar más por el momento. Vinny era como un reloj suizo, muy cuadriculado y estricto con los patrones y la música. Bill nunca tocaba exactamente igual una canción. Tony recuerda que le llamó la atención el kit de batería que siempre usaba Vinny, mucho más pequeño que el de Bill. «Parecía la batería de un niño», dice el guitarrista. El escenario era digno de recordar, desde luego: un muro enorme de amplificadores, una gran plataforma para la batería y ahí estaba el pequeño kit de Vinny. «¡Pero cómo tocaba!», añade Tony. A pesar de ello, Appice no pudo aprenderse al 100% el repertorio en tan poco tiempo, por lo que llevaba algunos apuntes escritos en unos papeles para ir guiándose. El problema fue cuando empezó a llover y sus notas se borraron con el agua. Al parecer, lo hizo muy bien dadas las circunstancias, aunque Tony acabó diciéndole en broma: «Si quieres seguir en este grupo te tienes que comprar una batería más grande». Y vaya que sí lo hizo. En el kit que usa en la actualidad podrían tocar dos o tres bateristas a la vez de lo grande que es.

Transcurrieron unos meses y llegó el momento de grabar el próximo disco. Bill no había regresado y el joven Appice se vio en la tesitura de ser el baterista en el nuevo álbum de Black Sabbath. Casi nada.

Mob Rules: si algo funciona, no lo cambies

Teniendo en cuenta el gran éxito de *Heaven and Hell*, Black Sabbath no quiso complicarse la vida y decidió seguir un patrón similar para su su próxima obra. Además, el grupo había sustituido a dos de sus piezas más imprevisibles y problemáticas, Ozzy y Bill, con dos tipos con los que era muy fácil trabajar. Sí, tanto a Ronnie como a Vinny les encantaba fumar marihuana, pero nunca fallaron en un ensayo o llegaron tarde a un concierto. Sabían controlarse, incluso aunque el propio Tony no lo hiciera demasiado entonces (se metía más cocaína que nunca, al parecer).

A pesar de ese aparente equilibrio con la nueva formación, había algo que discutir. Geezer quería recuperar su papel como letrista de la banda, que había asumido Ronnie. Intentó convencer a Tony de que, con el tiempo que llevaban juntos, lo más justo era que fuera él quien se encargara de las letras. El guitarrista, no obstante, se lavó las manos y dijo que se arreglaran entre ellos. Al final ganó la tozudez de Ronnie, que exigió ser acreditado como único letrista del disco, mientras que, a cambio, Geezer apareció como coautor de toda la música del nuevo álbum. Obviamente, aquello fue un parche que no acabaría bien.

Era diciembre de 1980 y al grupo le habían encomendado componer una canción para la banda sonora de una película animada que, irónicamente, se iba a llamar *Heavy Metal* y que se basaba en una revista de ciencia ficción y fantasía de la época. En la cinta, que protagonizaron las voces de actores como Rodger Bumpass (doblador original de Calamardo Tentáculos en *Bob Esponja*), Jackie Burroughs (*Camino a Avonlea, La zona muerta*) o John Candy (*Mejor solo que mal acompañado*), aparecieron también canciones de Blue Öyster Cult, Journey o Cheap Trick.

Lo curioso fue el lugar escogido por Sabbath para grabar el tema: la antigua casa de John Lennon en Ascot, a poco más de una hora en coche al suroeste de Londres. La vivienda se hizo famosa porque fue donde Lennon y Yoko Ono grabaron el videoclip de «Imagine». Esas paredes blancas fueron el telón de fondo para el documental que acompañó al mítico disco del ex-Beatle, que fue grabado y compuesto allí mismo. Tony recuerda que fue extraño para ellos porque llegaron poco después del asesinato de Lennon. A partir del dramático suceso, Ringo Starr se hacía cargo de alquilar la propiedad, que estaba preparada para ensayar, componer o grabar. Y justo cn esa luminosa habitación en la que Lennon se sentaba a tocar el piano es donde Black Sabbath ensayaba. Aprovecharon el estudio que había en la parte de atrás de la casa y usaron todo el equipo disponible allí, incluso el mismo ingeniero de sonido de Lennon. Paul Clark, tour manager de la banda, dice que también tuvo que llamarles la atención varias veces porque los chicos no dejaban de toquetear las cosas personales que había en la casa, incluyendo todos los discos de oro del artista. «Fueron unos días muy buenos. Había muy buena atmósfera y notamos buenas vibraciones», recuerda Tony.

Como la película todavía no estaba terminada, su única referencia para escribir la canción era lo que tenía que durar y unos dibujos en blanco y negro a modo de guion gráfico o *storyboard*. Sabían que determinadas personas en la historia se convertían en monstruos, por lo que grabaron una introduc-

ción muy psicodélica de casi tres minutos para construir clímax, con título
«E5150» («Evil», si la leemos con números romanos), y luego fueron al ataque con la propia canción, que llamaron «The Mob Rules». Los creadores
de la película la utilizaron tal cual. A Black Sabbath le gustó el resultado, así
que decidieron que iría incluida en su próximo disco, aunque por sugerencia
del productor, que volvió a ser Martin Birch, la regrabaron para que fuera
coherente con el sonido del resto de temas.

Paralelamente, Ozzy había sacado su primer álbum en solitario en septiembre de 1980. Aunque Don Arden, que era su representante, le sugirió
que su nuevo grupo se llamara Son of Sabbath o que contara con el guitarrista Gary Moore, Ozzy decidió que su nuevo proyecto se llamaría Ozzy
Osbourne a secas y que su debut se titularía *Blizzard of Ozz*, la idea que
tanto tiempo llevaba rumiando. Con el apoyo de Sharon, la hija de Don,
Ozzy superó poco a poco su depresión, volvió a ponerse en forma y aban-
donó su menú de pizza y su cocktail de drogas diario. «Nunca he conocido a nadie que pueda resolver las cosas como lo hace Sharon. Cualquier
cosa que dijera que iba a hacer, la hacía. O al menos volvía y te decía que
lo había intentado por todos los medios, pero no lo había conseguido»,
dice Ozzy. Con ayuda de Sharon también organizó las audiciones para
los que serían los integrantes de su grupo. El fichaje estrella fue un joven
de 22 años que tocaba en una banda llamada Quiet Riot. Su nombre era
Randy Rhoads y fue una de las piezas clave para la carrera en solitario de
Ozzy. Según el vocalista: «Trabajar con Randy era como la noche y el día
comparado con Black Sabbath. Recuerdo estar paseando un día por casa,
cantando una melodía que había tenido en la cabeza durante unos meses,

Randy Rhoads, mítico guitarrista de heavy metal, conocido por su trabajo
en Quiet Riot y con Ozzy Osbourne a principios de los ochenta.

y Randy me preguntó si era mía o de los Beatles. Le dije que no era nada, pero me hizo sentarme con él hasta que sacamos la canción». Y añade: «Fue la primera vez que sentí que era un compañero al mismo nivel a la hora de hacer canciones». El tema se llamó «Goodbye Romance» y fue la primera que compusieron de las diez que formaron parte de *Blizzard of Ozz*, entre las que también se encontraban «Crazy Train» o «Mr Crowley», dos de los hits más destacados de la carrera solista de Ozzy.

Blizzard of Ozz, debut de Ozzy en solitario y todo un éxito tanto en Reino Unido como en Estados Unidos.

Cuando el álbum salió a la venta en Reino Unido, alcanzó el número siete en las listas de ventas. Seis meses después, cuando se publicó en Estados Unidos, llegó al puesto 21 y acabó despachando cuatro millones de copias, convirtiéndose así en uno de los 100 discos más vendidos de la década en aquel país según Billboard. «En cuanto las estaciones de radio pusieron «Crazy Train», estaba hecho. La cosa simplemente explotó», declara Ozzy. Nadie esperaba que la carrera en solitario de Ozzy, que siempre había sido percibido como el payasete que cantaba en Black Sabbath, acabara eclipsando al mismo grupo que le dio la fama.

Con este contexto, cuando llegó el momento de grabar el nuevo álbum de Sabbath, Martin les propuso algo: «¿Sabéis lo que cuesta grabar un disco? ¿Por qué no compráis vuestro propio estudio? Así podríamos estar dos o tres meses grabando sin preocuparnos de nada más». A todos les pareció una buena idea y el propio Martin fue el encargado de seleccionar un estudio en Los Ángeles que «solo» necesitaba una mesa de control nueva. La pega es que la citada mesa costó 250.000 dólares, pero en conjunto lo vieron como una inversión a largo plazo, y no tardaron en ir hasta allí para empezar las sesiones del sucesor de Heaven and Hell.

La cosa salió mal. Tony recuerda que no fueron capaces de sacar un sonido de guitarras decente, y eso que probaron a grabar hasta en el pasillo. Aun así, regrabaron «The Mob Rules», aunque acabaron dándose por vencidos y alquilaron los estudios Record Plant de Hollywood, los mismos que utilizaron para *Vol. 4*. El guitarrista confiesa que no se podían creer que después de haberse gastado todo el dinero en un estudio propio hubiesen tenido que alquilar otro. Incluso en los propios Record Plant les preguntaron por ello y simplemente contestaron avergonzados que el sonido no era el que esperaban. Por supuesto, acabaron vendiendo tanto la mesa como el propio estudio, que, paradójicamente, sigue funcionando en la actualidad bajo el mismo nombre, Can Am.

Salvo «The Mob Rules» y su extraña introducción, compusieron el resto de temas en Los Ángeles, donde estaban todos viviendo. Como veremos, siguieron el molde musical de *Heaven and Hell*, aunque algo cambió en el proceso de composición. Empezaron a surgir ciertas batallas de egos que rompieron con la buena dinámica que lograron en su primer esfuerzo de estudio juntos. Geezer estaba molesto porque no podía escribir ninguna letra, Tony fue especialmente intransigente con sus ideas y Ronnie disfrutaba del poder que había conseguido en la banda. Mientras tanto, Vinny Appice alucinaba por tener de nuevo la ocasión de grabar un disco con un grupo como Black Sabbath, y Geoff Nichols era feliz siendo el silencioso escudero de Tony. La principal consecuencia de esta peculiar macedonia de personalidades es que, según el guitarrista, se descartaron muy buenas canciones: «Fue un disco confuso para nosotros. Comenzamos a escribir canciones de manera diferente por alguna razón y terminamos por dejar fuera muy buen material. Aquella formación era genial, pero seguíamos teniendo problemas con las drogas y la situación a veces se complicaba por razones absurdas. Nos comportábamos como niños».

Heaven and Hell, el primer album de Sabbath con Dio.

Estas rencillas provocaron discusiones, aunque nunca llegaron a callejones sin salida, tal vez porque todos querían terminar el disco y volver a dar conciertos, que era lo que más disfrutaban. «Si hubiéramos tenido discusiones serias, habría sido el fin. Hubo desacuerdos, pero no discusiones a gritos. No dejamos que la cosa llegara a eso», afirma Tony.

El disco se llamó *Mob Rules*, en honor al primer tema que compusieron de la obra. El primer corte que suena al darle a reproducir se llama «Turn Up The Night», que sigue a pies juntillas la estructura de «Neon Knights», es decir, un tema rápido, enérgico y con un estribillo sencillo y directo. Quizá para contentar al resignado Geezer, el bajo en este tema y en el resto del trabajo es prominente.

Volvieron a recurrir a canciones a medio tiempo, como ejemplifican «Voodoo» o «Country Girl», que recuerdan a ese lado más pesado y oscuro de los orígenes de Sabbath. «The Sign of the Southern Cross» repite la fórmula de «Children of the Sea», con un inicio de guitarras en acústico y la melodiosa voz de Dio, que suena particularmente inspirado. Las armonías que escuchamos aquí son de las típicas que incluiría en su ADN Iron Maiden, que justo en la época publicó su segundo álbum, *Killers*, y, también, más adelante, reverberarían en bandas tan dispares como Angra o Soundgarden.

«Falling Off the Edge of the World» arranca en acústico con un violín, unos bonitos arreglos de bajo y Dio cantando con mucho sentimiento. Lo que parecía una balada deriva en un corte que cabalga pesado y se topa directamente con las raíces más oscuras de Sabbath. Para terminar llega «Over and Over», otra de las lentas, con cierto toque nostálgico y con un título, «Una y otra vez» en español, quizá premonitorio de lo que estaba a punto de suceder con el propio grupo.

Mob Rules salió a la venta el 4 de noviembre de 1981 en Reino Unido. Como *Heaven and Hell*, fue un éxito en las listas, llegando al puesto número 12 en su país natal, y al 30 en Estados Unidos. Curiosamente, el segundo álbum de Ozzy, *Diary of a Madman*, fue publicado tan solo tres días después de *Mob Rules*, por lo que estuvieron compitiendo al mismo tiempo en los rankings de lo más vendido. En Reino Unido venció Black Sabbath por poco (Ozzy llegó al puesto 14), mientras que Estados Unidos fue territorio para el vocalista gracias a un meritorio puesto 20. Esta rivalidad, por supuesto, no le hizo ninguna gracia a Black Sabbath, que decidió reducir al máximo las canciones de la era Ozzy en su repertorio en directo. De las trece canciones que interpretaban habitualmente en directo, solo seis pertenecían a la era Ozzy. *Mob Rules* es el décimo disco de Black Sabbath y es particularmente significativo que más de la mitad de su repertorio se basara en los dos últimos trabajos, los correspondientes a la etapa con Dio.

Por el contrario, a Ozzy no parecía importarle nada este pique, ya que dijo en una entrevista en la época: «Me importa una mierda lo que hagan. Ya no estoy ahí y estoy muy feliz». Más tarde sí mostró algo de resentimiento cuando le preguntaron si seguía en contacto con sus excompañeros: «Fue como una guerra. No me trago eso de «te despido pero seguimos siendo amigos». Si siguiéramos siendo amigos, ¿por qué despedirme?».

Mob Rules, primer trabajo con Vinny Appice en la batería.

Este enfrentamiento también llegó al público. Aunque Sabbath seguía llenando sus conciertos y los seguidores disfrutaban de todo lo que Dio estaba aportando, la portada de *Mob Rules* generó cierta polémica. Se trata de una ilustración en la que vemos a unas siniestras figuras sin rostro, el nombre del álbum y del grupo pintado en rojo en la pared, un lienzo con un dibujo en sangre de lo que parece la cara del diablo, y, en la parte inferior, charcos de sangre. Sobre ellos, la gente interpretó una mancha en la que supuestamente se leía OZZY, como una especie de indirecta o mensaje oculto hacia el exvocalista de la banda. Aunque esto alimentó las conversaciones de los seguidores, Tony lo zanja sin rodeos: «Eso es basura. Nunca aprecié nada y a día de hoy sigo sin saber dónde encontrarla».

De puertas para fuera las cosas iban muy bien en Black Sabbath, pero el choque de personalidades y las pequeñas desavenencias fueron haciendo mella como una tortura por gota china. Para empezar, a Tony ahora le había dado por fumar crack, composición derivada de mezclar cocaína con agua y amoníaco o bicarbonato de sodio. Por su rápido efecto (en torno a diez segundos) y la intensidad de su reacción en el cuerpo humano, suele considerarse como la forma de cocaína más adictiva. Por ello es también la más peligrosa, no solo por las secuelas psicológicas, sino porque provoca graves consecuencias cardiovasculares, hepáticas o pulmonares. Según Paul Clark, Tony perdió la cabeza hasta tal punto en esta época que era incapaz de articular palabra y, por tanto, de hacer entrevistas. «Tenía que hacerme pasar yo por él en las entrevistas por teléfono porque tenía un acento similar», recuerda. Esto afectó de lleno a Ronnie, que había congeniado de maravilla con el guitarrista para componer, pero en el plano personal eran cada vez más opuestos. Mientras Tony aprovechaba cualquier oportunidad para fumar crack y se pasaba las horas totalmente callado, a Ronnie le encantaba socializar, ir a conocer las ciudades en las que el grupo tocaba. Y, sí, él fumaba marihuana y era aficionado a la cerveza, pero no se metía cocaína ni metacualona ni ninguna otra «droga dura».

La siguiente aspereza fue cuando Geezer escuchó un casete con una grabación en directo de uno de los conciertos de la gira. Se detuvo en la canción «Heaven and Hell», en la que Geoff Nichols añade un órgano y unos coros. «¿Qué es ese jodido ruido?», preguntó Geezer a Paul, que era quien le puso la cinta, a lo que el tour manager contesta: «Es Geoff». Geezer, indignado por la pésima interpretación del teclista, le mostró el despropósito a Ronnie, que le contestó: «Tienes que decírselo a Tony». Geezer no le dijo nada a Tony y Geoff permaneció unos cuantos años más en la banda. Sin embargo, en todo ese tiempo fue inevitable que el entorno del grupo viera a Nichols como un lastre. Menos Tony, claro.

Desde el lado de Tony, el punto de vista era diferente. Aparte de que él sí valoraba a Nichols, quizá más por su compañía que por su aportación artística, en su opinión, Ronnie se había endiosado por el éxito en Black Sabbath y, según el guitarrista, actuaba como si fuera el jefe. Además, viendo el éxito de *Mob Rules*, la discográfica decidió prolongar el contrato junto a Sabbath y, al mismo tiempo, le ofreció grabar y financiar un álbum en solitario a Ronnie. «Eso sonó un poco extraño porque éramos un grupo y no queríamos separar a nadie. No estoy diciendo que Ronnie no debiera tener un trabajo en solitario, pero creo que no era el momento adecuado. Hablamos de ello, a Ronnie le pareció bien y seguimos adelante», recuerda Tony que, aunque parece que le quita importancia, en realidad fue como una semilla que se plantó en el cerebro de Ronnie y que, sin duda, afloró al poco tiempo. En concreto, durante el proceso de mezcla del disco en directo que grabó el grupo justo después de *Mob Rules*, que se llamó *Live Evil* y fue publicado en diciembre de 1982.

Live Evil: cuando la mezcla se te va de las manos

Black Sabbath decidió grabar unos cuantos conciertos de la gira de *Mob Rules* para utilizarlos en un futuro disco en directo. Como reunieron material de sobra, seleccionaron las canciones de las actuaciones que más les gustaron y comenzaron con el proceso de mezcla en julio de 1982. Volvieron a los estudios Record Plant y contaron con el ingeniero de sonido Lee De Carlo. Tony, Geezer y Ronnie se reunían con él en el estudio y

Live Evil, un disco en directo tan alabado como polémico.

le daban indicaciones de cómo querían que sonasen las canciones. «Cuando volvíamos al día siguiente la cosa sonaba totalmente diferente. Lee no decía nada. Lo ajustábamos todo de nuevo junto a él, volvíamos al día siguiente… ¡y sonaba diferente de nuevo!», relata Tony. Lo que supuestamente pasaba era que, cuando Tony, Geezer y Ronnie se marchaban, Ronnie volvía al estudio junto a Appice y le decían a Lee que le diera más importancia en la mezcla a la voz y a la batería y que se la restara a las guitarras y al bajo. El pobre ingeniero acabó confesando, algo normal considerando que estaba trabajando en balde y que Tony y Geezer parecían cada vez más enfadados con él por la situación.

Vinny Appice, sin embargo, cuenta una versión diferente: «Lo que pasaba es que el estudio estaba reservado desde las dos de la tarde, pero Tony y Geezer no llegaban hasta las cuatro o las cinco, y luego se marchaban antes o se entretenían en el bar. Y era un estudio caro. Ronnie y yo estábamos allí desde las dos. Yo no tomaba decisiones, solo iba allí cuando me necesitaban, pero Ronnie quería avanzar con el trabajo y se ponía a hacer lo que había que hacer. Tony y Geezer tomaron esto como que Ronnie se colaba en el estudio para actuar a sus espaldas».

Fuese cual fuese la verdad, esta situación no fue por sí misma la que provocó que Ronnie y Vinny se marcharan de Black Sabbath. Está claro que a Tony no le hizo gracia ver que Ronnie quería tener el control de «su bebé», pero, por otro lado, Geezer llevaba ya un tiempo advirtiéndole que Ronnie estaba asumiendo el negocio del grupo más allá de los escenarios y que «no era la manera en la que Black Sabbath hacía las cosas». Esto era así en cierto modo porque justo en estos momentos el grupo no tenía un representante, por lo que esa función la desempeñaba Ronnie, a quien desde el principio le encantó tratar con la prensa o gestionar la comunicación de la banda. Por supuesto, Geezer también seguía comiéndole la oreja a Tony para permitirle que recuperara su posición de letrista oficial de Sabbath. Entre esto y la inestabilidad mental que le provocaba el consumo de cocaína, Tony no solo prohibió a Ronnie que entrara en el estudio, sino que envió a Geezer para decirle que estaba despedido.

El bajista decidió llamar por teléfono a Ronnie para darle la noticia. Así recordó parte de la conversación Ronnie:

- «Creo que esto no está funcionando. Queremos que sea Tony quien produzca el álbum», dijo Geezer.
- «Entonces, si no queréis que me involucre en el disco, ¿significa que esto se ha acabado?», pregunta Ronnie.
- «Bueno… ehm, supongo que sí», contesta el bajista.

El propio Ronnie confesó en su momento que le molestó que no fueran capaces de decírselo sin rodeos. «Nunca te lo podían decir directamente. Era una estrategia para forzar mi salida». Aunque Tony quería que Vinny se quedara en el grupo, el baterista decidió marcharse junto a Ronnie. No tardaron mucho tiempo en ponerse manos a la obra en lo que sería *Holy Diver*, el disco debut de la carrera en solitario del cantante, que reclutó al guitarrista Vivian Campbell, que provenía de un grupo llamado Sweet Savage, y al exba-

Holy Diver, disco debut de Dio en solitario y un auténtico clásico del heavy metal.

jista de Rainbow, Jimmy Bain. Decidió que su grupo simplemente se llamaría Dio. Publicado en mayo de 1983, *Holy Diver* fue disco de platino en Estados Unidos (más de un millón de copias vendidas) y de oro en Reino Unido (más de 50.000). No solo fue un éxito comercial. A día de hoy se considera como un clásico y uno de los trabajos más importantes e influyentes del heavy metal.

A *Live Evil*, que llegó al mercado en diciembre de 1982 ya al gusto de Tony, no le fue del todo mal, teniendo en cuenta la mala prensa de publicar un disco en directo con un cantante y un baterista que se acaban de marchar. Llegó al Top 30 en Reino Unido y al Top 40 en Estados Unidos, aunque no se libró de la polémica. Por un lado, Tony y Geezer decidieron acreditar al cantante simplemente como Ronnie Dio, un diminutivo que este odiaba porque consideraba que era una manera velada de meterse con su estatura. Por eso firmaba siempre como Ronnie James Dio.

Por otro lado, el propio Dio arremetió contra el disco refiriéndose a él como un «trozo de mierda», y dijo que el sonido había sido falseado y regrabado en el estudio. Todo salvo su voz, claro.

Para echarle más sal a la herida, el propio Ozzy publicó un disco en directo en septiembre de 1982, *Speak of the Devil* (*Talk of the Devil* en Reino Unido), que solo incluía canciones de su etapa en Black Sabbath. El título, «Hablando del diablo», es el equivalente a la expresión en español que se utiliza para referirse a alguien que aparece en un sitio o en una conversación y del que justo se estaba hablando en ese momento. Desde luego, parecía una reafirmación de lo bien que le iba en solitario y, al mismo tiempo, un guiño con sorna a su exgrupo.

Live at Last, un disco en directo grabado en el teatro Rainbow de Londres.

Tampoco hay que pasar por alto que Patrick Meehan, exrepresentante de Black Sabbath, decidió publicar tres años antes, en 1980, un disco en directo de la banda con la voz de Ozzy y sin el permiso ni aprobación de los músicos. Lo hizo con tanto tino que salió a la venta apenas tres meses después que *Heaven and Hell*, el primer álbum de Sabbath con Dio. A pesar de lo desconcertante que debió ser para los seguidores ver que el grupo tenía nuevo cantante, pero a la vez publicaba un trabajo en directo con el anterior, la jugada le salió bien a Meehan, que vio como «su» directo llegaba hasta el puesto número 5 en las listas de ventas de Reino Unido. Se llamó *Live at Last*, y aunque fue reeditado ya con el consentimiento de Sabbath en 2010, para el grupo el primer disco en directo oficial fue *Live Evil*, el de Ronnie. En todo caso, tanto *Live at Last* como el propio *Speak of the Devil* de Ozzy fueron motivación suficiente para que Tony y los suyos decidieran que lanzar un álbum en vivo de Black Sabbath era buena idea.

Más allá de todo esto, la realidad es que Sabbath había despedido a sus dos cantantes y, con Bill aún fuera de combate y la marcha de Appice, también se habían quedado sin baterista. Todo ello en un momento de eclosión musical, la efervescencia de los años ochenta, en la que multitud de grupos y estilos nuevos estaban surgiendo. Con la llegada de Dio, Black Sabbath se había quitado la etiqueta de «dinosaurios de los años setenta» y se había subido a la nueva ola cultural. Por eso mismo, que Ronnie se marchara fue un varapalo. No solo por la implicación artística, sino porque los seguidores le amaban. Ahora había que volver a empezar. Otra vez.

Un nuevo cantante para Black Sabbath

Tony no tardó en ponerse a buscar sustitutos. Primero llamó nada más y nada menos que al exvocalista de Deep Purple: David Coverdale. También aprovechó para invitar al baterista Cozy Powell. Ambos estaban en Whitesnake en aquella época, un grupo de hard rock que fraguó su éxito en los años ochenta. De hecho, el propio Coverdale rechazó la oferta de Tony porque justo acababa de firmar contrato para grabar otro disco de Whitesnake, *Slide It In*, que salió a la venta en 1984 y que incluyó canciones como «Love Ain't No Stranger» o «Guilty of Love», que se convirtieron en hits para la banda.

No había un plan B definido, por lo que Tony y Geezer se centraron en encontrar primero vocalista, que es el punto más crítico para cualquier

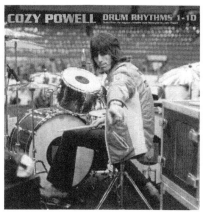

Cozy Powell, baterista en Whitesnake, un grupo de hard rock que fraguó su éxito en los años ochenta.

grupo. Cuentan exagerando un poco que recibieron «millones» de cintas de casete con audiciones de diferentes cantantes. La tarea era aún más complicada que cuando despidieron a Ozzy. Ahora tenían que encontrar a alguien capaz de defender los temas de la era Ozzy, pero también los de Dio, que eran técnicamente más complejos. Entonces volvió a aparecer Don Arden en escena.

El empresario perdió el interés en representar a Black Sabbath sin Ozzy, y la prueba que lo ratificaba era que él mismo fue quien facilitó e impulsó su carrera en solitario, que, además, estaba siendo un éxito comercial. Pero,

justo en estos momentos, Arden había tenido un conflicto con su hija, Sharon, que había decidido casarse con Ozzy y convertirse en su única representante y gestora de su carrera musical. Arden dice que su regalo de boda fue cederle el contrato de representación de Ozzy a Sharon, pero su hija quería ir más allá. Le propuso a su re-

Speak of the Devil, una jugada maestra de Sharon para cumplir con una exigencia legal de su padre, Don Arden.

cién nuevo marido que acabara su contrato con la discográfica de Arden, Jet Records, para que se fuera a la suya, CBS. Por supuesto, Arden enfureció. No es para menos si tenemos en cuenta que los dos primeros discos en solitario de Ozzy, *Blizzard of Ozz* y *Diary of a Madman*, acumulaban más de cinco millones de copias vendidas en 1982. Por tanto, cuando al empresario se le presentó la oportunidad de volver a representar a Black Sabbath en 1983, no se lo pensó dos veces. Tampoco se dio por vencido fácilmente, y como parte del acuerdo para liberar a Ozzy de Jet Records, le obligó a firmar dos discos más. ¿Qué hizo Sharon? Preparar un doble álbum en directo de Ozzy con canciones exclusivamente de su etapa en Black Sabbath. ¿Te suena? Eso es, fue *Speak of the Devil*, una jugada maestra de Sharon para cumplir con la exigencia legal de su padre sin que afectara a la ascendente carrera musical de su marido. Y, al mismo tiempo, una manera de tocarle la moral a sus excompañeros: «Que fuera una manera de hundir a los Sabbath de Iommi era como la guinda del pastel, pero teníamos que entregarle a mi padre dos discos. Bien, un álbum doble en directo contaba como dos discos», sentencia Sharon.

Paradojas de la vida, *Speak of the Devil* de Ozzy acabó vendiendo tres veces más que *Live Evil* de Black Sabbath. Un signo más de que Tony y los suyos lo iban a tener realmente difícil para remontar de nuevo.

Así las cosas, con Don a cargo de representar a Black Sabbath de nuevo, su prioridad fue clara: superar como fuera a su hija y, por tanto, a Ozzy. Desde ese momento haría lo que fuera para ayudar a Black Sabbath, pero había una condición, y es que Tony tenía que obedecer todo lo que Arden le dijera. El guitarrista, desesperado por la situación, decidió aceptar. Lo que no se esperaba es que Arden le propusiera que el nuevo cantante fuera el mítico hombre que dio fama (y voz) a una de las bandas rivales de Black Sabbath.

El turno de Ian Gillan

Tony pensaba que Arden estaba bromeando. Pero no. Ian Gillan fue el segundo vocalista de Deep Purple, aunque fue con él con quien el grupo alcanzó la fama y el éxito. Una de sus primeras contribuciones al grupo de Ritchie Blackmore fue la melodía vocal de «Child In Time», un clásico no solo de Deep Purple sino del rock en general. También se encargó de poner voz al mítico «Smoke on the Water», aunque, si es un himno del rock, es más por su inconfundible riff de guitarra que por su melodía vocal. A pesar del apabullante éxito que cosechó con Deep Purple, Gillan decidió marcharse del grupo en 1973, justo después de la publicación del mítico directo *Made in Japan*, porque, además de las diferencias musicales con Blackmore, el cantante afirmaba encontrarse exhausto y necesitaba parar.

Después de Deep Purple, Gillan estuvo un tiempo alejado de la música y decidió probar suerte como hombre de negocios. Lo intentó invirtiendo en un hotel con una piscina en forma de guitarra o en una empresa de piezas de motos, aunque fracasó en ambas cosas. Le fue algo mejor cuando decidió con-vertirse en dueño de los estudios de gra-

Ian Gillan, la voz más reconocible de Deep Purple, fue un fichaje muy polémicc para Black Sabbath.

bación Kingsway, en Londres, que fue donde empezó a fraguar los temas de su banda en solitario.

Su primer intento solista fue Ian Gillan Band, con quien publicó tres discos de estudio, aunque poco después formó un nuevo grupo con otros integrantes (salvo el teclista Colin Towns, que estuvo en ambos) que se llamó simplemente Gillan. En este proyecto logró relativo éxito en Europa, sobre todo en Reino Unido, aunque no consiguió conquistar el mercado de Estados Unidos.

Cuando en 1982 publicó el que sería su último disco, *Magic*, y vio que ni siquiera funcionó todo lo bien que esperaba en su propio país (Reino Unido), empezó a sopesar la opción de volver a Deep Purple. Sin embargo, todos sus excompañeros estaban ocupados con otros grupos: el guitarrista Ritchie Blackmore tenía que grabar un disco más con Rainbow

Ritchie Blackmore, mítico guitarrista de Deep Purple y Rainbow.

David Coverdale, vocalista de Whitesnake
y una de las sonrisas más reconocibles del rock.

por obligación contractual (y, por tanto, también el bajista de Purple, Roger Glover, que estaba junto a Blackmore en Rainbow en ese momento); el teclista Jon Lord decidió grabar un disco más con Whitesnake, la banda de David Coverdale; el baterista Ian Paice estaba ocupado grabando el álbum *Victims Of The Future* de Gary Moore. Y entonces, en la primavera de 1983, llegó la llamada de Tony Iommi.

Al principio a Gillan no le hacía mucha gracia involucrarse en Black Sabbath. Al cantante no le encajaba ni la estética ni el espíritu oscuro y tenebroso que dio la fama al grupo de Tony Iommi. Gillan era más hippie y prefería el blues al heavy metal. Sin embargo, su representante de toda la vida, Phil Banfield, le convenció para que al menos conociera a Iommi.

Tony y Geezer llegaron en un Rolls-Royce al punto donde habían quedado con Gillan, un pub a medio camino entre Birmingham y Reading, porque pensaron que el lujoso coche sorprendería al vocalista. Su estrategia no funcionó demasiado porque Gillan tuvo un pequeño accidente por el camino en su propio vehículo y ya tenía suficiente preocupación con eso. Al parecer, otro automóvil le chocó por detrás, y llegó al punto de encuentro «en un coche con forma de L y no de muy buen humor», según el propio Gillan. No obstante, si Tony y Geezer eran especialistas en algo era en pasarlo bien, por lo que ellos dos y Gillan acabaron borrachos perdidos. «El pub abrió y cerró y volvió a abrir y cerrar, y nosotros seguíamos allí», recuerda con cierta exageración Tony.

A la mañana siguiente, un resacoso Gillan recibe una llamada de teléfono de su representante: «Si vas a tomar decisiones sobre tu carrera profesional, ¿crees que podrías consultar conmigo antes?», le dijo el manager con tono provocativo. Gillan ni recordaba cómo llegó a casa la noche anterior, por lo que el representante tuvo que refrescarle la memoria: «Aparentemente, ayer acordaste convertirte en el nuevo cantante de Black Sabbath». Phil se enteró a través de Don Arden, que le llamó por teléfono para compartir la alegría de la buena nueva, aunque el propio representante de Gillan todavía no sabía nada.

Cuando la unión se hizo oficial, el revuelo que se montó entre la prensa y los seguidores fue equiparable a si un jugador del Real Madrid ficha por el F.C. Barcelona. Desde siempre hubo una rivalidad especial entre Led Zeppelin, Deep Purple y Black Sabbath, la trinidad del rock inglés, por lo que el fichaje de Gillan por Sabbath fue cuanto menos polémico. Es cierto que Ronnie James Dio había tocado con Ritchie Blackmore, pero fue en Rainbow, nunca en Deep Purple.

La siguiente pregunta era musical: ¿encajaría la voz más bluesera de Gillan en un grupo tan heavy como Black Sabbath? Desde luego, la noticia suscitó interés y curiosidad. «Les hizo volver a acaparar titulares. ¡Era un gran pack! Algo que podía vender en Estados Unidos», afirmó Arden.

A esos titulares había que sumar el regreso de Bill Ward a la batería de Black Sabbath. Bill llevaba un tiempo sobrio con la ayuda de Alcohólicos Anónimos y cuando recibió la llamada para proponerle que regresara, aceptó.

Aunque tres de los cuatro miembros originales de Black Sabbath volvían a estar juntos, supuestamente quisieron que el proyecto junto a Ian Gillan llevase un nombre diferente. No obstante, Don Arden no opinaba lo mismo y, según él, la opción más segura era que se llamara Black Sabbath. «Les dije que virtualmente podían añadir un cero más al avance de la discográfica si mantenían el nombre. Cualquier otra cosa carecía de sentido», explica Arden. Geezer acabó decepcionado por esta decisión: «Estábamos en contra, pero ellos [la discográfica y Arden] eran los que podían dejar de pagar por todo cuando quisieran, así que terminó siendo un disco de Black Sabbath». Por el contrario, Gillan no recuerda que se hablara en ningún momento de actuar bajo otro nombre: «Desde nuestras primeras conversaciones fuimos muy claros de que estábamos hablando de unirme a Black Sabbath».

Varias semanas después todos los contratos estaban firmados y el grupo se dispuso a grabar su primer (y único) disco con esta insólita formación.

Born Again: una bizarrada desde la propia portada

Durante las primeras sesiones de ensayos y composición, Bill todavía no estaba junto al resto de sus compañeros, que se desplazaron a Birmingham para darle forma a los nuevos temas. Malcolm Cope, de Quartz, el grupo de Geoff Nicholls, ocupó la batería mientras tanto. Para cuando Bill llegó, los chicos ya tenían armadas las nuevas canciones, por lo que el baterista solo tenía que tocar y darle su personalidad a cada corte. De todos modos, Malcolm quedó

Born Again, único trabajo con el vocalista de Deep Purple, Ian Gillan.

como plan B por si acaso Ward tenía una recaída. No querían cometer los mismos errores del pasado.

Oficialmente comenzaron a grabar el álbum en abril de 1983 en una mansión con un gran estudio en Oxfordshire. Tenía de todo: un pequeño río por si les apetecía navegar en barca (el Cherwell, afluente del Támesis), una pista de karts y una piscina con luces en el fondo por si querían bañarse por la noche.

La primera gran anécdota cuando el grupo llegó a las instalaciones fue cuando Ian Gillan dijo que no dormiría dentro de la mansión como los demás. Así recuerda la conversación Tony Iommi:

- «Yo me voy a quedar fuera», dijo Gillan.
- «¿Fuera? ¿Qué quieres decir?», respondió Tony.
- «Bueno, voy a instalar una tienda fuera y me voy a quedar ahí»
- «¿Y eso por qué?»
- «Seguramente será mejor para mi voz»
- «Ok»

Posiblemente a raíz de esta conversación a Tony se le pasara por la cabeza que nunca encontraría un cantante que se comportara de manera nor-

Geoff Nicholls fue miembro de Black Sabbath de 1979 a 1991 y, posteriormente, de 1993 a 2004.

mal, algo comprensible si tenemos en cuenta las peculiaridades de Ozzy, Dio y ahora Gillan. Pero así fueron las cosas. Y, sí, efectivamente, Gillan cumplió con su palabra e instaló una enorme tienda en el jardín de la mansión y estaba totalmente equipada, incluyendo su propia zona para cocinar. ¿Cuál fue el regalo de bienvenida de nuestros queridos amigos bromistas? Utilizar parte de la pirotecnia que les sobró de la gira anterior para colocarla alrededor de la tienda y darle un buen susto a Gillan. Aunque no de forma premeditada, se cobró su venganza al estrellar un Ford en la pista de karts tras una noche bebiendo en el pub. El coche era de Bill, al que no le hizo demasiada gracia encontrarse al día siguiente el vehículo boca arriba y hecho polvo. El baterista no tenía el carnet de conducir, pero sus compañeros le propusieron que aprendiera y practicara en la pista de karts para que, al mismo tiempo, evitara la tentación de volver a beber. Trataban de mantenerle ocupado.

A Gillan le gustaba beber y sus borracheras eran... locas. Al episodio de estrellar el coche de Bill hay que sumar una noche en la que, de madrugada y bastante ebrio, decidió corretear alrededor de la casa e ir tirando piedras a las ventanas. La cara de Bill, recién rehabilitado y esforzándose por mantenerse sobrio, debió ser un poema cuando viera a Gillan como una cuba.

Decidieron llamar al disco *Born Again* («Nacido de nuevo») en clara alusión al constante renacer al que se llevaba enfrentando el grupo en los últimos años. La portada, diseñada por Steve 'Krusher' Joule, quien fuera director de arte de la revista de música *Kerrang!* durante muchos años, mostraba a un bebé rojo con cuernos, colmillos y garras sobre un fondo azul. Bill la detestó en cuanto la vio y Gillan tampoco fue particularmente fan del diseño, pero a Tony le gustó, así que fue la elegida. Recibió críticas por esta portada, pero también por la supuesta intención de su creador para fastidiar a Don Arden. Steve había trabajado en la cubierta de *Diary of a Madman* y *Speak of the Devil* de Ozzy y Sharon le había encargado también la de *Bark at the Moon*, el siguiente álbum del vocalista. «No quería molestar a Arden. Fue un gesto educado porque me lo pidieron. Sabía que tenía que hacer la portada de *Bark at The Moon* de Ozzy y no quería molestar a Sharon aceptando el encargo de Black Sabbath, así que se me ocurrieron cuatro ideas que eran básicamente una mierda y la primera que me vino fue la del bebé», cuenta Steve que, como vemos, tampoco confiaba mucho en su propio diseño. Lo entregó para cumplir esperando que lo rechazaran, aunque finalmente no fue así. Por cierto, como curiosidad, el diseño se basa en una fotografía que apareció en la portada de la revista Mind Alive en el año 1968. Steve se encargó de retocarla, pero no es el autor de la imagen original. Depeche Mode se basó en la misma foto para la portada de su single *New Life*, publicado en 1981, lo que explica que veamos la misma figura de bebé que en la cubierta de Black Sabbath.

El primer tema que suena en *Born Again* se llama «Trashed» y su letra se inspira en la noche en que Gillan destrozó el coche de Bill en la pista de karts. «Las letras de Ian trataban sobre asuntos sexuales o cosas reales, incluso algunas pasaron en la mansión en la que grabamos. Sus letras eran buenas, pero completamente diferentes a las de Geezer o Ronnie», explica Tony. Musicalmente, la canción es muy rápida, más cercana al hard rock, y en los primeros segundos escuchamos a Ian haciendo uno de sus típicos gritos sobreagudos, que nunca antes ni Ozzy ni Ronnie habían utilizado en Sabbath. Un órgano acompañaba de fondo durante toda la pista y Tony se marca un solo de guitarra muy distorsionado, quizá una de las herencias más claras de la etapa de Ronnie, que fue quien le animó a hacer más solos con su instrumento.

«Stonehenge» fue una instrumental muy *chill out* y onírica que sirvió como antesala para «Disturbing the Priest», otro de los ejemplos de las letras realistas de Gillan. Esta vez, se basó en las constantes quejas de los vecinos de la mansión, que estaban hartos de escuchar a Tony tocar a todo volumen en un edificio del complejo residencial de la mansión. El guitarrista solo quería probar nuevos sonidos, pero consiguió que el cura de la parroquia local les llevara una queja formal, y por eso la canción se llamó «Molestando al cura».

Tony Iommi le guarda especial cariño a «Zero To Hero» y reconoce que, cuando años más tarde escuchó «Paradise City» de Guns N' Roses, le recordó al riff que él mismo compuso para este tema de Sabbath. Ciertamente guarda muchas similitudes, aunque las armonías vocales nada tienen que ver.

El guitarrista también pone el ejemplo de «(You Gotta) Fight For Your Right (To Party)» de Beastie Boys que, según él, suena parecido a «Hot Line», otro de los cortes de *Born Again*.

Decían las malas lenguas que «Digital Bitch» estaba dedicada a Sharon Osbourne, y, aunque todos lo negaron, fue la comidilla para los seguidores, que parecían disfrutar disfrutar de alguna manera el pique entre el bando de Ozzy y el de Black Sabbath.

La canción que da título al álbum es también de las más apreciadas por los seguidores. Tiene un aire deprimente y melancólico que casa muy bien con la filosofía de Sabbath y la voz bluesera de Gillan se adapta muy bien a esta

Las malas lenguas señalaron que «Digital Bitch» estaba dedicada a Sharon Osbourne.

atmósfera. Tony también firma una gran interpretación a la guitarra, especialmente al final del corte.

Para cerrar el álbum llega «Keep It Warm», que se basa en un riff que Tony había compuesto en la etapa de *Mob Rules*. «Creí que era momento de usarlo. Tengo tendencia a guardar mis riffs y tengo miles de ellos. Sabes que un riff es bueno cuando lo escuchas y te atrapa», explica el guitarrista.

En general, *Born Again* es un trabajo extraño dentro de la discografía de Sabbath. Da la sensación de que todos se intentaron adaptar al estilo de Ian Gillan, que brilla con buenas interpretaciones y utiliza todos los trucos que también explotó en Deep Purple, pero, definitivamente, no generó un impacto o sirvió de influencia como los primeros discos de la formación o los que publicaron con Ronnie James Dio. A pesar de ello, fue un éxito comercial, aunque, en cómputo global, no tanto como los discos con Ronnie. Fue publicado en agosto de 1983 y logró colarse en el Top 5 de las listas de ventas de Reino Unido, lo que supuso el mejor lanzamiento de Black Sabbath en su país desde *Sabbath Bloody Sabbath* (1973). En Estados Unidos se conformó con un Top 40, aunque no llegó a conseguir ser disco de oro como los anteriores trabajos del grupo. Las críticas fueron variopintas, pero volvieron a surgir algunas muy negativas, desde un periodista que decía que «la música es peor que la portada» a otro que apuntaba que algunas canciones eran directamente «bochornosas». Ni las buenas noticias ni las malas impidieron que Bill volviera a marcharse del grupo.

El baterista grabó todo el disco sobrio (la primera vez en su vida que lo conseguía), pero cuando recibió una llamada desde Los Ángeles sobre la custodia de su hijo con su exmujer, Bill implosionó. Volvieron sus ataques de ira y tampoco ayudaba que Tony siguiera consumiendo cocaína como si fuera agua o que Gillan se pasara el día borracho, desde luego no para una persona que había tenido problemas con el alcohol y ahora se enfrentaba a un duro golpe emocional.

El sustituto que decidieron incorporar fue Bev Bevan, baterista de Electric Light Orchestra (ELO), uno de los grupos de rock más exitosos de los años setenta. Era un viejo conocido de Tony y paisano de Birmingham. Aunque musicalmente fuera una buena elección, la credibilidad de los chicos de puertas hacia fuera quedó tocada y hundida. Primero, con la incorporación de Ian Gillan y las bromas que renombraban a la banda como Deep Sabbath, ¿y ahora qué? ¿Electric Black Purple? La sensación era que nadie aguantaba dentro de la formación y, en cierta manera, era verdad.

Bev Bevan, baterista de Electric Light Orchestra, incorporado a la filas de Black Sabbath.

El golpe definitivo fue cuando empezaron a surgir los rumores de que Gillan tampoco estaba contento en Black Sabbath. La propia mezcla del álbum fue el motivo de discordia. Años después, Tony dijo: «El sonido fue horrible y nos decepcionamos porque no sonó como queríamos. Las cintas originales sonaban mucho mejor». Gillan estaba de acuerdo con esto, que catalogaba el sonido como «mierda», aunque él se sintió especialmente dolido porque dio sus instrucciones y dejó claras sus preferencias sobre la mezcla antes de tomarse unas vacaciones. Al regresar, ya con el álbum a la venta, no le gustó nada el resultado y culpó a Geezer, que, supuestamente, decía constantemente que no apreciaba bien el bajo en la mezcla, lo que acabó implicando un sonido distorsionado y poco equilibrado.

La portada de *Born Again* tampoco ayudó a calmar las cosas. Gillan la detestaba hasta el punto de que cuentan que arrojó una caja llena de copias del CD por la ventana de un hotel. Al menos no fue un cocktail molotov, que fue lo que un día tiró por la ventana de otro hotel Geezer. No hubo heridos, pero sí una bonita factura del hotel para reparar los daños causados.

Con Beven a bordo y el disco a la venta, Black Sabbath empezó su gira mundial para presentar en directo *Born Again*. Arrancaron en agosto de 1983 y se alargó durante siete meses, incluyendo paradas por tres ciudades españolas en septiembre de ese mismo año (Barcelona, Madrid y San Sebastián). No obstante, los seguidores no suelen tener buen recuerdo de este tour. Fue especialmente terrible su actuación en el Reading Jazz & Blues Festival de la localidad inglesa. Al parecer, Gillan tenía problemas para memorizar las letras, por lo que decidió crearse unos papeles con los versos de las canciones y los colocó frente a sus monitores, los «altavoces» que se instalan al frente en el escenario y que sirven para que los músicos se escuchen dentro. En cuanto empezó a salir el hielo seco (el «humo» que se utiliza en los conciertos), Gillan no podía ver nada salvo que se pusiera de rodillas y se acercara mucho a los monitores. La broma con la estatura de Dio estaba servida y un seguidor gritó: «Es Dio,

¡han traído de vuelta a Ronnie James Dio!». El espectáculo fue lamentable.
Un cantante de la talla de Gillan con un grupo histórico como Black Sabbath
que no era capaz de atinar con las letras de canciones que eran clásicos del
rock para muchos asistentes. La imagen de poca seriedad y profesionalidad
fue evidente. El remate fue cuando decidieron tocar una versión de «Smoke
on the Water» de Deep Purple, y menos mal que no se atrevieron con más,
porque incluso llegaron a sugerir tocar «Black Night» de Purple y «Evil Woman» de Electric Light Orchestra. Como bonus, Ian Gillan decía que no sabía
qué hacer si no estaba cantando, por lo que tenía la costumbre de tocar unos
bongos en Deep Purple. Quiso replicarlo con Black Sabbath. Tony le dijo que
no le parecía muy buena idea, aunque acabó cediendo a cambio de ponerlos en
un lateral del escenario, donde no se vieran mucho. «Menos mal que conse-
guimos librarnos de ellos más tarde»,
confiesa aliviado Tony.

Durante los años ochenta, se pusieron de moda las grandes producciones de los escenarios. Cualquier
gran banda que se preciara no podía
simplemente salir a tocar, tenía que
ofrecer un espectáculo. El propio Dio
decidió llevar un dragón gigante ani-
matrónico para «luchar» contra él en
cada concierto; Iron Maiden dio buena cuenta de su mascota, Eddie, que
aparte de aparecer en las portadas de

Eddie, la mascota de Iron Maiden.

sus discos y camisetas, salía cada no-
che como un «monstruo» ante los atónitos ojos de la audiencia. La respuesta
de Black Sabbath ante esta ola de espectacularidad fue recrear el monumento
Stonehenge en su escenario. Fue idea de Geezer, que dio las instrucciones de
lo que se imaginaba a los diseñadores, que se equivocaron con las medidas que
el bajista indicó. «Puse la altura en centímetros, pero debieron pensar que me
refería a pulgadas». Una pulgada equivale a más del doble en centímetros,
por lo que los chicos acabaron encontrándose con unas columnas y piedras
enormes. «El escenario estaba hecho de unas columnas gigantes que eran tan
anchas como una habitación normal. Las columnas del frente medían unos
cuatro metros de alto. Estaban hechas de fibra de vidrio y madera y pesaban
muchísimo», recuerda Tony. El escenario era tan grande que no pudieron
montarlo en todos los conciertos porque no cabía en cualquier lugar.

Spinal Tap, una película rodada como falso documental en clave de humor sobre una banda de heavy metal.

En 1984 se estrenó una película llamada *This Is Spinal Tap*, un falso documental que relata la vida de un grupo ficticio llamado Spinal Tap y que, para conquistar a la audiencia, decidió montar un escenario a imagen y semejanza del Stonehenge. Efectivamente, se inspiraron en el montaje de Black Sabbath, lo cual acabó añadiendo otro signo de poca seriedad al recuerdo colectivo sobre esta época de la banda. Por si fuera poco, Tony y Geezer posaron junto a los integrantes de Spinal Tap para una foto promocional de la película. Fue sugerencia de Don Arden, que, al igual que Tony, no sabía nada sobre el guiño al Stonehenge que aparecería en la cinta.

Con esa formación no solo ocurrieron bizarradas encima del escenario. Hay una anécdota que sucedió en un bar de Barcelona, justo la noche antes del concierto del grupo en la ciudad. Gillan estaba muy borracho y empezó a quemar con un mechero el trasero del camarero. Por supuesto, el camarero no se lo tomó muy bien y la cosa acabó en pelea y con Geezer y Paul Clark detenidos (Gillan se libró). Pasaron la noche en el calabozo sin saber bien qué estaba pasando porque no entendían español y, cuando les liberaron, volvieron al hotel y se encontraron a Tony, Gillan y varios de los trabajadores de Black Sabbath en la habitación de Geoff Nicholls, encerrados y asustados, pensando que iban a ser los siguientes.

No fue una sorpresa para nadie cuando Ian Gillan anunció poco antes de Navidad de 1983 que volvería a reunirse con Deep Purple a partir de Año Nuevo. Terminó los conciertos pactados con Black Sabbath y su última actuación junto a Tony y los suyos fue el 4 de marzo de 1984. La famosa formación conocida como Deep Purple Mark II (Ian Gillan, Jon Lord, Ritchie Blackmore, Ian Paice y Roger Glover) volvió a reunirse ocho años después, en abril de 1984, y en octubre de ese mismo año publicaron su álbum *Perfect Strangers*, que fue todo un éxito comercial.

Tras los desencuentros con Gillan y el posicionamiento de Tony a favor del vocalista, Geezer decidió marcharse también. Sin Bill, sin Gillan y sin Geezer, Tony se había quedado solo por primera vez en los casi quince años de trayectoria de Black Sabbath.

El baterista Eric Singer conocido por su trabajo en el grupo Kiss.

Lita Ford, guitarrista y vocalista del grupo The Runaways.

Solo ante el peligro

Después de la gira de *Born Again* y de la desbandada, Tony decidió tomarse un tiempo y disfrutar de su idilio con Lita Ford, a quien conoció porque la artista fue telonera de Black Sabbath en un par de fechas durante el citado tour. Aunque Tony seguía casado con su entonces esposa Melinda, Lita se fue a vivir junto al guitarrista a su casa de Sunset Boulevard, en Los Ángeles, e incluso llegaron a grabar un álbum juntos, *The Bride Wore Black*, que nunca llegó a ver la luz. Viendo que Tony se había quedado sin compañeros para tocar en Black Sabbath, la artista le ofreció al baterista y al bajista de su banda, Eric Singer y Gordon Copley, respectivamente. Eric parecía tener más interés en tocar para Black Sabbath que en la banda de Lita Ford, por lo que estuvo trabajando un tiempo con Tony. A Lita esto no le hizo mucha gracia porque sintió que le había robado el baterista. Tampoco le gustaba demasiado que pasara más tiempo con Geoff Nicholls que con ella. Tony y Geoff seguían drogándose juntos e intentando componer nuevas canciones. Era cuestión de tiempo que Lita se cansara de aquella situación y acabó rompiendo con Tony. «Fastidié la relación por no prestarle atención. Era una buena chica y nos llevábamos bien, pero dejó de funcionar a partir de lo de Eric Singer. Lita y yo estuvimos juntos durante dos años», recuerda el guitarrista.

Live Aid de 1985, donde Tony, Ozzy, Geezer y Bill volvieron a reunirse por una vez y por una causa solidaria.

Tras la ruptura, Lita acabó recurriendo a Sharon Osbourne como representante, quien logró que hiciera un dueto con Ozzy, «Close My Eyes Forever». Publicado en 1988, se convirtió en el single que más alto llegó a las listas de ventas de Estados Unidos tanto en la trayectoria de Lita Ford como en la de Ozzy. Es una balada romántica y la letra la escribieron juntos tras una borrachera. No es difícil imaginar cómo le sentaría esto a Tony. Dos de sus ex triunfando juntos, pero lejos de él.

Mientras tanto, Tony había intentado reclutar a varios cantantes, sin éxito. Nombres como el de Dave Donato, que fue incluso presentado ante la prensa como el nuevo vocalista, Ron Keel o Jeff Fenholt, conocido por interpretar el papel protagonista de una de las adaptaciones del musical *Jesucristo Superstar* en Broadway, llegaron a grabar demos, pero ninguno cuajó en la banda. Uno de los motivos principales es porque Tony, Ozzy, Geezer y Bill volvieron a reunirse por una vez y por una causa solidaria: el festival multitudinario Live Aid de 1985. Celebrado tanto en el JFK Stadium de Filadelfia como en el Estadio de Wembley en Londres, es quizá más recordado por la mítica actuación de Queen, valorada por muchos como una de las mejores de la historia, aunque contó con la participación de decenas de artistas, desde Led Zeppelin, pasando por David Bowie, U2, Bob Dylan o B.B. King hasta llegar a Elton John, Tina Turner o Neil Young.

La idea de la reunión fue de Sharon. Ella primero intentó colar a Ozzy en el cartel, pero la organización le sugirió que funcionaría mejor una reunión de la formación clásica de Black Sabbath. Fue un evento que generó muchas expectativas y los artistas se volcaron para conseguir fondos para luchar contra el hambre en África, por lo que nuestros protagonistas decidieron aceptar.

Los reunidos Black Sa-
bbath actuaron en el JFK
Stadium de Filadelfia el 13
de julio de 1985 a una hora
poco habitual para cualquier
grupo, pero mucho menos
para una banda tan asociada a lo oculto y lo oscuro: a
las 10 de la mañana, a pleno
sol, justo entre Billy Ocean
y Four Tops. Ozzy acababa
de regresar de unos meses en

Ozzy y Elton John.

rehabilitación por su alcoholismo, tenía unos kilos de más, llevaba tiempo
sin cantar en general y hacía unos siete años desde su última actuación con
Black Sabbath. Bill no tocaba en directo con el grupo desde hacía cinco años.
Geezer se había marchado del grupo algo más de año y medio antes. Sobre
el papel la cosa no pintaba muy bien. Se reunieron el tiempo justo para decidir el repertorio y ensayarlo, aunque Tony confiesa que más que practicar,
se dedicaron a hablar y ponerse al día.

Las tres canciones elegidas fueron «Children of the Grave», «Iron Man» y
«Paranoid», todas de la era Ozzy, claro. A pesar de la extraña hora, la actuación, de menos de quince minutos, fue buena y levantó el ánimo del madru-
gador público. Después de tanto tiempo, la máquina parecía sonar engrasada,
por lo que los rumores de un posible regreso de la formación original empezaron a surgir entre la prensa y los seguidores. No llegó a suceder y fueron dos
los motivos principales. El primero: la carrera en solitario de Ozzy estaba a un
nivel estratosférico, muy por encima que la de Sabbath, y en el plano personal
el vocalista solo quería olvidar la depresión y las adicciones que le provocaron
los últimos años en el grupo. Volver le traería malos recuerdos, tentaciones y,
sobre todo, acabó tan dolido por su despido que no tenía necesidad ninguna
de volver. Por otro lado estaba el conflicto entre Don y Sharon, padre e hija.
Don representaba a Sabbath y Sharon a Ozzy, aparte de ser su esposa. La
reconciliación entre ambos era tan poco factible entonces que, dos días antes
de la actuación en el Live Aid, Ozzy recibió una orden judicial interpuesta por
Don que le impedía volver a cantar junto a Black Sabbath. No le hicieron caso
y no pasó nada, pero estaba claro que no había voluntad por ninguna de las
partes por reunificar a los Sabbath originales en aquel momento. «Fuimos a
Filadelfia, vivimos una borrachera y una resaca, tocamos y desaparecimos. El

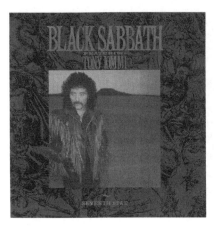

Seventh Star, el frustrado disco en solitario de Tony Iommi que acabó publicado como uno de Black Sabbath.

asunto de volver a reunirnos no volvió a surgir. Me subí al avión de vuelta a casa y no les volví a ver en años», concluye Tony.

Seventh Star: el disco de Schrödinger de Black Sabbath

Ya que Tony se había quedado solo en Black Sabbath y que no había logrado reclutar a ningún nuevo cantante, se le ocurrió grabar un disco en solitario. Quería contar con diferentes vocalistas y en su listado estaban Robert Plant de Led Zeppelin, Rob Halford de Judas Priest y David Coverdale de Whitesnake. Los tres le rechazaron argumentando que tenían contratos de exclusividad con sus correspondientes discográficas, aunque también es cierto que a todos les iba mucho mejor con sus respectivos grupos, por lo que es comprensible que no quisieran arriesgar nada por probar a hacer algo con el líder de unos Black Sabbath más hundidos que nunca.

Tony eligió los Cherokee Studios de Hollywood para ir grabando la música de sus canciones. A la batería estaba Eric Singer (que acabó siendo el baterista de KISS, entre otros), al bajo, David Spitz (hermano del guitarrista y fundador de Anthrax, Dan Spitz) y a los teclados, Geoff Nicholls. La idea inicial era contar con Geezer Butler al bajo, e incluso Tony habló con su mujer y representante, Gloria, quien miró con buenos ojos el movimiento. Sin embargo, Butler acabó rechazando y dio un giro bastante inesperado que no se materializó hasta el verano de 1988.

Todo iba tomando forma en el disco de Tony, pero seguían necesitando un vocalista. Alguien le sugirió que probase con Glenn Hughes, exbajista y vocalista de Deep Purple. «¿Otro ex de Deep Purple?» seguramente fue lo primero que pensó, pero lo cierto es que Hughes ya tenía reputación antes de su andadura en Deep Purple. Formó parte de una conocida banda de funk surgida a finales de los años sesenta, Trapeze, y su inconfundible voz y sus líneas de bajo marcaron tendencia en la escena musical de la época. Era tan admirado que David Bowie se ofreció a producir su primer álbum en solitario, incluso Jeff Beck o el mismísimo Ozzy se plantearon también trabajar con él.

A pesar de que el primer álbum en solitario de Glenn fue recibido con muy buenas críticas, pasó bastante inadvertido a nivel comercial. Lo mismo sucedió con su proyecto junto al guitarrista Pat Thrall, de la Pat Travers Band. Sin embargo, el principal problema de Hughes durante esta época no era tanto la falta de éxito en las listas de ventas, que también, sino

Vocalista durante los años ochenta de Black Sabbath, Glenn Hughes había sido anteriormente bajista y cantante de Deep Purple.

su seria adicción a la cocaína. «¡Maldita sea, se metía diez veces más de coca que yo!», confiesa Tony, que no se privaba precisamente con esta droga.

Así las cosas, Glenn aceptó participar en el disco en solitario de Tony, pero seguía llevando el mismo tren de vida que cuando estaba en Deep Purple. Cuando se marchó del grupo se acabaron también los buenos ingresos que percibía, aunque él siguió como si nada y gastó por encima de sus posibilidades. Al final tuvo que vender su equipo de música e instrumentos para poder seguir comprando coca. «Glenn era incontrolable, pero cantaba como los ángeles y sin ningún esfuerzo. Se sentaba en el estudio, encorvado y con un micro, ¡y a cantar! Increíble, su voz es un regalo de Dios», asegura Tony, que tuvo que prestarle un estéreo para que Hughes pudiera prac-

Pat Travers, al frente de su banda, está considerado uno de los guitarristas más influyentes de la escena hard rock de los años setenta.

ticar las canciones. Poco después, el guitarrista vio a un traficante de coca usando ese mismo estéreo y no tardó mucho tiempo en atar cabos para saber lo que había pasado.

La voz y los toques finales del álbum se grabaron en otro estudio, en Atlanta. Como el resto de partes estaban terminadas, allí solo se desplazaron Tony y Glenn, que recuerdan el proceso como bastante ágil y fluido. Les convenía porque todo lo estaba pagando de su bolsillo Tony, aunque más tarde llegara el esperado adelanto de la discográfica.

La primera canción que grabaron fue la balada «No Stranger To Love», con un claro toque ochentero y que terminó siendo el single de *Seventh Star*, que era como Iommi había decidido llamar a su disco. «Tony no me había visto trabajar antes. Incluso aunque fuera puesto de coca, podía cantar, no en un escenario, pero sí en estudio. No podía hablar, pero siempre pude cantar», confiesa Hughes que, efectivamente, bordó sus voces en el álbum.

Como no se trataba de un disco de Black Sabbath, Tony decidió dar rienda suelta a su creatividad y probar con canciones y estilos que llevaba tiempo queriendo explorar. Así, *Seventh Star* suena más a un híbrido entre el hard rock y el blues, con más puntos en común con Foreigner y Rainbow que con cualquier sonido relacionado con el heavy metal. La mera prueba de esto es la primera pista que suena en el CD, «In for the Kill», rápida y cañera, al igual que «Turn to Stone», que sigue el mismo patrón de rock rápido y directo a la yugular. Ninguna de las dos suena en absoluto a Black Sabbath.

Lo que no cambió en Tony fue la predilección por incluir breves interludios instrumentales, quizá por darle algo de protagonismo a su amigo Geoff Nicholls, que era el artífice de estos temas. La de este CD lleva por título «Sphinx (The Guardian)» y sirve como intro de poco más de un minuto para «Seventh Star», una medio tiempo contundente y quizá, solo quizá, la única que no desentonaría en un repertorio de Black Sabbath.

«Danger Zone» podría servir como banda sonora para cualquier película de acción de los años ochenta. Tiene un riff de guitarra juguetón y la voz de Glenn le da un toque muy melódico a una composición directa, pero efectiva. «Heart Like A Wheel» abraza el blues y el ritmo lento, y Glenn brilla con una interpretación muy sentida, mientras que «Angry Heart» vuelve a la raíz más hard rock, incluyendo una base de órgano hammond, que Deep Purple hizo muy popular en su música.

La pista número nueve y la que clausura el disco se llama «In Memory», y es una pieza dedicada al padre de Tony Iommi, fallecido en 1981. Es una balada en la que Tony utiliza una guitarra acústica y Glenn saca su lado más soul para firmar un corte muy emotivo y visceral.

Terminaron la grabación en agosto de 1985 y *Seventh Star* salió a la venta en enero de 1986. Sin embargo, tanto Don Arden como su discográfica, Warner, presionaron a Tony para que fuera un álbum de Sabbath: «La compañía discográfica dice que les debes un álbum de Black Sabbath, y quieren que sea este», le explicó Arden. Como es lógico, a Tony no le hizo gracia: «No quería que fuese lanzado como un disco de Black Sabbath porque no lo compuse como un disco de Black Sabbath. Quería la libertad para que sonara como suena y poder dar conciertos sin utilizar el nombre de Black Sabbath». Para la discográfica lanzarlo como Black Sabbath era menos arriesgado, y el argumento para convencer a Tony, muy fácil: le pagarían más con el nombre de su banda que con su proyecto en solitario. Finalmente, llegaron al acuerdo de publicarlo como «Black Sabbath featuring Tony Iommi» («Black Sabbath con la aparición de Tony Iommi»), aunque lo único que consiguió entre los seguidores y la prensa especializada fue generar confusión. Se percibía como que no era ni un disco de Black Sabbath ni un disco de Tony Iommi. ¿Entonces? El resultado fue un pésimo desempeño en las listas de ventas. Apenas llegó al puesto número 30 en Reino Unido y en Estados Unidos fue el mayor fracaso comercial de Black Sabbath desde *Never Say Die!*, y vendió la mitad de copias que el que fue el último álbum con Ozzy.

Lo peor fue la reacción de Glenn, que había aceptado participar en el proyecto en solitario de Tony Iommi, pero no en convertirse en el nuevo vocalista de Black Sabbath. «Cuando Tony me llamó para avisarme de que el álbum iba a ser publicado como Black Sabbath, lo primero que dije fue «¡oh, mierda!». A Dio le fue genial con su rollo de dragones y mazmorras. A Gillan también con su propia personalidad. Y ahí estaba yo, con un mono enorme a mis espaldas. Pesaba 95 kilos, tenía barba, me faltaba un diente y me invadió el miedo incluso antes de empezar a ensayar. Iba a tener que enfrentarme a quince mil jodidos jóvenes enfadados, la mayoría con sus chupas de cuero, ¡y voy a tener que cantar «War Pigs»! Sin faltar al respeto a sus autores, pero cuando pienso en ello es como si James Brown fuera el cantante de Metallica», explica Glenn.

Y, claro, llegaron los conciertos para presentar las nuevas canciones en directo. La cosa no empezó bien porque Glenn tomó como afición salir de fiesta con el responsable de escenario de la gira, John Downey. Justo la noche de antes del primer concierto del tour, que arrancaba en Cleveland (Ohio) el 21 de marzo de 1986, ambos salieron de fiesta y John acabó dándole un puñetazo en la nariz a Glenn porque, al parecer, el músico se puso muy pesado pidiendo más coca y fue su manera de «tranquilizarle». Al día siguiente, cuando llegó el momento de probarse la ropa que se iban a poner para el concierto, Glenn apareció con un ojo morado y Tony estaba atónito. Ni siquiera le hablaba por aquel incidente.

Al segundo concierto después de arrancar la gira, Glenn se quedó sin voz. La sospecha principal era que estaba metiéndose tanta coca que le estaba pasando factura a sus cuerdas vocales. Para intentar corregir la situación, Don Arden propuso contratar a un asistente personal que vigilara de cerca a Glenn. El elegido fue Doug Goldstein, que tiempo después acabó haciendo un trabajo similar para otros músicos problemáticos con las drogas como Slash, de Guns N' Roses. «Era mi sombra, me seguía al baño. Se ataba una cuerda al dedo del pie para ver si abría la puerta. Si la abría, se despertaba. Incluso el propio Tony dio órdenes a todo el personal de la gira que no me dieran nada de cocaína», explica Glenn, que aun así se las ingenió para seguir consumiendo esta droga.

En el tercer concierto Glenn no mejoraba ni recuperaba su voz, por lo que el grupo ya había decidido llamar a un sustituto porque, si cancelaban cualquier actuación, las demandas no tardarían en llegar. El elegido fue Ray Gillen, que era el vocalista de la banda de Boby Rondinelli, baterista que grabó varios discos con Rainbow.

Después del quinto concierto, a Glenn le dijeron que estaba despedido.

Gillen fue llamado para ser el sustituto de Hughes.

Entró en cólera y se fue corriendo hasta la puerta del camerino de Tony, empezó a dar golpes, pero su sombra, Doug, le sacó de allí y le enseñó un billete de avión para volver a casa. Paradójicamente, al día siguiente el propio asistente, que decidió acompañar al músico al aeropuerto, decidió hacer antes una parada en el médico, que diagnosticó que Glenn tenía un hueso roto en la cavidad del ojo en el que fue golpeado. Al parecer, el hueso se astilló en la parte alta de su nariz, lo que provocó que tanto mocos como sangre llegaran a su garganta. No era la cocaína la culpable de que no pudiera cantar, sino el puñetazo que le dieron la noche de antes de su primer concierto junto a la banda. «El médico me dijo que el puñetazo había causado bastante daño, pero no lo supe hasta que era demasiado tarde», concluye Glenn. La aventura en directo de Glenn Hughes con Black Sabbath duró exactamente seis días. «Mucha gente pasa por alto lo duro que tienes que ser cuando lideras un grupo. Siempre quedas como el gilipollas. La gente no entiende, no están ahí, no saben todas las cosas que pasan y por qué acabas echando a alguien», confiesa Tony, que tiempo después dijo que Glenn era buen cantante, pero que no servía como vocalista de Black Sabbath.

El 29 de marzo de 1986 fue el primer concierto de Ray Gillen al frente de la banda. Cuentan que su labor fue sencillamente impresionante. Bordó los temas de Ozzy, los de Dio y los de Glenn, algo muy difícil por lo diferentes que son entre sí los tres vocalistas. Gillen era un auténtico animal del escenario y todo un portento vocal, como se puede escuchar en la edición de lujo de *Seventh Star*, publicada en 2010, que incluye nueve canciones que el grupo interpretó en su concierto de Londres del 2 de junio de 1986, entre las que están «Neon Knights», «N.I.B» o «Paranoid». Su timbre se asemeja más al de Dio e imprime una fuerza y energía especial al grupo. Una pena que el resto de la gira americana fuera un fracaso. La venta de entradas fue un desastre. «Con Glenn dimos conciertos grandes e hicimos buen negocio. Ahora estábamos de gira con un tipo desconocido, así que la gente perdió el interés. Llevó tanto tiempo construir algo así y luego se arruinó todo tan rápido. Fue espantoso. Tuvimos que cancelar el tour [por Estados Unidos] al final porque estábamos perdiendo mucho dinero», relata Tony.

Aunque la situación no pintaba bien, decidieron arriesgarse y probar suerte en Reino Unido. Confirmaron doce fechas por su país y, ahí sí, la venta de entradas fue algo mejor, por lo que Tony vio esperanza con Gillen a la voz y decidió ponerse a trabajar en un nuevo disco, esta vez sí, con el sello de Black Sabbath.

The Eternal Idol: primer intento

Antes de empezar a grabar el nuevo álbum, Tony recibió la noticia de que Don Arden ya no era su representante y que, de hecho, el empresario estaba en aprietos legales por supuestos delitos de fraude y evasión de impuestos. Su abogado llegó a pedir ayuda a Tony y a otro de los grupos que representaba entonces, Air Supply. «Su abogado me dijo que había conseguido 300.000 dólares de Air Supply y que se comprometían a devolverlos, así que accedí y puse unos 50.000 o 60.000 dólares. Nunca me los devolvieron y hasta donde yo sé, tampoco a Air Supply. Y, de repente, todos los papeles que firmamos desaparecieron. Qué desastre», rememora Tony. Finalmente, Don Arden evitó ir a la cárcel gracias a su hijo David, que decidió cubrirle y cumplir la condena que le correspondía a su padre.

Entonces volvió a aparecer en escena la dupla de Wilf Pine y Patrick Mee- han, los pupilos de Arden que «traicionaron» al empresario y se convirtie- ron en los representantes de Black Sabbath en sus inicios (y que acabaron engañándoles y quedándose con los derechos de explotación de sus hits). «Es ridículo y sé que fue algo estúpido por mi parte, pero volví con Meehan. Sabía que la gente estaba tratando de timarme igualmente, así que preferí que fuera alguien conocido y que pudiera hacer algo por mí mientras se aprovechaba de mí», explica Tony.

Con Meehan de vuelta, volvió el «estilo de vida *Playboy*», la filosofía de «que no falte de nada», el lujo, la droga y las fiestas. Por supuesto, Meehan volvió a hacer de las suyas. Por ejemplo, durante las sesiones de preparación del nuevo álbum, el grupo se hospedó en un hotel lujoso en Londres. Cuan- do Tony insinuó que aquello debía ser muy caro, el representante le dijo que no se preocupara, que iba a comprar el hotel entero. ¿Quién acabó pagando la factura del hotel? Tony.

Sea como fuere, la extraña relación profesional siguió adelante y Meehan sugirió grabar el nuevo álbum en una isla del Caribe, Montserrat, al suroeste de Antigua y Barbuda. De hecho, antes de ir a grabar, pasaron unos días de vacaciones en Antigua, donde Meehan era dueño de un resort que compró en los años setenta. «Era como si nuestro representante fuera el rey de la ciudad allí», confiesa Tony. Se atiborraron a langosta, champán y otros manjares y no tuvieron que pagar nada por ello. Simplemente firmaban con su nombre y listo.

George Martin, el famoso productor de los Beatles, había decidido montar un estudio en Montserrat tras unas vacaciones que pasó allí. Los llamó AIR Studios y eran de primer nivel, con el mejor equipamiento e instalaciones, y en un en- torno paradisíaco. La mala suerte hizo que el huracán Hugo arrasara la isla en septiembre de 1989 y, por si fuera poco, en 1995 el volcán Soufrière Hills termi- nó de rematar la zona, por lo que los AIR Studios acabaron siendo abandonados y Martin les buscó una nueva ubicación, esta vez en Londres, lejos de posibles desastres naturales. Eso sí, a Black Sabbath le dio tiempo a grabar en Montserrat parte de su decimotercer trabajo de estudio, *The Eternal Idol*.

George Martin, productor de los Beatles
y propietario de un estudio en la isla de
Montserrat.

Chris Tsangarides, productor musical
de grupos como Black Sabbath, Thin Lizzy
y los españoles Barón Rojo.

Tony decidió contar con el mismo productor de *Seventh Star*, Jeff Glixman, que había trabajado también con artistas como Gary Moore, Saxon o Kansas. Sin embargo, Glixman opinaba que tanto el vocalista Ray Gillen como el bajista Dave Spitz sobraban. Solo acertó con lo de Spitz, que acabó marchándose porque tenía problemas personales que atender, pero Tony no estaba dispuesto a sustituir a Gillen, por lo que, en su lugar, decidió despedir al propio Glixman. Su puesto lo ocupó Chris Tsangarides, que ya había trabajado con Sabbath como ingeniero de sonido en discos anteriores, aunque ahora había acumulando experiencia produciendo para el citado Gary Moore, Thin Lizzy e incluso para los españoles Barón Rojo, que contaron con él para su álbum en directo *Al Rojo Vivo* (1984).

Aunque Tony seguía queriendo que Geezer volviera a tocar el bajo en Sabbath, optó por contraatacar a Sharon y su manía de intentar herir a su grupo a través de la carrera en solitario de Ozzy: fichó a su exbajista, Bob Daisley, que además había escrito las letras de hits como «Crazy Train» o «Mr. Crowley». Después de unos años tocando y componiendo en la banda de Ozzy, Sharon decidió prescindir de él porque, al parecer, no era «lo suficientemente guapo ni joven». Daisley estaba resentido por aquello, por lo que no dudó en aceptar la oferta de Tony.

En mitad de todo esto, algunos cheques con los que Meehan había pagado al grupo empezaron a ser rechazados, por lo que Tony, viendo que la historia se repetía, se quejó y el propio representante dijo que se acabó. «Posiblemente no estuviera ganando el dinero suficiente con nosotros. Por supuesto, comprar billetes a Antigua y Barbuda y asumir los gastos de estar un tiempo allí no debió ser barato, así que quizá le costó más de lo que ganó con nosotros. ¡Por fin!», aclara Tony.

Tras esta ruptura aún quedaban cosas del disco por grabar, así que decidieron volver a Londres para terminar, ya con Daisley a bordo. No obstante, antes de que empezaran las sesiones en los Battery Studios, Eric Singer decidió marcharse y se embarcó en una gira junto a Gary Moore. Le siguió Ray Gillen, que fichó para el nuevo grupo del guitarrista John Sykes, Blue Murder. Tanto Singer como Gillen llevaban un tiempo maquinando marcharse de Black Sabbath y poco más de un año después formaron su proyecto juntos, Badlands. Para ellos, que eran diez años más jóvenes que Tony, Sabbath se había quedado anticuado ante la nueva ola del rock y el heavy metal que estaba triunfando en el mundo. Eran los años del glam rock, con unos Bon Jovi revolucionando las listas de ventas con su álbum *Slippery When Wet* (1986), que incluía canciones como «Livin' On A Prayer» o «Bad Medicine». El heavy metal también estaba evolucionando, y ahí estaba Iron Maiden reinando con su CD *Somewhere In Time* (1986), aunque los que más miradas estaban acaparando eran unos jóvenes de San Francisco que se hacían llamar Metallica. Acababan de lanzar su álbum *Master of Puppets*

Bon Jovi, en las listas de los superventas con «Livin' On A Prayer».

(1986) y pronto se convirtieron en un fenómeno mundial, impulsados por su omnipresencia en la MTV, catalizador musical de los años ochenta y noventa. Tanto Maiden como Metallica bebían directamente de la marmita musical de Black Sabbath, pero, efectivamente, el grupo de Tony se había quedado estancado. Volvían a ser percibidos como viejas glorias, y su credibilidad con tanto cambio de formación estaba más en entredicho que nunca.

Como es lógico, Tony decidió que no iba a publicar *The Eternal Idol* con la voz de Ray Gillen, aunque décadas más tarde, en 2010, acabó viendo la luz como «grabación alternativa» en la reedición de lujo del álbum. Sin

embargo, en aquel momento, a finales de los años ochenta, Tony tenía
claro que no podía editar un nuevo
álbum con un cantante que ya no
formaba parte de la banda. El sonido
de batería de Singer no le importaba
tanto que estuviera ahí, pero la voz,
posiblemente el aspecto más reconocible de cualquier grupo, era, nunca
mejor dicho, otro cantar (pido per-
dón por la expresión, pero no he po-

dido resistirme). Así que, sí, otra vez había que buscar nuevo vocalista.

El representante Albert Chapman, amigo de Tony, tenía como cliente a
un joven de Birmingham, Anthony Martin Harford, y le sugirió que le diera
una oportunidad. «Es buen cantante», le dijo. Antes incluso de valorar si
era mejor o peor como músico, estaba el hecho de que iba a ser realmente
complicado encontrar a un vocalista bueno que estuviera dispuesto a rechazar sus proyectos para embarcarse en un bote hundiéndose como Black
Sabbath. Tony Martin, que así se hacía llamar el joven paisano de Iommi,
tenía un grupo denominado The Alliance. Su mayor logro mediático fue que
aparecieron en un programa de rock de Radio One, la radio pública inglesa,
la BBC. No era ninguna estrella.

Su representante, emocionado por la oportunidad que suponía entrar en
un grupo mítico aunque en decadencia, le hizo una encerrona y le llevó
en coche directamente hasta casa de Iommi para que se conocieran. Después hicieron una audición formal en Londres y Tony Martin cantó «The
Shining», una de las canciones de *The Eternal Idol*. A Iommi le encajó y
decidió ficharle.

Los años de Tony Martin (parte I)

Tony Martin nació el 19 de abril de 1957 en Birmingham, por lo que era
casi diez años más joven que Iommi y el resto de los Sabbath originales.
Empezó en la música tocando la guitarra, pero acabó centrándose en la
voz. No obstante, él mismo se considera multiinstrumentista, y ha llegado
a grabar violines para un disco que hizo junto al músico italiano Dario

Tony Martin, vocalista de Black Sabbath.

Mollo, *The Cage 2* (2002). También asegura tocar el teclado, la batería, el bajo, la armónica, la gaita y «una veintena de cosas más».

De los tres vocalistas que grabaron discos junto a Sabbath hasta el momento, Tony Martin se asemejaba más al estilo de Ronnie James Dio. Tiene un timbre con mucho cuerpo y una voz rasgada que encaja bien en un grupo de rock, aunque carece de ese toque más oscuro y grandilocuente de Dio o del inconfundible soniquete nasal de Ozzy. Martin es, sin duda, buen cantante, pero nunca tuvo ese halo especial que tuvieron todos sus predecesores. De hecho, después de Black Sabbath su carrera musical fue bastante discreta, al contrario que en el caso de Dio y Ozzy.

The Eternal Idol, segundo intento

Martin sabía dónde se estaba metiendo: «Estaban pasando una época complicada cuando me uní a ellos. Ya habían tenido unos cuantos cantantes y estaba empezando a parecer una broma». Sin embargo, aceptó el trabajo y grabó las canciones de *The Eternal Idol*. Ya tenía las referencias que registró Ray Gillen, por lo que él solo tuvo que seguirlas y añadir sus propios giros.

La primera canción del álbum es «The Shining», que fue con la que Martin hizo la prueba. Iommi la describe como una especie de «Heaven and Hell» pero más rápida, y fue la elegida como single. También había otras como «Nightmare», que el guitarrista compuso cuando le propusieron hacer la banda sonora para la película *Pesadilla en Elm Street*. El proyecto no cuajó, pero Iommi decidió utilizar parte del material que escribió y la tenebrosa «Nightmare» es una muestra de ello.

Del mismo modo, escuchamos a Black Sabbath intentar actualizar su sonido y seguir la tendencia del heavy metal de la época. El ejemplo es «Lost Forever», un corte muy rápido que años antes era impensable que firmara el grupo.

The Eternal Idol no es mal disco, pero definitivamente suena a una banda perdida, sin una dirección clara y, sobre todo, sin ninguno de los ingredientes que encumbraron a Sabbath. No había nada auténtico en él, y parecía más bien un grupo de mercenarios cumpliendo su papel que un esfuerzo sincero y honesto. Todo esto en un contexto en el que Metallica, Slayer o Anthrax impresionaban por su furia musical y sus ganas de comerse el mundo.

Sea como sea, el álbum con las voces de Tony Martin salió a la venta en noviembre de 1987 y se convirtió en el peor lanzamiento de toda la historia de Black Sabbath. Tan solo llegó al puesto 66 en la lista de ventas de Reino Unido, donde solo permaneció una semana, y apenas alcanzó el puesto 200 en Estados Unidos. La cosa pintaba tan fea que ningún promotor se atrevía a contratarles para dar conciertos por Estados Unidos, y, lo que es peor, tanto Warner como Phonogram decidieron rescindir su contrato con Black Sabbath.

Si ya de por sí Black Sabbath parecía una mala broma en la industria musical, el remate vino cuando a Meehan le dio por aceptar seis conciertos de la banda en Sun City, Sudáfrica. Eran los años del *apartheid* y a ningún hombre de negocios ni a ninguna banda en su sano juicio se le habría ocurrido ir a tocar a un sitio que había tenido un régimen autoritario en las últimas tres décadas, y en el que el racismo estaba a pie de calle. Incluso el guitarrista de Bruce Springsteen, Steve Van Zandt, había publicado un álbum protesta contra Sun City en el que colaboraron artistas como Bono de U2, Keith Richards de Rolling Stones o Peter Gabriel, exlíder de Genesis. Cuando a Ozzy le preguntaron qué le parecía que Black Sabbath hubiera aceptado

aquellos conciertos, su respuesta fue contundente: «Pensé, ¡joder, la han cagado pero bien esta vez! Me pregunté qué habría hecho yo si me hubieran ofrecido muchísimo dinero por tocar allí. Si fuera el fin de mi carrera, habría aceptado, pero no lo habría hecho si quisiera seguir teniendo una carrera en la música».

Así las cosas, aunque su debut oficial en directo fue en Grecia un poco antes, Tony Martin tuvo que enfrentarse a dar sus primeros conciertos en Sun City, lo que generó muchísimas críticas hacia la banda. Además, vio cómo las dos grandes discográficas rompían sus

Steve Van Zandt, guitarrista de la E Street Band de Bruce Springsteen.

contratos con Sabbath, su representante les dejaba tirados y los promotores huían de cualquier concierto del grupo. Una situación lejos de ser idílica, desde luego.

Entonces a Iommi se le cruzó en el camino el representante de Jeff Beck, Ernest Chapman, que le presentó otro viejo veterano de la industria musical, Ralph Baker. Chapman tenía fama de ser bueno en lo suyo, pero muy estricto. Se guiaba por un principio: no trabajar con artistas que consumieran droga. Por tanto, la primera pregunta que le hizo el representante a Iommi cuando se conocieron era si se metía algún tipo de sustancia. El guitarrista mintió (seguía dándole a la cocaína) y Chapman confió en él.

Tras la marcha de Meehan, Tony había quedado en una situación financiera pésima. Debía mucho dinero en impuestos a la Agencia Tributaria de Reino Unido, que le estaba presionando para vender su casa y todos sus bienes para saldar sus deudas. Chapman logró llegar a un acuerdo con las autoridades y, aunque por un tiempo Tony tuvo congelados sus bienes y en la práctica fue un hombre insolvente, todo volvió a la normalidad. «Volvimos a la casilla de salida. Y allí estábamos yo, Tony Martin y Geoff Nicholls. Era momento de dejar todos los sucios negocios atrás y reconstruir el grupo», afirma Iommi.

Tony pensaba que la única manera de restaurar parte de la reputación y credibilidad de Black Sabbath era que volviera alguno de los integrantes originales. Ozzy ni siquiera se lo planteaba porque estaba vendiendo millones de copias de sus discos en solitario en todo el mundo; Bill solo estaba dispuesto a regresar si lo hacía Ozzy. Por tanto, la última opción que le quedaba al guitarrista era convencer a Geezer para que «volviera a casa». Tony se puso tan pesado que rozó el acoso: «Empezó a aparecer en la puerta de mi casa, simplemente sentado en su coche, como si esperara que me fugara con él o algo», cuenta Geezer. La estrategia de Iommi no surtió efecto. Es más, en verano de 1988 se produjo un giro inesperado de los acontecimientos: Geezer aceptó ser el nuevo bajista en la banda en solitario de Ozzy.

Para colmo, la prensa había empezado a hacerse eco de los rumores de que Tony Martin se había marchado también de Black Sabbath. En efecto, a Martin le ofrecieron ser, paradójicamente, el sustituto de Ray Gillen en Blue Murder, el proyecto del guitarrista John Sykes. Gillen se quería centrar en su propio grupo junto a Eric Singer, Badlands, por lo que Sykes buscaba un perfil adecuado y pensó que Tony lo era. Además, Blue Murder en aquellos años tenía contrato discográfico con Geffen Records, el sello de Whitesnake o de los mismísimos Guns N' Roses, posiblemente uno de los mayores grupos del planeta entonces. La tentación para Martin era muy fuerte. No hay que olvidar que él estaba presenciando los problemas financieros de Iommi y veía el futuro de Black Sabbath muy negro, nunca mejor dicho.

Finalmente, Ralph Baker consiguió que la discográfica independiente I.R.S., cuyo mayor artista en catálogo era R.E.M, contratara a Black Sabbath. También lograron fichar a uno de los bateristas de rock más reputados del momento, Cozy Powell, que había trabajado con Rainbow, Whitesnake o Michael Schenker y que, curiosamente, venía de un breve periplo junto a Blue Murder. Sin embargo, Powell se consideraba con galones suficientes como para exigirle a Iommi un rol de poder dentro de la banda equivalente al que Dio tuvo en su momento. A Tony no le quedó más remedio y aceptó.

Powell sugirió que contrataran a su excompañero de Whitesnake, Neil Murray, que resolvería la papeleta del bajista. No obstante, Murray, centrado entonces en el proyecto japonés Vow Wow, les rechazó. El puesto lo acabó tomando Larry Cottle, un músico de sesión de jazz que aceptó grabar con Black Sabbath su próximo álbum, *Headless Cross*.

Headless Cross: un intento para regresar a la oscuridad

En agosto de 1988, Iommi, Martin, Powell, Nicholls y Cottle se metieron en los estudios Woodcray, que estaban en una granja de Berkshire, muy cerca de Londres. De la producción se encargaron Iommi y Powell y todas las letras del álbum las escribió Tony Martin.

El álbum arranca con la inquietante instrumental «The Gates of Hell», una pista de que Black Sabbath quería recuperar su posición de banda oscura, dura y tenebrosa. Le sigue «Headless Cross», una medio tiempo pesada más en la onda de lo que podría haber firmado Ronnie James Dio en solitario que una obra de Sabbath. Fue elegida como primer single del CD y decidieron grabar un videoclip en el mismo lugar en el que Guillermo el Conquistador derrotó al Rey Haroldo II mil años antes: la abadía de Battle, en Sussex, al sureste de Reino Unido.

A Brian May de Queen le dio por visitar al grupo en el estudio para ver cómo iba la grabación. Un día Iommi le propuso que participase y acabó grabando el solo de guitarra de la canción «When Death Calls». Al parecer, Iommi le dejó a solas durante una hora en el estudio y cuando regresó ya lo tenía listo. Es la guinda para una de las composiciones más complejas del álbum, en la que escuchamos a un Tony Martin especialmente inspirado y muy afilado.

«Devil & Daughter» o «Kill in the Spirit World» exploran una fórmula más cercana al rock melódico, posiblemente influenciados por el éxito de

Brian May, autor del solo de guitarra de la canción «When Death Calls».

grupos como Def Leppard, Bon Jovi o Poison. También regrabaron «Black Moon», en cuya composición participó Ray Gillen y que acabó dentro de las canciones de *The Eternal Idol*.

Headless Cross termina oficialmente con «Nightwing», en la que, al parecer, dejaron las voces que Martin grabó durante las demos porque en el estudio no consiguió replicar el sentimiento que le puso entonces. Sin embargo, había un bonus track, «Cloak and Dagger», un tema poderoso y que cabalga a ritmo lento. Aun así, el álbum apenas supera los 40 minutos de duración.

Salió a la venta en abril de 1989 y aunque Tony Martin llegó a decir que era «el lanzamiento más importante de Black Sabbath desde *Heaven and Hell*», lo cierto es que funcionó pobremente en Estados Unidos, apenas llegando al puesto 115 en las listas de ventas. Iommi culpa a la escasa promoción de su nueva discográfica, I.R.S. Records: «Fuimos a las tiendas de discos y no había un maldito disco nuestro a la vista. Ni siquiera un póster, nada». En Reino Unido la cosa fue mejor y el álbum escaló hasta el 31, pero tampoco fue nada del otro mundo.

Headless Cross apenas llegó al puesto 115 en las listas de ventas en EE.UU.

Cuando llegó el momento de salir de gira para defender las nuevas canciones, Cozy propuso que volvieran a llamar a su colega Neil Murray para que cubriera el puesto de bajista, ya que Larry Cottle fue solo un músico de sesión para grabar el disco. Esta vez sí aceptó y todos se fueron para Estados Unidos, donde habían cerrado 36 conciertos. No obstante, las ventas de entradas fueron tan mal que tuvieron que cancelar la gira después de ocho actuaciones. «Hubo una clarísima falta de promoción no solo con el disco, sino también con los conciertos. Nos cruzábamos con la gente en cada ciudad y nos preguntaban qué hacíamos allí. Era todo como en *Spinal Tap*», reconoce Iommi.

La gira por Reino Unido, que arrancó en agosto de 1989, tampoco fue para tirar cohetes, pero el grupo siguió adelante con ella y se limitaron a reducir gastos y suprimir lujos, por lo que viajaban todos juntos en un autobús y los hoteles eran más humildes que años atrás. A pesar de ello, en uno de los conciertos se subió Brian May a tocar temas como «Paranoid», «Heaven and Hell» o «Children Of The Grave». En otro invitaron a Ian Gillan a cantar «Smoke on the Water» de Deep Purple y «Paranoid». «Fue genial para los seguidores, pero son el tipo de cosas que no podíamos hacer con la formación original porque era todo más estricto», explica Iommi.

El grupo también visitó otras ciudades y agotó las entradas en países como Japón y algunos de Europa como Alemania, Italia, Suecia o Austria, así como en Rusia, donde hicieron residencias de noches seguidas en Moscú y Leningrado. En los conciertos de la capital rusa las dos primeras filas estaban reservadas para agentes de la Unión Soviética. «Había dos tipos de la KGB viajando con nosotros todo el rato y sabíamos perfectamente que estaban vigilándonos», dice Iommi, que confiesa que el grupo se trajo de souvenir cantidades ingentes de caviar y, en su caso particular, también uniformes y sombreros militares, aunque al llegar a casa no supo muy bien qué hacer con ellos. «Y aquí están en mi armario», concluye resignado.

Tyr: el de la mitología nórdica

Cuando Tony intentó entender qué había fallado con *Headless Cross* para que no funcionara en ventas, enseguida culpó a la discográfica y su pésima estrategia de promoción, como ya hemos visto, pero también era consciente de que, debido a la voz más armoniosa de Tony Martin, más típica en el rock melódico que en el heavy metal, él mismo había hecho canciones que se alejaban de la esencia apesadumbrada y oscura de Black Sabbath. ¿Sería eso lo que echaban

Tyr, un disco oscuro basado en la mitología nórdica.

en falta los seguidores? ¿O es que ya nadie podía tomar en serio al grupo después de tanto cambio de formación?

Sea como sea, Tony intentó ponerle remedio a la situación con el próximo trabajo de la banda, *Tyr*. En febrero de 1990 volvieron a la misma granja en la que grabaron *Headless Cross*, los estudios Woodcray. Hubo dos novedades principales: la primera, que esta vez Neil Murray sí había aceptado grabar el bajo en el álbum, y que a Tony Martin le dijeron que no hablara tanto del diablo o satán en sus letras. El cantante, en su lugar, decidió centrarse en la mitología nórdica, lo que explica el título del CD, *Tyr*, nombre del dios de la guerra en el citado conjunto de mitos. No faltan menciones a Odín o al Valhalla y, en general, escuchamos a unos Sabbath que recuperan algunos de esos ritmos más pesados y las ambientaciones más lúgubres, como demuestran «The Sabbath Stones», una crítica a la religión y a los líderes que la promueven, o «Anno Mundi», que arranca con un coro cantado en latín para darle más epicidad al corte.

Eligieron como single la balada «Feels Good To Me», de la que también grabaron un videoclip del que el propio Iommi reniega. La letra cuenta la historia de amor de una chica aficionada a las motos y un chico que le es infiel, una temática quizá más habitual en grupos de rock americano como Poison o Whitesnake, pero, desde luego, nada común en un grupo como Black Sabbath. Musicalmente está muy alejada del resto de canciones del álbum y, al parecer, solo la incluyeron para tener un single comercial que lanzar.

Tony y Cozy repitieron como productores y, en general, el grupo sigue la misma estela que con *Headless Cross*, solo que incluyendo un componente más oscuro y pesado, y algún flirteo con el rock progresivo como «Valhalla», que también le da mucho protagonismo a los sintetizadores de Geoff Nicholls.

«Puedes comparar *Tyr* con *Headless Cross* como puedes comparar *Mob Rules* con *Heaven and Hell*. Si acaso, *Tyr* tenía un punto más heavy que *Headless Cross*. Está la etapa de Ozzy, la de Ronnie y luego esta, que parece como una era perdida. Incluso a mí me cuesta recordar algunas de las cosas que grabamos porque es como si hubieran desaparecido de mi mente», cuenta Tony Iommi.

A nivel de ventas, *Tyr* funcionó mejor que *Headless Cross*. Fue publicado en agosto de 1990 y logró el mejor desempeño comercial de Black Sabbath en Reino Unido desde los últimos cinco años, y se colocó en el puesto 22. En otros países como Alemania o Finlandia lo hizo bastante mejor, logrando el puesto 12 y 15, respectivamente. En Estados Unidos no fue tan bien, lo que demostró una vez más que el grupo había dejado de estar de moda en el rock y metal del mercado musical más importante del mundo.

La gira europea de *Tyr* empezó en septiembre de 1990 y acabó a finales de noviembre. Se centraron en los países en los que mejor estaba funcionando el disco, especialmente Alemania, aunque eso no impidió que tuvieran que cancelar algunas actuaciones del tour, como las de Edimburgo o Glasgow, porque no vendieron suficientes entradas. No obstante, llenaron durante dos noches en Londres, algo que hacía años que no conseguían. En una de esas citas, de hecho, se subió al escenario Geezer Butler para tocar «Iron Man» y «Children Of The Grave». Era la primera vez en cinco años que tocaba junto a Black Sabbath. La última fue aquella reunión de los cuatro integrantes originales en el festival benéfico Live Aid.

Que no pudieran arriesgarse a hacer una gira por Estados Unidos dejó preocupado a Tony, que pensaba que ahora que había logrado una formación más o menos estable con la que llevaba cuatro años peleando, lo único que había conseguido eran los peores resultados comerciales y de repercusión en la industria de toda la trayectoria de Black Sabbath. Por tanto, cuando todos volvieron a casa en Navidad de 1990, fue un momento de reflexión que marcaría un antes y un después. Otro más en la historia de la banda.

El primer punto de giro es que Geezer Butler decidió volver. Aquel concierto de Londres había vuelto a encender la llama del músico, que echaba de menos tocar con «su grupo». La segunda novedad es que Ronnie James Dio también decidió regresar.

5. Años noventa: el principio del fin

Si la década de los ochenta revitalizó en cierta manera la trayectoria de Black Sabbath, los años noventa fueron posiblemente los más difíciles para la carrera del grupo. Después de haber tocado la cima varias veces a lo largo de su historia, se hacía cada vez más cuesta arriba caerse y volverse a levantar. El capitán Tony Iommi llevaba remando demasiado tiempo y con diferentes grumetes, pero no parecía dar con la tripulación definitiva. ¿Sería Dio la clave?

El regreso de Ronnie James Dio

Durante los años ochenta, Ronnie había triunfado con su proyecto en solitario. Sus dos primeros trabajos, *Holy Diver* (1983) y *The Last In Line* (1984), habían logrado ser discos de platino en Estados Unidos, es decir, que vendieron más de un millón de copias cada uno, una hazaña reservada solo para los artistas más grandes. Sus giras fueron igualmente exitosas y con él se dibujó un patrón compartido junto a Ozzy: dos excantantes de Black Sabbath que son capaces de triunfar en solitario.

Sin embargo, los años noventa no fueron igual para ambos vocalistas. Los dos habían confiado la gestión de sus carreras a sus mujeres (Sharon en el caso de Ozzy; Wendy en el de Dio), pero cada una decidió seguir una estrategia

El regreso de Ronnie James Dio a la banda.

Wendy Dio, la que fue esposa y representante de Ronnie James Dio

diferente. Mientras que Sharon tenía una visión de negocio y permanecía muy atenta para lograr que su marido no quedara desfasado en el mundillo, Wendy decidió proteger y defender la terquería de Ronnie. Así, Sharon se aseguró de que Ozzy siempre estuviera acompañado en sus giras de bandas de moda como Mötley Crue, Metallica o Anthrax, al mismo tiempo que cuidaba su imagen y se preocupaba de que el sonido de su música se actualizase. Wendy, sin embargo, velaba por que nadie llevara la contraria a su marido, que hacía y deshacía a su antojo sin un Ritchie Blackmore o un Tony Iommi que le hiciera sombra, incluso aunque eso significara rechazar a varios de los colaboradores que le ayudaron a escribir sus mayores éxitos. De hecho, los tres integrantes originales de Dio, Vinny Appice, Vivian Campbell y Jimmy Bain, habían decidido marcharse y dejar solo al vocalista, que publicó *Lock Up The Wolves* (1990), su quinto álbum, con una formación completamente diferente y en la que participaba una guitarrista de tan solo 18 años, Rowan Robertson, y el exbaterista de AC/DC, Simon Wright. Fue un estrepitoso fracaso comercial, por lo que cuando el representante Ralph Baker se acercó al cantante para proponerle una reunión con Black Sabbath, fue todo oídos.

Ronnie James Dio y Geezer Butler.

En cuestión de semanas se hizo oficial la noticia: Ronnie James Dio y Geezer Butler volvían con Iommi a Black Sabbath. Dio y el baterista Cozy Powell compartieron formación en Rainbow y no se llevaban especialmente bien, pero, aun así, todos accedieron a intentarlo y se mostraban contentos. Geezer dijo que poder volver a la banda fue «un salvavidas», y explicó que uno de los motivos por los que quiso hacerlo fue el gusanillo que sintió después de ser invitado a tocar en un concierto de Dio en solitario en el que interpretó «Neon Knights», que se sumó a la sensación de haberse subido también con Sabbath un poco antes. Ronnie lo etiquetó como un «nuevo comienzo para el mejor grupo en la faz de la Tierra», y también pensaba que acabarían sus carreras en la banda.

Como es comprensible, no fue un gran momento para Tony Martin ni Neil Murray, que incluso aunque llevaban un tiempo ensayando y preparando las nuevas canciones, acabaron despedidos. Martin se marchó muy dolido y recuerda que su representante le llamó para darle la noticia justo cuando estaba a punto de salir por la puerta de casa para ir a ensayar con Sabbath. Años más tarde el vocalista reconoció que Iommi nunca se lo dijo directamente: «Siempre es a través de otra persona. Es muy surrealista y lo único que se me ocurre es que ellos, como personas, no están acostumbrados a lidiar con otras personas a la cara. Habían vivido en una burbuja durante mucho tiempo, y tenían gente a su alrededor y yo no soy así. Yo soy del cara a cara, de solucionar las cosas por mí mismo». Sucedió lo mismo cuando rompieron por primera vez con Ronnie, solo que entonces fue Geezer el mensajero.

Al menos a Martin le llamaron para decírselo. Murray se enteró cuando él llamó preguntando por qué todo estaba tan parado después de la última gira con Sabbath. La agencia de representantes del grupo le confesó que Geezer había vuelto junto a Ronnie, aunque el bajista no se lo tomó tan mal como Tony Martin, quizá porque ya había vivido algo parecido cuando le echaron de Whitesnake justo antes de que el grupo publicara su disco homónimo (titulado en Europa como *1987*), que se acabó convirtiendo en el mayor éxito comercial de la banda de David Coverdale gracias a canciones como «Is This Love», «Here I Go Again» o «Still of the Night».

Tras el mal trago de despedir a dos integrantes, llegaba el momento de ponerse a trabajar con la nueva formación pero, como suele ser habitual en la historia de Black Sabbath, nada solía salir bien a la primera. Al caballo de Cozy Powell le dio un ataque al corazón y el animal acabó cayéndole encima al baterista, lo que le rompió la cadera y le dejó sin poder tocar la batería durante seis meses. Cuando Dio se enteró de la noticia, vio la oportunidad perfecta para sugerirle a Iommi que volvieran a llamar a Vinny Appice para sustituirle. Ronnie salía ganando porque se quitaba del medio a Cozy, a quien veía casi como un rival dentro de Sabbath, y a Tony le venía bien porque no quería retrasar tanto tiempo el nuevo álbum. Además, tanto las discográficas como los representantes celebraban que pudieran anunciar la vuelta de Appice como el «regreso de la misma formación que grabó *Mob Rules* justo hacía diez años». Como es lógico, a Cozy no le agradó enterarse de que había sido sustituido por Vinny Appice: «La decisión de Tony me decepcionó especialmente porque no quería esperar a que me recuperara. Pensé que Tony era mi amigo. Fui demasiado inocente, por supuesto. Debí suponerlo mejor en este negocio». Tony explica su versión: «Quería a Cozy y era un gran amigo, pero tienes que tener la mejor combinación en un grupo. Ya teníamos la fricción suficiente con todo lo que estaba pasando, así que necesitábamos algo estable. Traer de vuelta a Vinny fue la respuesta obvia para todos nuestros problemas».

Con esta situación, Tony, Geezer, Ronnie, Appice (y Geoff Nicholls, el eterno integrante no oficial que siempre estaba en la sombra) se concentraron en el próximo disco de Black Sabbath.

Dehumanizer: en busca de la esencia perdida

Como en los viejos tiempos, Ronnie y Vinny hicieron piña y se mudaron a una casa que el grupo alquiló en Henley-in-Arden, al sur de Birmingham, y Tony, Geezer y Geoff iban hasta allí para componer, ensayar y dar forma a las nuevas canciones. Vinny se encargaba de grabar todo en cintas de casete para que luego cada uno en casa pudiera escuchar y revisar el material.

Tony y Ronnie volvieron a tomar las riendas de la composición, aunque el guitarrista, ayudado por el resto de sus compañeros, le pidió al vocalista que dejara de escribir letras sobre dragones, mazmorras y fantasía en general. «¿Podrías cantar cosas no relacionadas con los arcoiris, por favor?», le decían.

De la producción se encargó Reinhold Mack, un alemán que había trabajado con Electric Light Orchestra y Queen, y que había sugerido Ronnie. Las sesiones de grabación tuvieron lugar en los Rockfield Studios, los mismos en los que el grupo estaba ensayando en la época de *Never Say Die!* justo el día en el que Ozzy decidió marcharse por primera vez en 1978.

Al parecer, las tensiones entre Tony y Ronnie no tardaron en aparecer, y el proceso de composición y arreglos se extendió más tiempo del deseado (desde que empezaron a preparar todo y hasta que terminaron de grabar pasó un año y medio). La cosa llegó al punto en el que Iommi y Geezer llamaron a Tony Martin para que probara a grabar algunas de las nuevas canciones antes de tomar la decisión de seguir con Dio. Finalmente fueron adelante con Ronnie y la grabación duró unas seis semanas. Llamaron al disco *Dehumanizer*, «deshu-

manizador» en español. «Debo admitir que no fue fácil ni muy divertido de
grabar, pero creo que es un gran disco.
Es uno de mis favoritos indiscutibles y
uno de los álbumes más duros que he
escuchado. Tuvimos que exprimirnos
y creo que por eso funciona. A veces
necesitas ese tipo de tensión o si no
acabarías haciendo un disco navide-
ño», explicó Dio.

Tony también acabó muy satisfecho:
«Es un cruce entre el primer disco de
Black Sabbath y *Heaven and Hell*. Tiene más agallas que nuestro material más
reciente. Me sentí muy perdido durante los últimos años y acabamos en un territorio musical diferente. Pero con Geezer y Ronnie todo surgió de vuelta».

Geezer volvió a escribir letras, pero también a involucrarse en las composiciones del grupo. El primer corte del CD es «Computer God», que tiene
una letra en la que Geezer habla de la tecnología siendo tan poderosa que
acaba destruyendo al ser humano. En general, todo *Dehumanizer* gira en
torno a la idea tecnoludita de la tecnología relegando a un segundo plano al
hombre, con claras inspiraciones de los escritores Isaac Asimov o Arthur C.
Clarke. Le sigue «After All (The Dead)», que recupera el espíritu más lóbre-
go y contundente de Black Sabbath, e incluye un riff de guitarra que compuso y grabó el propio Geezer. La voz de Dio suena muy afilada y poderosa,
y sirve para devolver al grupo al lado creíble del heavy metal. En palabras
de Geezer: «Musicalmente vuelve al sonido original de Sabbath: es lo que
todos queríamos. En las letras Ronnie había avanzado. Así que es una mezcla
de ambas cosas: volver a las raíces, pero evolucionar al mismo tiempo». Por
cierto, Ronnie aceptó trabajar en las letras junto a Geezer, y acordaron dejar
de lado la ficción para relatar cosas que estuvieran pasando en el mundo. Eso
explica que en el single del álbum, «TV Crimes», la letra fuese una crítica
a los telepredicadores, esas personas que utilizaban programas de televisión
para propagar el cristianismo y la palabra de Dios, y que fueron muy popu-
lares durante aquellos años en Estados Unidos. Es un tema rápido, oscuro y
con mucha garra y que suena más a la época de *Heaven and Hell*.

«Letter From Earth» es una carta que envía el protagonista a Dios para
que ayude a solucionar los problemas de la Tierra, y en lo musical es uno de
los más pesados y robustos del trabajo. «Master of Insanity», en la que el bajo

tiene un gran protagonismo, coquetea con el metal progresivo y habla de ese lado malvado que todos supuestamente tenemos. «Too Late», quizá de las más complejas y diversas de *Dehumanizer*, tiene una letra de influencia faustiana en la que el protagonista hace un pacto con el diablo para conseguir todos sus deseos. Cuando ya lo tiene todo, quiere romper el trato y acaba pagando con su vida. «I» utiliza un riff más sureño y una base rítmica muy contundente para contar las críticas que debe sufrir un músico por hacer heavy metal. En lugar de deprimirse por ello, usa esos malos comentarios como impulso para seguir adelante, que fue una filosofía que emularon bastantes grupos de heavy en sus letras para defender todos los valores de esta música.

«Time Machine» acabó en la banda sonora de la comedia *El mundo de Wayne* (1992), cuyo álbum fue número 1 en Estados Unidos, y es el único tema que grabaron antes de las sesiones en Rockfield Studios con Reinhold Mack. Lo acabaron regrabando para que el sonido fuera coherente con el resto de canciones, aunque la versión original, que es la que aparece en la película, fue publicada en la edición de lujo de *Dehumanizer* en 2011.

Cierra el álbum «Buried Alive», que suena claramente a un tipo de música que estaba explotando justo en los años noventa: el grunge. «No estuvimos influenciados por el grunge. Los grupos de grunge fueron obviamente influenciados por nosotros, y he escuchado a muchos de ellos decirlo unas cuantas veces», explica Iommi. Aunque no lo dice directamente, uno de esos grupos a los que se refiere es Nirvana, que fue quien puso de moda el género. De hecho, el propio líder de la formación, Kurt Cobain, reconoció que la música de Nirvana era una mezcla de The Beatles y Black Sabbath. Aunque no se refería exactamente a los Black Sabbath de Dio sino a los de Ozzy, que todo un ídolo de masas como Cobain citara al grupo de Iommi como uno de sus referentes ayudó sin duda a que Sabbath fuera descubierto por otro tipo de público. Era la época en la que Pearl Jam, Soundgarden o Alice In Chains estaban triunfando. Todos esos grupos, junto con Nirvana, compartían algo: hablaban de la sociedad del desencanto, de unos jóvenes decepcionados por los tiempos

«Time Machine» es la canción que formó parte de la banda sonora de la comedia *El mundo de Wayne*.

Mötley Crüe está considerada como una de las bandas más importantes de la escena «glam».

que estaban viviendo, un símil que recuerda mucho a los mismos orígenes de cuatro chavales humildes de Birmingham que decidieron juntarse para hacer música en los setenta. La del grunge fue la reacción a géneros como el rock melódico o el glam rock, con Bon Jovi, Mötley Crüe o Poison a la cabeza y, de forma más tangencial también con otros como David Bowie, Elton John o Iggy Pop. Mientras que todos estos alardeaban de producciones escénicas exuberantes, cuidaban y explotaban su imagen (son famosas en esta década las estampas de hombres musculosos, de pelo largo lustroso y cardado) y hablaban de sus logros sexuales, de las drogas o el dinero, el grunge quería derribar esos mundos idílicos con una dosis de realidad, con letras de mayor conciencia social y que no cosificaban a la mujer. No hay más que comparar «Come As You Are» de Nirvana con «Girls, Girls, Girls» de Mötley Crüe.

El equivalente al grunge pero aplicado al heavy metal fue el surgimiento de bandas como Pantera, Machine Head o Sepultura, que practicaban una música más extrema que sus predecesores, con mucha rabia, energía y sonidos más agresivos.

Por tanto, al albur de esta nueva ola musical, *Dehumanizer* dio en el clavo con unas letras más mundanas y críticas, una música más afilada y un estilo más cercano a los Black Sabbath oscuros y pesados de los primeros discos. Salió a la venta en junio de 1992 y se convirtió en el álbum más exitoso de la banda de los anteriores diez años. Llegó al Top 30 en Reino Unido y, más importante, escaló al Top 40 en Estados Unidos, algo que el grupo no conseguía desde que Dio cantaba en la formación.

Sin embargo, incluso antes de que saliera a la venta, se habían vuelto a formar dos bandos en el grupo: Ronnie y Vinny por un lado y Tony y Geezer por otro. Y el problema era que no se hablaban los unos con los otros.

La gira de *Dehumanizer* arrancó en Brasil al día siguiente de que el álbum llegara a las tiendas. Al mismo tiempo, volvieron también los viejos demonios: la cocaína en el caso de Iommi, el alcohol en el de Geezer y la decepción por parte de Dio, que esperaba que en los diez años que habían pasado sus compañeros hubieran madurado y sentado la cabeza.

Paralelamente, Ozzy Osbourne, que llevaba todos los años ochenta y parte de los noventa triunfando a lo bestia con su carrera en solitario, anunció que se retiraba. Llevaba un tiempo sufriendo temblores, dificultades para hablar y mucho cansancio. Le diagnosticaron esclerosis múltiple y llegó a pensar que le quedaba poco tiempo de vida. Su reacción fue recurrir a las drogas y al alcohol, e incluso confiesa que intentó suicidarse en varias ocasiones atiborrándose a pastillas. No estaba bien ni física ni mentalmente y Sharon le propuso ir a un especialista a Boston. Ozzy pensó que se refería a un psicólogo para tratar su adicción a las drogas, pero en realidad era un médico experto en enfermedades degenerativas. Cuando le examinó y tras hacerle varias pruebas, le dijo que no tenía ni esclerosis múltiple ni parkinson, pero que, sin duda, sufría de síntomas asociados a ambas enfermedades[11]. La conclusión a la que llegaron entonces fue que había castigado tanto su cuerpo durante tantos años con las drogas y el alcohol que había desarrollado esos achaques aunque, paradójicamente, le dijeron que estaba bien de salud. No obstante, Ozzy consideró esto como un aviso y decidió retirarse e intentar llevar una vida sana. La nota de prensa aclaraba que no volvería a dar conciertos, pero sí seguiría grabando discos.

Así, en 1992 organizó una gran gira para promocionar su último álbum, *No More Tears*, y la tituló con el juego de palabras *No More Tours* («No más giras»). «Aquello era todo. Estaba listo. El fin. Había estado en la carretera durante 25 años. Era como un ratón en una rueda: disco, gira, disco, gira, disco, gira. Quiero decir, me compré unas cuantas casas y nunca podía vivir en ellas», explica Ozzy haciendo referencia a que no tenía tiempo libre para disfrutar la fortuna que había amasado con los años.

Los días 14 y 15 de noviembre de 1992 serían sus dos últimos conciertos. Ambas citas fueron en Costa Mesa, California, y Sharon pensó que sería buena idea llamar a Black Sabbath para que actuaran de teloneros de Ozzy.

---

(11) *Décadas más tarde, ya en 2019, Ozzy fue diagnosticado con Parkinson.*

El broche al último concierto de todos, el del 15 de noviembre, sería
cuando Ozzy tocara cuatro canciones junto a sus excompañeros. Pero
todo no fue tan fácil, claro: «No voy
a hacer eso. No voy a ser el telonero
de un payaso», afirmó rotundamen-
te Ronnie. A pesar de la advertencia,
Black Sabbath decidió seguir adelante con la esperanza de que el vocalista
cambiaría de parecer cuando llegase
el momento. No fue así, por lo que
tuvieron que buscar a un sustituto
para esos dos conciertos. La prime-

No More Tears, disco que serviría para
la teórica gira de despedida de Ozzy.

ra elección fue Tony Martin, pero no logró tramitar su visado a tiempo.
Acabaron recurriendo a Rob Halford, que acababa de marcharse de Judas
Priest, y era uno de los vocalistas con los que Iommi siempre quiso trabajar.
Incluso Bill Ward se unió a la fiesta porque los únicos Black Sabbath que él
contemplaba eran con Ozzy al frente, y por fin podría volver a tocar junto a
él aunque fuese solo media hora durante una noche.

Los dos conciertos con Rob Halford quedaron en anécdota, aunque lograron elaborar un repertorio de once canciones de las eras de Ozzy, Dio
y Tony Martin. Iommi asegura que Halford lo hizo muy bien a pesar de
los nervios y el poco tiempo que tuvo para
preparar las canciones. De hecho, tuvo
que recurrir a un teleprónter, un monitor
en el que aparecían las letras de los temas.
Acabó fallando, por lo que tuvo que improvisar en un par de ocasiones.

Por supuesto, el cameo de Rob Halford y la actuación de Ozzy junto a Iommi, Geezer y Bill fue un regalo para los
fans que quedó para el recuerdo (y para
YouTube, donde puede encontrarse fácilmente), pero trajo dos consecuencias. La
primera, que Sharon estaba tramando una
última gran reunión con la formación de
los miembros originales de Black Sabbath

Rob Halford, vocalista de la banda
británica Judas Priest.

para que su marido acabara su carrera en directo por todo lo alto. La segunda y más importante en el corto plazo: Ronnie estaba tan dolido que decidió abandonar Black Sabbath. «Cuando sintieron que era más importante ganar el dinero que Ozzy les ofreció para ser sus teloneros, yo no estaba nada de acuerdo. Cuando decidieron seguir adelante y hacerlo con Rob Halford, me demostraron lo importante que yo debía ser para ellos como persona. Pero no importa lo que pensaran. No quería formar parte del circo que iba a armarse esa noche», explicó Dio años más tarde. También cuenta que nunca nadie le preguntó por qué se negaba a participar en aquello y, por tanto, que es algo que no hablaron directamente.

La marcha de Ronnie quedó algo eclipsada en este caso porque todos los rumores, la prensa y los seguidores estaban esperando que se hiciera oficial el regreso de Black Sabbath con Ozzy. Esa bola de teorías y suposiciones se alargó durante casi un año. Entonces, para sorpresa de todos, se anunció que Black Sabbath estaba trabajando en un nuevo disco y que no lo cantaría ni Ozzy ni Dio. Una mezcla de estupor, desconcierto e incertidumbre rodeó al grupo. Lo que en realidad había pasado es que la esperada gira de reunión estaba casi acordada a falta de la última firma. Sin embargo, tras ocho meses de negociaciones entre Tony, Ozzy, Geezer, Bill, sus abogados y representantes, Sharon envió un fax a pocas horas de formalizarlo todo anunciando que Ozzy se había echado para atrás. Unos dicen que Sharon quería controlarlo todo, otros que Bill quería más dinero, pero al final no hubo reunión.

Ante este panorama, Tony y Geezer se veían en la necesidad de encontrar de nuevo vocalista y baterista. El ex-Rainbow Bobby Rondinelli fue el elegido para la percusión, aunque la primera opción fue Cozy Powell, que rechazó la invitación porque seguía enfadado por el movimiento de Iommi después de lo de su caballo. Para el puesto de cantante Tony propuso llamar a Rob Halford, pero él prefirió centrarse en su nuevo proyecto en solitario, Fight. Por tanto, la elección volvió a ser Tony Martin, que tras publicar un más que discreto álbum solista, no dudó en regresar a Black Sabbath.

Los años de Tony Martin (parte II)

Cross Purposes: la gran reivindicación de Tony Martin

Con la nueva formación ya establecida, la primera mitad de 1993 se la tomaron para componer las nuevas canciones. Iommi recuerda que el proceso fue sencillo y en verano de ese año se metieron a grabar en los estudios Rockfield de Gales, los mismos donde se grabó *Dehumanizer*.

Contaron en la producción con Leif Mases, que había trabajado con Europe, Jeff Beck o Ian Gillan, y que ayudó a Black Sabbath con la canción «Time Machine», del anterior álbum, la que sirvió para la banda sonora de *El mundo de Wayne* (1992).

Al nuevo disco lo llamaron *Cross Purposes*, y el resultado es quizá uno de los mejores trabajos junto a Tony Martin. Lograron encontrar un buen equilibrio entre el timbre más melódico del vocalista y los sonidos más contundentes de Sabbath.

Iommi y Geezer trabajaron juntos en la composición de algunos temas, como «Virtual Death», que arranca con un riff de bajo muy oscuro y que guía a la voz de Martin por un cami-no más tétrico y fantasmal. Otro fue «The Hand That Rocks The Crad-le» («La mano que rompe la cuna»), que fue escogida como single y en la que Martin firma una de sus mejores interpretaciones vocales. La letra, escrita por el propio cantante, trata sobre la asesina en serie de niños Beverley Allitt, que a principios de los años noventa coordinaba la unidad de cuidados neonatales de un hospital al noreste de Birmingham. Fue conde-nada trece veces a cadena perpetua por la gravedad de sus crímenes.

Cross Purposes, uno de los discos más valorados de la era con Tony Martin.

«Cardinal Sin» originalmente se iba a llamar «Sin Cardinal Sin», pero un error de impresión en el libreto del disco acabó acortando el título. Su letra habla de un cura católico irlandés pederasta que estuvo violando a menores durante 21 años.

«Evil Eye» esconde una anécdota relacionada con Eddie Van Halen. El virtuoso guitarrista había fraguado una buena amistad con Iommi con el paso de los años, y como su banda iba a tocar en el pabellón NEC de Birmingham, llamó al líder de Sabbath y quedaron para pasar el rato y tocar un poco juntos. Iommi aprovechó para contarle que estaban preparando un nuevo álbum y le mostró varias canciones, entre ellas «Evil Eye». Se pusie-ron a tocarla juntos y Van Halen interpretó el solo de guitarra. La lástima es que aquello se quedó en los ensayos, nunca lo llegaron a grabar en estudio por lo que el solo que escuchamos en el CD lo interpreta Iommi. «Intenté emularlo pero no pude», dice entre risas el guitarrista, que asegura tener perdida por algún lado en su casa una cinta de casete con la parte de Eddie.

Cross Purposes salió a la venta el 31 de enero de 1994. El daño a la credibilidad de una banda que había cambiado tanto de formación era tan grande que comercialmente su desempeño fue bastante mediocre. Se tuvo que conformar con un Top 40 en Reino Unido, aunque en Estados Unidos sólo llegó al puesto 122.

La gira fue humilde y se extendió desde febrero de 1994 a septiembre del mismo año. En ella se llevaron como teloneros a Motörhead y Morbid Angel para algunos de los conciertos por Estados Unidos, y en general eligieron un repertorio basado en las canciones de la era de Ozzy y de Ronnie. Tan solo interpretaban un par de temas de la etapa con Tony Martin, algo que el propio vocalista tuvo que aceptar porque el grupo decidió ir sobre seguro con una selección de los clásicos más conocidos de Sabbath.

Dieron también cinco conciertos por Japón, y acto seguido volaron a Europa, donde, por primera y única vez en la historia de la banda, no tocaron en Londres. De hecho, solo hicieron parada en tres ciudades inglesas. Al grupo le costaba llenar los recintos en esta época, por lo que quizá los promotores y los representantes fueron más bien precavidos para evitar la mala prensa de un concierto con poco público.

La última parte del tour fue en Sudamérica. Allí el grupo participó como uno de los cabezas de cartel del festival Monsters of Rock, que se celebró en

Motörhead, teloneros de Black Sabbath en su gira por EE.UU.

septiembre de 1994 en São Pau-
lo, Santiago de Chile y Buenos
Aires junto a otras bandas como
KISS o Slayer. Tocaron ante au-
diencias multitudinarias y Bill
Ward quiso sumarse justo para
esas fechas, por lo que en ellas
sustituyó a Bobby Rondinelli.

Tras la pequeña gira de *Cross
Purposes*, Geezer decidió abandonar el barco de nuevo y volver
a tocar junto a Ozzy. El bajista
no terminaba de estar contento

Bobby Rondinelli, baterista de Blue Öyster Cult,
Rainbow y también de Black Sabbath.

y no lo llegó a ocultar en público. En una entrevista de la época, cuando
le preguntaron si se arrepentía de que la gira de reunión de Black Sabbath
con Ozzy no saliera adelante, respondió esto: «Ahora que lo preguntas, sí.
Habría sido genial para los fans más jóvenes, que nunca nos han visto, y también para nosotros, que tendríamos unos cuantos millones de dólares más».

De nuevo, Iommi se había quedado sin su amigo y bajista Geezer, por
lo que pensó que para el siguiente trabajo sería buena idea llamar a Neil
Murray. Por si hubiera vivido pocos cambios de formación, también decidió
sustituir a Bobby Rondinelli y contar de nuevo con Cozy Powell a la batería,
que entonces sí aceptó regresar.

Forbidden: las cosas todavía podían ir peor

A mediados de los años noventa,
y tras el boom del grunge, hubo una
nueva ola de música que triunfaba
en el mundo, sobre todo en Estados
Unidos: el nu metal. Bandas como
Korn, P.O.D o Limp Bizkit estaban
mezclando las diferentes variantes de
heavy metal con otros estilos como
el rap. Intentando aprovechar el ti-

rón comercial de esta nueva generación de artistas, la discográfica de Black
Sabbath, I.R.S., sugirió que para el nuevo álbum contaran con un productor proveniente del mundo del hip hop. Era una declaración de intenciones

Limp Bizkit, representantes del nu metal.

porque, entre otras cosas, la labor de un productor es sacar lo mejor de un grupo e intentar ligarlo a las principales corrientes del mercado para que su música venda más. ¿Quiere decir esto que Black Sabbath exploraría el rap en su abanico musical? Efectivamente.

Ernie Cunnigan, productor musical y guitarrista del grupo Body Count.

El productor elegido fue Ernie Cunnigan, que había trabajado con el rapero Ice-T, además de que tocaba la guitarra en su grupo, Body Count. «Nos dijeron que nos daría más credibilidad callejera porque pensaban que la habíamos perdido», explica Tony Iommi.

Lo primero que hizo Ernie fue decirle a Cozy Powell, uno de los bateristas más reputados del rock en aquellos años, cómo debía tocar su instrumento. «Realmente le ofendió. Cuanto más lo intentaba, más se enfadaba porque no quería tocar así», recuerda Tony. Al parecer, quería que simplificara mucho sus ritmos, sobre todo los golpes de bombo, y se acercara más al minimalismo del rap. No se puede decir que esto sirviera para construir un buen ambiente en el estudio. No obstante, estaban grabando por primera vez desde hacía unos cuantos discos en Estados Unidos, en concreto en Los Ángeles, así que estaban lejos de casa y simplemente decidieron otorgarle el beneficio de la duda al nuevo productor.

El álbum llevó por título *Forbidden*, «prohibido» si traducimos al español, y, de lejos, es uno de los peores valorados de toda la discografía de Black Sabbath, empezando por ese dibujo que lleva por portada, en el que vemos a la muerte con su guadaña vestida de rojo y azul. Parecía más una caricatura de Black Sabbath y eso que algunas cubiertas como las de *Paranoid* o *Sabotage* ya habían puesto difícil hacer algo peor. En el fondo, la portada de *Forbidden* representa un poco lo que escuchamos en su interior: un grupo que era difícil tomar en serio y que había perdido por completo el norte.

El primer corte en sonar es «The Illusion of Power», que arranca con un arpegio muy oscuro y con un Tony Martin medio gritando, medio cantando. Después de ese tétrico estribillo repetitivo, que suena claramente influenciado por el rap, escuchamos al propio Ice-T, que se despacha con una breve parrafada sobre unos arreglos de doble pedal que debieron desconcertar a los seguidores que sentían curiosidad por escuchar a qué sonaba lo nuevo de Black Sabbath, un grupo con casi 30 años de trayectoria por entonces.

La siguiente en sonar era «Get a Grip», cuyo riff principal recuerda demasiado al de «Love in a Elevator» de Aerosmith que, curiosamente, había sacado un álbum un par de años antes que se llamaba Get a Grip. Quién sabe, quizá la discográfica de Sabbath quería conseguir el mismo efecto que tuvieron los raperos Run - DMC en la carrera de Aerosmith con la canción

«Walk This Way». Publicada en 1986, se convirtió en un hit internacional y sirvió para revitalizar e impulsar de nuevo a la banda de Steven Tyler y Joe Perry.

Otra de las más detestadas es «Shaking Off The Chains», que es una mezcla extrañísima de rap metal que parece más la típica idea que termina descartándose después de varios ensayos, con la diferencia de que acabó publicada en un álbum de Black Sabbath.

No todo en *Forbidden* es tan malo. La balada «I Won't Cry For You», la pesada «Sick and Tired» o la que clausura el álbum, «Kiss of Death», son algunas de las más inspiradas, aunque quedan lejos de los mejores momentos de Black Sabbath. Cuando el propio Iommi dijo esto sobre el CD, la cosa estaba más que clara: «El sonido no era muy bueno en nada y no acabé nada contento con ese disco. Ninguno de nosotros lo estaba».

En realidad pasaban dos cosas. La primera, que *Forbidden* era el último trabajo comprometido con la discográfica. Iommi quería acabar su contrato con ellos cuanto antes porque consideraba que no pusieron los recursos suficientes en los cuatro anteriores y en este ni siquiera se molestaron en hacer mucha promoción.

La segunda era que, finalmente, se estaba cociendo la esperada reunión con Ozzy, y Tony Martin se enteró: «Bueno, me gustaría decir que *Forbidden* es una mierda, pero en realidad no lo es. Las canciones funcionaban bien en los ensayos, pero entonces las cosas se empezaron a poner muy políticas y me enteré de que había en marcha una reunión con Ozzy».

Forbidden salió a la venta el 1 de junio de 1995 y, para sorpresa de nadie, fue un desastre de ventas. Llegó al puesto 71 en Reino Unido y apenas logró 20.000 copias en la primera semana a la venta en Estados Unidos. Es cierto que en mercados como Suecia o Alemania funcionó mejor, pero, a grandes rasgos, Black Sabbath volvió a tocar fondo con el que acabaría siendo su último álbum hasta casi 20 años después.

A pesar de las malas cifras, el grupo arrancó gira mundial en junio de ese mismo año. En las citas por Estados Unidos estuvieron acompañados por Motörhead y Tiamat, aunque Iommi reconoce que lo que más recuerda fueron las bromas entre él, Cozy y el resto del staff de la banda. Cozy, por cierto, decidió marcharse en mitad de la gira porque no soportaba la dirección que había tomado la banda. Fue sustituido por Bobby Rondinelli. Al final tuvieron que cancelar varias semanas del tour porque Tony se sometió a una operación del túnel carpiano de su mano. ¿Podía pasar algo más?

Sin duda, este fue el golpe definitivo a una formación que se rompió entonces y que nunca más volvió a reunirse. Sin embargo, a la vuelta de la esquina estaba el esperado reencuentro con Ozzy.

La esperada reunión con Ozzy

Todo comenzó gracias a Perry Farrell, líder del grupo Jane's Addiction y también creador del festival de música estadounidense Lollapalooza, uno de los más grandes del mundo. Sharon Osbourne le propuso a Perry que tuvie-

Ozzfest, un festival hecho por y para Ozzy.

ra en cuenta a Ozzy como artista para tocar en la edición de 1995, pero la respuesta fue que su marido «no era guay» y que era «un dinosaurio» como para entrar en el cartel. Sharon entró en cólera y, lejos de resignarse, decidió montar su propio festival. El resultado se llamó Ozzfest y la idea era muy sencilla: un festival que encabezaría Ozzy, pero en el que además tocarían todos los grupos de moda del momento.

Después de la que en teoría iba a ser su última gira y de unos meses de reposo ejerciendo de padre de familia en una casa de campo de Reino Unido, Ozzy le pidió a Sharon volver a tocar en directo. «Me aburrí y pensé: "¿Cómo voy a retirarme a los 46 años?"», explica Ozzy, que también aclara que se dio cuenta de que todo el tren de vida que llevaba ahora lo estaba costeando con sus ahorros, por lo que tarde o temprano iba a necesitar una nueva fuente de ingresos. En concreto, le pidió a Sharon tocar en «uno de esos festivales americanos». Su mujer y representante probó suerte con Lollapalooza, pero, ante el rechazo, nació Ozzfest.

La primera edición se celebró en septiembre y octubre de 1996 en tres ciudades diferentes: Ontario (Canadá), Phoenix y San Bernardino (Estados Unidos). Además de Ozzy, tocaron otras grandes bandas como Slayer, Danzig o Sepultura. Fue todo un éxito, por lo que Sharon decidió convertirlo en un festival anual e itinerante.

Así, en 1997 quiso ir un paso más allá: el gran cabeza de cartel sería Black Sabbath con sus miembros originales, incluyendo Ozzy. Y no solo para un único concierto, sino para una gira con 21 fechas por Estados Unidos e incluso la grabación de un DVD en vivo. Todos los integrantes de Sabbath estuvieron de acuerdo, salvo Bill, que decía no encontrarse bien entonces, por lo que acabó siendo sustituido por el baterista de Faith No More, Mike Bordin. Junto a Black Sabbath, Ozzfest 1997 contó con el propio Ozzy en solitario, Pantera o Marilyn Manson, entre otros. Acabó siendo el festival con más recaudación en Estados Unidos de aquel año, desbancando a Lollapalooza. «Chupaos esa. ¿Quién es el guay ahora?», decía encantada Sharon.

El remate fue cuando Black Sabbath anunció dos conciertos en su Birmingham natal en el famoso pabellón National Exhibition Centre (NEC), con capacidad para más de 15.000 personas, para los días 4 y 5 de diciembre de 1997. En estas citas Bill sí decidió tocar junto a sus compañeros y el grupo aprovechó para grabar lo que acabó siendo *Reunion*, un disco y DVD en directo por el que acabaron ganando su primer Grammy en 1998. Fue la manera que tuvo la industria de premiar el regreso de una formación que no daba un concierto completo desde hacía 20 años. En ese álbum, además, la discográfica sugirió que incluyeran dos canciones nue-

Mike Bordin sustituyendo a Bill Ward en la batería.

vas para alimentar más la llama del regreso. Tony estaba en Los Ángeles mezclando el CD junto al productor e ingeniero Bob Marlette. Solo estaban ellos dos, por lo que Bob programó unas baterías sobre las que Iommi empezó a idear riffs. Poco después llegó Ozzy, que decidió involucrarse con la letra y grabaron tanto las guitarras como las voces en un día. «Fue muy rápido, no tuvimos tiempo para rumiarlas, pero el tipo de Sony Records estaba ahí fuera, esperando escuchar los temas nuevos», dice Tony. Bill y Geezer acudieron también a grabar sus partes y el resultado fueron dos cortes, «Psycho Man» y «Selling My Soul». «No acabé contento con ellas. Podrían haber sido mejores si hubiéramos tenido más tiempo para prepararlas», concluye Iommi.

Tanto la prensa como los seguidores estaban encantados con la vuelta de la banda, y nuestros protagonistas se mostraban también contentos. De hecho, Geezer llegó a decir que la formación original es imbatible e irreemplazable. Los conciertos funcionaron muy bien y la pregunta que ahora les hacían a Iommi y compañía es si iban a dar el próximo paso, es decir, grabar nuevo álbum de estudio. Todos fueron precavidos y dieron a entender que irían poco a poco, ensayando y viendo si surgía la química para hacer un disco nuevo.

En 1998 siguieron dando conciertos juntos. En verano de aquel año estuvieron tocando por diferentes festivales europeos, incluyendo una cita en el Rock'amplona Festival el 22 de junio en San Sebastián (España). Bill no estuvo presente en estas actuaciones por el viejo continente, y su lugar lo ocupó Vinny Appice, aunque sí decidió participar en la gira estadounidense a finales del 98 y principios del 99. Empezaron confirmando 22 conciertos por Estados Unidos, pero la cosa acabó derivando en 28 fechas más con una nueva edición del Ozzfest, 12 más solo como Black Sabbath en agosto y, finalmente, 10 más por Europa a final de año.

Durante 1999 continuaron con la misma tónica, esta vez con la excusa de promocionar su más reciente lanzamiento, Reunion. Black Sabbath volvió a liderar una nueva edición del Ozzfest en Estados Unidos, y Sharon decidió anunciar estas apariciones del grupo como *The Last Supper* («La Última Cena»), un velado aviso de despedida. Posiblemente nadie se creyera que fuera a ser la última gira de Black Sabbath, sobre todo por el precedente que sentó Ozzy cuando dijo que no volvería a dar más conciertos, pero Sharon era una mujer de negocios y sabía cómo generar expectación.

6. Años 2000: la gran traca final

Siguen los conciertos y Ozzy
se hace una estrella de la televisión

La nueva década la inauguraron tomándose un descanso de un año, quizá para hacer que la gente creyera que sí era la última gira. Así, en el año 2000, aparte de recibir el Grammy por «Mejor actuación metal» por «Iron Man» de su disco *Reunion*, solo dieron una pequeña actuación por sorpresa después de un concierto de Ozzy. Fue el 17 de junio en el festival KROQ Weenie Roast de Los Ángeles, California. La idea era que, cuando Ozzy acabara su concierto, el escenario giraría sobre sí mismo y aparecería de repente Black Sabbath para cerrar por todo lo alto con un breve repertorio de unos 20 minutos. Empezaron con «War Pigs», pero durante el proceso de «cambio» de escenario todos los cables del amplificador de Tony Iommi se desconectaron, por lo que fue una sorpresa algo ensombrecida por ese fallo técnico. Para salir del paso rápidamente, Iommi tuvo que tocar con el amplificador de Zakk Wylde, entonces guitarrista del grupo de Ozzy. Una anécdota que simboliza perfectamente la trayectoria llena de obstáculos de la banda.

Black Sabbath volvió a la carga en el verano de 2001 con un nuevo Ozzfest. La estrategia promocional ahora era advertir que después de estos conciertos habría nuevo disco de estudio. De hecho, se pusieron manos a la obra con él y, al parecer, compusieron seis canciones tras pasar varias semanas de convivencia juntos. Incluso eligieron productor, Rick Rubin, mítico en la carrera de Slayer, aunque también conocido por su trabajo junto a Red Hot Chili Peppers o Johnny Cash, con quien había ganado un Grammy en 1998. Sin embargo, Iommi cuenta que Ozzy volvía a estar distraído, con pocas ganas de trabajar, lo que le recordó a su última etapa antes de abandonar Sabbath. En su defensa, Ozzy dice que se sentía muy presionado por las expectativas ante un nuevo álbum de Black Sabbath, y que estaba tan nervioso

En 2002, la MTV decidió emitir un *reality show* sobre la vida de Ozzy y su familia.
Se llamó *The Osbournes*.

que vivía a base de diazepam, un famoso relajante muscular, y otros analgésicos. El disco nunca llegó a ver la luz, aunque Iommi reconoce que guarda las demos de aquellos temas en alguna parte.

Lo que pasó después fue un giro inesperado de los acontecimientos (otro más). En 2002, la MTV decidió emitir un *reality show* sobre la vida de Ozzy y su familia. Se llamó *The Osbournes* («Los Osbourne») y fue un experimento que tenía un precedente en 1997, con un documental llamado *Ozzy Osbourne Uncut* («Ozzy Osbourne en bruto»), que relataba la vida doméstica del vocalista que acababa de regresar a Black Sabbath. Lo emitieron en la televisión pública de Reino Unido y en Travel Channel, un canal de televisión por cable de Estados Unidos. «La gente se volvió loca con el documental. Al año siguiente de que saliera, lo volvieron a pasar por la televisión una y otra vez», cuenta Ozzy.

Siguiendo el éxito de este documental, la MTV propuso a Ozzy grabar un episodio de su *reality Cribs*, en el que cada episodio el equipo del programa visitaba la mansión de un famoso diferente. Fue otro bombazo: «Sí, soy ese loco rockero que mordió la cabeza de un murciélago, pero también tengo un hijo al que le gusta cambiar los ajustes de mi televisión, y cuando voy a hacerme una taza de té, me tumbo con los pies en alto e intento ver un programa del Canal Historia, no puedo hacer que el jodido aparato funcione. La gente alucinaba con ese tipo de cosas», cuenta Ozzy intentando explicar su éxito televisivo que, como vemos, justifica por el supuesto deseo de la gente de ver a un dios del rock teniendo una vida bastante terrenal, con sus defectos y virtudes. Por cierto, lo de la cabeza del murciélago es una de las anécdotas más célebres de Ozzy, que sucedió en su etapa en solitario y que por ese motivo no hemos

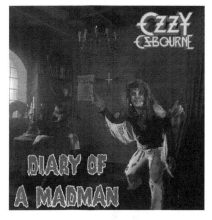

desgranado en estas páginas. Sin embargo, básicamente, el 20 de enero de 1982, durante un concierto de la gira de su álbum *Diary of a Madman*, los fans tenían por costumbre tirarle cosas a Ozzy, algo que se originó porque, en este tour, el cantante decidió usar una catapulta en el escenario y arrojar carne y otras vísceras al público. La gente le tiraba de todo como respuesta y, en el concierto de Des Moines (Estados Unidos), le lanzaron un murciélago de verdad. Él pensó que era de peluche, así que le mordió la cabeza. El resto es historia, incluyendo su visita posterior al hospital para que le pusieran la vacuna de la rabia.

Volviendo al asunto de la televisión: tras lo de *Cribs*, su esposa Sharon vio una oportunidad de oro en todo esto y negoció con la MTV para conseguir un programa propio centrado en su marido, sus hijos y ella misma. Ozzy cuenta que antes de que las grabaciones empezaran, tuvieron una reunión familiar para ver si todos estaban de acuerdo. Ozzy y Sharon tienen dos hijas, Aimee y Kelly, y un hijo, Jack. Los tres sabían lo que implicaba tener unos padres que se dedican al mundo del espectáculo, pero esto era otro nivel. Jack y Kelly aceptaron participar en el *reality*, pero Aimee prefirió mantenerse al margen para preservar su vida íntima.

A finales del 2001, la MTV instaló toda una oficina y una sala de control en el garaje de la mansión de la familia. Varios equipos de cámaras perseguían en todo momento a los Osbourne: «Debo admitir que fue divertido durante una semana o dos. Era divertido tener a toda esa gente nueva en casa, y eran buenos tipos, se convirtieron como de la familia después de un tiempo. Pero luego fue como, «¿cuánto tiempo va a durar esto?» Si hubiera sabido en ese momento que aquello iba a durar tres años, me habría disparado en los huevos para evitarlo. Pero no tenía ni idea», confiesa Ozzy.

Efectivamente, el artista no tenía ni idea que *The Osbournes* se iba a convertir en una sensación televisiva de proporciones gigantescas en Estados Unidos: «Cuando logras un hit en la televisión de Estados Unidos, es lo máximo a lo que puedes aspirar en términos de fama. Más que una estrella del cine. Más que un político. Y mucho más que siendo el excantante de Black Sabbath». Ozzy cuenta que a partir de ese momento ni él ni su familia podían salir a la calle sin que nadie les parase a pedirles una foto o un autógrafo. Incluso él y Sharon fueron invitados a la cena de la Asociación de Corresponsales de la Casa Blanca con George Bush. El entonces presidente de Estados Unidos hasta llegó a mencionar explícitamente a Ozzy en su discurso de bienvenida. Su reacción fue levantarse y gritar «yeeeaaah!» con la boca desencajada y movido por la alegría (y el vino). Un momento curioso e histórico que puede encontrarse fácilmente en YouTube.

Pero el fenómeno *The Osbournes* no paró en Estados Unidos. El programa fue también un éxito en Reino Unido, y Ozzy pasó de ser un viejo rockero a una estrella de la televisión de primer nivel en su país. Acabó siendo recibido por la Reina de Inglaterra, Isabel II, Tony Blair, Elton John y una larga lista más de gente famosa.

La audiencia no paraba de crecer y el número de cheques que recibían tampoco, y es que, sin duda, aquel experimento de la MTV había sido un éxito. No obstante, Ozzy no tardó en acusar la fama y el estrés de vivir en una casa vigilada las 24 horas por cámaras de televisión. «En el verano de 2002 parecía que *The Osbournes* era el mayor fenómeno del planeta. Y el estrés me estaba matando, así que empecé a emborracharme a diario». Al alcohol había que sumar sedantes, antidepresivos, anfetaminas, antipsicóticos y una macedonia de otras pastillas. «Me estaba tomando una cantidad increíble de drogas. La mitad de las pastillas eran para cancelar los efectos secundarios de las otras», confiesa Ozzy. Todo este proceso fue televisado, y millones de personas pudieron ver a un Ozzy errático y al que apenas se le entendía hablar. Había pasado de ser el papá rockero y cascarrabias que hacía gracia a alguien que daba más bien pena.

Aparte de la dificultad para hablar, volvió a sentir temblores en su cuerpo, los mismos que experimentó cuando decidió retirarse la primera vez. Y, al igual que entonces, fue tremendista y pensó que se estaba muriendo, así que empezó a visitar a unos cuantos médicos. Su mayor miedo era padecer algún tipo de cáncer, por lo que acabó haciéndose hasta una colonoscopia. Llegado el día de la prueba, y antes de que el doctor empezara la exploración, le suministraron un analgésico, aunque parece que no funcionó muy bien a la primera:

- «¿Es eso el interior de mi culo?», preguntó Ozzy.
- «¿Por qué demonios no está usted dormido?», respondió sorprendido el médico.
- «No sé».
- «¿No se siente grogui?»
- «No mucho».
- «¿Ni un poquito?»
- «Nope».

Ozzy tenía tanta tolerancia a las drogas que el doctor tuvo que acabar suministrándole más analgésico para proceder con la colonoscopia. De hecho, para asombro del doctor, hubo que inyectarle tres veces más hasta que se durmió.

Aunque le detectaron varios pólipos, cuando los analizaron le dijeron que todo estaba bien. Sin embargo, Ozzy animó a su mujer, Sharon, a que también se hiciera la prueba «porque nunca se hacía ningún tipo de revisión», según el vocalista. Los resultados de Sharon fueron muy malos: tenía cáncer de colon. La operaron para removerle el tumor y entonces se dieron cuenta de que se había extendido por sus ganglios linfáticos, por lo que tenía que someterse a quimioterapia. Ni siquiera entonces quiso que la MTV dejara de grabar el programa. «Esto es un *reality*. No va a haber nada más jodidamente real que esto. Seguid grabando», decía ella.

Fueron momentos duros para toda la familia y, sorprendentemente, también fueron televisados. Por fortuna, el tratamiento de quimioterapia funcionó y Sharon se recuperó, pero aquello fue posiblemente un acontecimiento histórico para la televisión. Como remate ante la desdicha, en el año 2003 Ozzy tuvo un accidente con un quad que casi le cuesta la vida. Se rompió el cuello, se fracturó ocho costillas y tenía los pulmones perforados. También se rompió la clavícula y, en el proceso, esta le seccionó una arteria del brazo. Estuvo en coma casi dos semanas. Al despertar, Sharon quiso darle una buena noticia: la versión de Black Sabbath de la canción «Changes» que Ozzy había grabado junto a su hija Kelly poco antes del accidente llegó al número uno en Estados Unidos. Fue el primer número uno de Ozzy en solitario y, paradójicamente, fue con una canción de Sabbath.

Cuando Ozzy se recuperó, tocó renegociar el contrato con la MTV, pero no llegaron a un acuerdo y en 2005 se acabó la aventura de *The Osbournes*.

Paralelamente a todo esto, siguieron pasando cosas alrededor de Black Sabbath. Cozy Powell murió en un accidente de tráfico en 1998; Tony había formado un bizarro grupo de pop llamado Belch junto a Bev Bevan (baterista de Electric Light Orchestra) y el cómico Jasper Carrot, que fue el vocalista. En el año 2000, Iommi también pudo publicar por fin su primer disco en solitario. Recordamos que *Seventh Star* pretendía serlo, pero tuvo que ser publicado como uno de Black Sabbath. Contó con diferentes cantantes para cada canción, entre los que cabe destacar a Billy Corgan (Smashing Pumpkins), Phil Anselmo (Pantera), Dave Grohl (Foo Fighters) o el propio Ozzy.

Ozzfest volvió a celebrarse en 2004 y 2005 con la formación original de Sabbath. El 26 de agosto de 2004, Ozzy se quedó afónico y no pudo actuar en Camden, Nueva Jersey, por lo que acabó siendo sustituido por Rob Halford, que volvió a tomar el micro de Black Sabbath después de aquellos conciertos de 1992. Fue casualidad porque Judas Priest, la banda de Halford, también participaba en el Ozzfest y pudo aprenderse todas las canciones del repertorio de Sabbath. Eso sí, tuvo que hacer doblete aquella noche. Además, Black Sabbath tocaba justo después de Judas Priest, por lo que seguro que fue un gran esfuerzo para el vocalista.

En el año 2006, y tras ocho nominaciones, Black Sabbath por fin fue incluido en el Salón de la Fama del Rock and Roll, que es uno de los grandes hitos para toda gran banda de la historia. Tal vez no lo era para Ozzy, que en 1999 escribió esto en una carta pública al respecto: «Quitad nuestro nombre de la lista. Ahorraos la tinta. Olvidaos de nosotros. La nominación no tiene sentido porque no votan los seguidores. Vota la supuesta élite de la industria y la prensa, quienes nunca han comprado un disco o una entrada para un concierto en su vida, así que su voto es irrelevante. Asumámoslo, Black Sabbath nunca ha sido un grupo querido por los medios. Somos un grupo del pueblo y eso nos parece más que suficiente». Iommi, en cambio, se mostró muy agradecido: «Fue un gran honor y estoy muy orgulloso de ello».

Durante ese mismo año en el que Tony, Ozzy, Geezer y Bill fueron reconocidos por lo que habían logrado con Black Sabbath, comenzó a cocerse a fuego lento otra reunión.

Heaven and Hell, el último gran grupo con Dio

Los años noventa no fueron buenos para Ronnie James Dio. Su estilo musical quedó totalmente eclipsado por los nuevos géneros que estaban de moda: el nu metal y el grunge. Mientras que Black Sabbath pudo sobreponerse a ello gracias a la reunión junto a Ozzy, él vio que su música dejó de interesar a la prensa y a los seguidores. Es paradójico teniendo en cuenta que el símbolo de los cuernos hechos con la mano, que él acuñó, era ahora universal en cualquier concierto de rock o metal.

Tras los fracasos comerciales de los noventa, Dio publicó en el año 2000 *Magica*, un disco conceptual que habla de un planeta llamado Blessing («Bendición», en español) en el que fuerzas malvadas vaporizan a la gente en «energía negativa». Tal vez porque se dejó llevar sin importar qué tipo de música hacía, el álbum funcionó muy bien en Estados Unidos y en Europa, y en 2004 publicó nuevo trabajo, *Master Of The Moon*, que le sirvió para cerrar una larga gira mundial junto a Anthrax.

Portada de *Magica*, el disco que publicó Dio en el año 2000.

Ahora que Dio parecía haber captado de nuevo el interés de la gente, las discográficas Universal y Warner decidieron que era buen momento para publicar un álbum recopilatorio de Black Sabbath centrado en la época de Ronnie. Se llamó *Black Sabbath: The Dio Years* («Black Sabbath: Los Años de Dio»). Cuando a Tony Iommi le comentaron la idea, se le ocurrió proponerle a Ronnie grabar dos nuevas canciones para darle un poco más de interés al lanzamiento. Al vocalista le

pareció bien y voló hasta California para reunirse con Tony y componer los nuevos temas junto a él. La química entre ambos volvió a surgir y, en vez de hacer dos nuevas canciones como acordaron con las discográficas, escribieron tres: una lenta («Shadow of the Wind»), una medio tiempo («The Devil Cried») y una rápida («Earl in the Wall»). «Algo para todos», explicaba Iommi pensando en el público. Cuando las tenían armadas, Geezer fue con ellos para grabar sus partes. Tony entonces le preguntó a Bill si estaría interesado en participar. Dijo que sí, pero, al parecer, la cosa no funcionó y necesitaban grabarlas rápido para cumplir la fecha límite que les había puesto la discográfica. Por tanto, el siguiente en quien pensó Iommi fue Vinny Appice, que fue el baterista que grabó *Mob Rules* y *Dehumanizer*, los dos últimos discos de la era Dio (Bill grabó *Heaven and Hell*, el primero). Vinny aceptó y grabó las tres canciones.

Ozzy y Sharon Osbourne.

Black Sabbath: The Dio Years salió a la venta en abril de 2007 y funcionó razonablemente bien en ventas para tratarse de un recopilatorio. Incluso un gran promotor canadiense se acercó a la banda para preguntarles cuándo iban a salir de gira juntos. El problema es que no podían usar el nombre de Black Sabbath porque legalmente le pertenecía a Sharon Osbourne, que le compró los derechos a Tony en 1992, cuando el guitarrista necesitaba dinero para pagar la fianza de 75.000 dólares que le habían puesto al detenerle en Sacramento. Su exmujer Melinda le denunció por no pagar la pensión de su hija, algo muy grave en la época, y le detuvieron cuando faltaban 48 horas para el primero de los conciertos de Black Sabbath en Costa Mesa, aquellos en los que iban a telonear a Ozzy en su «despedida». Al parecer, Sharon envió un jet privado con un abogado y el dinero de la fianza para poder liberar a Iommi, que aceptó a cambio de vender los derechos del nombre Black Sabbath a la mujer de Ozzy. Sin duda, fue una jugada maestra de Sharon, que ahora tenía la sartén por el mango tras décadas lidiando con el enfrentamiento público entre Black Sabbath y la carrera en solitario de su marido. Por supuesto, Sharon no iba a permitir que Tony, Dio, Geezer y Vinny usaran el nombre de Black Sabbath para dar conciertos. En su mente, los únicos Sabbath válidos eran aquellos con Ozzy al frente y tocarían cuándo y dónde ella decidiera.

Así las cosas, Tony y los demás, ante la imposibilidad de usar la marca Black Sabbath, decidieron anunciarse simplemente usando sus nombres propios y llamando a la gira «Heaven and Hell Tour». Empezaron con seis actuaciones por Canadá en marzo de 2007 junto a Megadeth y Down, pero pronto surgieron muchas más por Estados Unidos, Europa, Australia, México y Japón. No dejaron de tocar prácticamente desde marzo hasta noviembre de ese mismo año. Los promotores anunciaban que era la primera vez en 15 años que los cuatro músicos tocaban juntos y había mucha expectación por verles porque, indirectamente, el público entendía que se trataba de la formación de Black Sabbath con la voz de Dio. Eso sí, solo interpretaban canciones de la era Ronnie, y ni siquiera tuvieron concesiones con hits de la banda como «Paranoid», «War Pigs» o «Iron Man», que no llegaron a incluir en el repertorio a pesar de que el público las pedía.

Al verano siguiente les ofrecieron dar una gira de 17 fechas por Estados Unidos junto a Judas Priest, Motörhead y Testament. En la práctica fue un mini festival itinerante que llamaron Metal Masters. En esta época se les acercó la discográfica Rhino, especializada en acaparar catálogo de artistas clásicos como Led Zeppelin, Aretha Franklin, Frank Sinatra o Fleetwood Mac. Les ofrecieron grabar un álbum y fue ahí cuando surgió oficialmente el grupo Heaven and Hell, que publicó su debut, *The Devil You Know*, en abril de 2009. Iommi cuenta que el proceso de composición fue muy fluido y que todos aportaron y sumaron en cada canción. Grabaron los diez temas en directo, es decir, todo el grupo tocando al mismo tiempo. Esto es algo poco habitual en la actualidad porque se suele grabar todo por partes y se repite lo necesario hasta que quede perfecto. Es cierto que luego ellos aprovecharon para regrabar alguna cosa individualmente, como coros o partes concretas de guitarra, pero que decidieran meterse en el estudio todos a la vez decía mucho de su unión y estado de forma como banda. La previsión era que grabaran en cinco semanas, pero acabaron terminando en tan solo tres. «Cuando lo escuchas puedes apreciar que estábamos muy inspirados y que nos lo pasamos bien grabando y, por tanto, fue genial ver que fue tan increíblemente bien recibido», explica Tony. Efectivamente, *The Devil You Know* alcanzó el puesto número 8 en Estados Unidos, el mejor resultado comercial de Black Sabbath (aunque oficialmente con otro nombre) desde *Masters of Reality*, publicado hacía 40 años.

A sus 67 años, Ronnie no se lo podía creer: «He sido muy afortunado. Formar parte de un grupo famoso en todo el mundo es algo que la mayor parte de músicos solo pueden soñar. Formar parte de dos de esos grupos es casi ser un avaricioso. Pero ver que eres un éxito por tercera vez, y especialmente con tu propio grupo, bueno, como he dicho, me siento extremadamente afortunado».

No obstante, como ya hemos visto a lo largo de la historia de Black Sabbath, algo siempre se acaba torciendo. En noviembre de 2009 Ronnie fue diagnosticado con un cáncer de estómago. Llevaba acusando dolores de tripa desde hacía cinco años. En su momento fue al médico pero le dijeron que solo eran gases. Por tanto, Ronnie empezó a tomar antiácidos porque pensaba que cuando le dolía era porque sufría de algún tipo de indigestión. El dolor fue en aumento con el paso del tiempo, pero Ronnie no quiso volver al médico y seguía tomando antiácidos, cada vez en cantidades más grandes. Sin embargo, a finales de 2009, cuando el dolor era insoportable, las noticias que recibió tras hacerse unas pruebas fueron devastadoras: el cáncer estaba en fase cuatro, la peor de todas, y era inoperable. Empezó a recibir quimioterapia y tratamiento en uno de los mejores hospitales del mundo en Houston, aunque poco a poco detectaron que el cáncer se estaba extendiendo.

A pesar del mal pronóstico médico, Ronnie se mantuvo positivo en todo momento, e incluso se animó a confirmar una gira por Europa con Heaven and Hell en verano de 2010 a la que llamaron «2010 Fuck Cancer Tour» («2010 Que le jodan al cáncer Tour»). Hizo su última aparición en público el 8 de abril de 2010. Fue a recoger un premio a «Mejor cantante de metal» y dio unas pequeñas declaraciones en la alfombra roja. Se le veía muy sereno y habló de lo dura que estaba siendo la quimioterapia, por la que apenas podía comer y que, aun así, confiaba en el equipo médico que le estaba tratando y afirmó: «Me hace ser positivo sobre mi vida y positivo de que hay mucho más por vivir». Fue un mazazo cuando tan solo un mes después de aquello, el 16 de mayo de 2010, su esposa Wendy emitía un comunicado informando de la muerte de su marido. Todo el mundo del rock lloró la pérdida del que es considerado como uno de los mejores cantantes de la historia, aunque fueron especialmente emotivas las palabras de Tony Iommi, que afirmaba encontrarse en shock, que era «una de las mejores personas que podías conocer», que fue «un honor tocar a su lado» y que «su música viviría para siempre». Y concluía: «El hombre con la voz mágica está ahora entre las estrellas, un verdadero profesional. Te echaré mucho de menos, mi querido amigo».

Geezer estuvo acompañando prácticamente hasta el último momento a Ronnie en el hospital. «Sabíamos que el final era inminente. Todos queríamos dar nuestro adiós. Fue un día de muchas lágrimas y reflexión». Cuando se anunció la muerte de Dio, el bajista emitió un extenso comunicado en el que se leían cosas como: «Es imposible expresar en meras palabras la relación que Ronnie y yo, Wendy y mi mujer Gloria teníamos. Él era mucho más que un amigo, más que un compañero de grupo, más que un músico. Si tengo alma, entonces él es parte de ella». Y terminaba: «Era una persona especial, bendecido con una voz y presencia únicas. Por supuesto, su música vivirá para siempre, como su influencia. Que Dios te bendiga, Ronald, gracias por los maravillosos recuerdos».

Incluso Ozzy, que sentía cierta rivalidad hacia Ronnie, publicó sus propias palabras en su honor: «Me entristeció mucho enterarme de la muerte de Ronnie James Dio. El metal ha perdido una de sus grandes voces. Mis condolencias a su familia y a sus muchísimos seguidores».

Sin duda, de todos los finales de las etapas de Black Sabbath, este fue el más triste.

13: el último y nos vamos

Pasó un año y medio hasta que volvió a haber noticias de Black Sabbath. A finales de 2011 y tras meses de pistas, rumores y especulación, Tony, Ozzy, Geezer y Bill dieron una rueda de prensa en la que confirmaron que volverían a tocar juntos en 2012 y que estaban preparando nuevo álbum, el primero con esa formación desde *Never Say Die!*, publicado en 1978. ¡La de cosas que habían pasado desde entonces!

Bajo el mando de Sharon, el plan de marketing no podía ser más redondo. De hecho, estaba todo tan medido que la rueda de prensa fue el 11 de noviembre de 2011, a las 11:11 de la mañana. Incluso el sitio elegido, el famoso Whiskey a Go Go de Los Ángeles, era simbólico, porque fue la sala en la que el grupo tocó por primera vez en aquella ciudad hacía 41 años.

Confirmaron su actuación en grandes festivales veraniegos como Download o Lollapalooza y la gran expectación hizo que las entradas volasen. ¿Qué es lo que pasa cuando a Black Sabbath parece que las cosas le van bien? Eso es. Siempre que hay una subida, hay una gran bajada. En esta ocasión, sucedieron dos cosas. La primera es que, en enero de 2012, Tony Iommi informó de que había sido diagnosticado con un linfoma, un tipo de cáncer que afecta al sistema linfático. A sus 64 años y con la terrible noticia de la muerte de Ronnie James Dio todavía tan reciente, todo el mundo se puso en lo peor, pero, al parecer, el cáncer de Iommi estaba en las primeras fases. Lo detectaron a tiempo, aunque tuvo que someterse a quimioterapia. La principal consecuencia de esto fue que, debido a su débil estado de salud y al cansancio del tratamiento, la que iba a ser una extensa gira de reunión en 2012, se acortó a tan solo los conciertos de Download y Lollapalooza y un tercero en Londres. En su lugar, las fechas en las que en teoría iba a tocar Black Sabbath fueron reemplazadas por un invento llamado Ozzy & Friends («Ozzy y Amigos»), que básicamente se componía de Ozzy y Geezer

junto al guitarrista Zakk Wylde y
otros artistas como Slash, Gus G
o el baterista Tommy Clufetos.
Probablemente fue la solución
que acordaron los promotores
y Sharon para no perder dinero ante la gira cancelada de
Sabbath.

La segunda de las cosas que
pasaron es que Bill Ward emitió un duro comunicado en
febrero de 2012 en el que afirmaba que no sería parte ni de la

El baterista Tommy Clufetos formó parte de la gira
Black Sabbath Reunion Tour, y la gira del álbum *13*.

gira ni del nuevo álbum si no le ofrecían un «contrato que pudiera firmar»,
un claro globo sonda para forzar una negociación. Finalmente, en mayo de
2012, confirmó que no participaría en la nueva etapa de la banda en otro
comunicado en su página oficial de Facebook. La cosa se puso tan fea que
incluso mediante su abogado llegó a pedir que retiraran todas las fotos de
Bill de la web oficial y perfiles en redes sociales de Black Sabbath.

Geezer respondió a Bill con otro comunicado en el que decía: «Me en-
tristece ver que la reunión de Black Sabbath se haya convertido un poco
en un culebrón en internet». Siguió explicando que había sido un año muy
duro para ellos por la noticia del linfoma de Tony, que Ozzy y él habían
estado acompañando al guitarrista, que le apenaba ver el comunicado de
Bill y que sus representantes «habían pedido una cantidad de dinero tan
poco realista que había parecido una broma». Bill contestó pocas horas
después con otro comunicado en el que confirmaba que no solo era una
cuestión de dinero, sino que había «otras partes de la oferta que no eran
satisfactorias», aunque nunca llegó a aclarar cuáles, a pesar de que dijo que
seguiría siendo honesto por los seguidores. Estas acusaciones cruzadas fueron la comidilla de las redes sociales entonces y, desde luego, mancharon la
reunión de Sabbath. En el sector se decía que Bill no podía entender que
Ozzy, que se había convertido en una de las estrellas del rock más importantes del mundo (y también de la televisión), se llevara la mayor cantidad
en el reparto de dinero de esa reunión. Tampoco sería ninguna sorpresa
teniendo en cuenta que su mujer, Sharon, era quien estaba organizando
todo. Sin embargo, en su mente, Bill seguía viendo a Black Sabbath como
un grupo de iguales, aunque en realidad nunca fuera así. No hay que olvi-

dar que incluso cuando todo iba bien, Bill era el objeto de todas las bromas. ¡Si hasta le prendían fuego solo por diversión!

Sea como sea, una parte de los seguidores se negaba a aceptar una reunión de Black Sabbath sin Bill. Desde 1969, por su formación han pasado más de 20 músicos y el único que aguantó siempre fue Tony Iommi. Los más puristas decían que, después de tantas idas y venidas, lo más apropiado sería que Bill estuviera en ese reencuentro. Lo cierto es que, tras ese duro cruce de acusaciones y haber hecho pública la disputa, lo de Bill se veía como algo imposible. Y así fue. El grupo anunció que sería Tommy Clufetos, baterista de la banda en solitario de Ozzy, quien se encargaría de tocar en los tres compromisos que mantuvo Black Sabbath para 2012. Clufetos tiene fama de ser un músico agresivo, con mucha pegada, algo que ya demostró en su trayectoria junto a otros artistas como Alice Cooper o Rob Zombie, así como en los directos de Ozzy.

El primero de los conciertos en celebrarse fue el de Londres, el 19 de mayo. Unas 3.000 personas les acompañaron en el pabellón O2 de la capital inglesa, y tanto las críticas de la prensa como los comentarios de los fans fueron muy positivos. Aparecieron fotos y vídeos de la actuación por Internet y parecía que había un consenso claro: Black Sabbath estaba en una forma espléndida, quizá mucho mejor de lo que se esperaba de unos sexagenarios que llevaban más de 40 años en la carretera. Clufetos se llevó alabanzas por su estilo tan contundente, que pareció encajar bien con la dureza de las canciones de Sabbath.

La siguiente actuación fue la del festival Download, el 11 de junio en Donington, al noreste de Birmingham. Black Sabbath tenía la difícil tarea de clausurar tres días de conciertos en los que habían tocado Metallica, Megadeth o The Prodigy. Además, la lluvia había añadido un extra de cansancio en los seguidores, que en la tercera y última jornada también tuvieron que aguantar frío y viento. Comenzaron nada más y nada menos que con la canción «Black Sabbath», y la recepción fue muy buena. Ozzy, que parecía estar disfrutando especialmente, le dedicó unas bonitas palabras a Tony: «El tipo en el escenario que he conocido la mayor parte de mi vida, y es uno de los tipos más duros que conozco. Un aplauso para Mr. Tony Iommi». El público entendió a lo que se refería y, de hecho, a Iommi no se le notó que estaba sometiéndose a quimioterapia. Nunca fue de moverse mucho por el escenario. Era más de concentrarse y tocar, y eso es lo que hizo aquella noche, y muy bien.

Después del concierto de Lollapalooza a finales de agosto, que fue el único que dio el grupo en Estados Unidos ese año y siguió la buena tónica de los dos anteriores con Clufetos, Black Sabbath se centró en terminar su nuevo álbum. Contaron con Rick Rubin, el mismo productor con el que empezaron a trabajar en aquel disco de 2001 que nunca llegó a ver la luz. Aunque el grupo llegó a decir que «la puerta siempre estaba abierta» para que Bill regresara, nunca lo hizo. Por tanto, tuvieron que buscar baterista para la grabación. Se daba por hecho que iba a ser Clufetos, pero finalmente el elegido fue Brad Wilk, reconocido por su trabajo en Rage Against The Machine, Audioslave y Prophets of Rage, y más afín al metal alternativo que al heavy metal tradicional de Black Sabbath.

Tras unos meses de pequeñas pistas y otras píldoras de información a través de declaraciones y entrevistas a la prensa, finalmente la banda anunció en enero de 2013 los detalles de su esperado nuevo trabajo. Su título sería *13*, y no se refiere al número de álbum en su trayectoria (porque este marca el 19, de hecho), sino que fue la manera que tuvieron de molestar a la discográfica. En palabras de Geezer: «Originalmente la discográfica quería que hiciéramos trece canciones para que tuviéramos donde elegir. Llegamos hasta diez y dijimos, «ok, hasta aquí, no vamos a escribir más». Ellos dijeron «no, queremos trece», así que fue como «vamos a llamar el disco *13* solo para molestarles»… ¡y acabamos haciendo dieciséis temas!».

Geezer explica que grabaron las dieciséis canciones. Primero compusieron diez y se dieron cuenta de que todas eran muy lentas y duras, así que las seis siguientes son más variadas: «una acústica, otras más cercanas al blues, un par de rápidas», resume el bajista. Finalmente, *13* solo contó con ocho cortes, pero en las ediciones de lujo incluyeron cuatro más.

Publicaron el primer single dos meses antes de que saliera a la venta el álbum. Eligieron «God Is Dead?» (¿Ha muerto Dios?»), que arranca tenebrosa con un arpegio de Iommi y una línea de bajo omnipresente. Hay que tener valor para publicar un adelanto de casi nueve minutos de duración, pero aquí escuchamos a unos Sabbath muy oscuros y densos, como siguiendo por donde lo dejaron en sus primeros discos. Tanto la letra como la portada del single son una referencia al filósofo Friedrich Nietzsche, que basó en la frase «Dios ha muerto» su teoría sobre el nihilismo, que concluye que nada tiene sentido.

No es mucho más optimista «End of the Beginning» («El final del principio»), una canción muy lenta y contundente en la que Geezer escribe una letra sobre cómo la tecnología puede acabar con la vida humana tal y como la conocemos, una temática que ya exploró Sabbath desde los años setenta. En concreto, menciona la clonación y se posiciona en contra de ella con versos como «No quieres ser un robot fantasma que ocupa un huésped humano».

Otra de las destacadas es «Loner», más animada y «breve», aunque llega hasta los cinco minutos, y con un riff de guitarra más setentero. «Zeitgeist» parece un guiño a la balada «Planet Caravan» de Paranoid, y es que sigue la misma estructura en acústico, con la voz de Ozzy llena de efectos y pequeños arreglos de percusión.

Una de las más sólidas es justo la que cierra la edición estándar del álbum, «Dear Father», cuya letra escribió Geezer para denunciar los abusos a menores por parte de la Iglesia católica: «Trata sobre un cura pedófilo. Crecí siendo bastante católico y cuando empezamos este disco había una buena montada en las noticias y me impactó mucho. Venía de El Vaticano; habían estado intentando ocultarlo desde los años cincuenta y sesenta. Y, al mismo tiempo, hemos sido criticados por hacer heavy metal o lo que sea, y yo pensaba, "¿Cómo pueden criticar cualquier música cuando son tan hipócritas?"». Además, el tema acaba con los mismos efectos de sonido de lluvia y campanas que suenan en la introducción de «Black Sabbath», incluida en su primer álbum. Tal vez entendieron que así cerrarían ciclo, acabando de la misma manera que empezaron.

13 salió a la venta el 10 de junio de 2013 y fue un éxito comercial sin precedentes. Fue el primer disco de Black Sabbath en llegar al número uno de la lista de ventas de Estados Unidos. Por fin lo consiguieron. «Solo» tuvieron que pasar 43 años para lograr ese hito. Alcanzaron la cima también en otros mercados como en Reino Unido, Alemania o Canadá. Incluso en España, donde es realmente difícil que un grupo de heavy metal destaque en las listas, logró un puesto número cuatro.

Dado que el tratamiento de Iommi estaba yendo bien y se encontraba mejor, prepararon una gran gira mundial para presentar el disco. De hecho, empezaron a dar conciertos en abril, antes incluso de que el trabajo estuviera disponible. Visitaron Australia, Nueva Zelanda, Japón, Estados Unidos, Europa, Latinoamérica y concluyeron el tour en abril del año siguiente.

Se tomaron unos merecidos meses de descanso y en septiembre de 2015 anunciaron «The End» («El Fin»), la última gira de Black Sabbath. Esta vez no parecía ser una estrategia de marketing puesto que el propio Iommi confesó que su cuerpo no podía más: «No puedo hacer esto más. Mi cuerpo no aguantará mucho más. No quiero que el cáncer vuelva a darme la lata. Y todos los viajes involucrados en las giras de Sabbath pasan factura. Por eso vamos a hacer una última gira, para despedirnos. Y entonces será definitivamente el fin. No lo haremos otra vez». En los carteles de estos conciertos se leía «The final tour by the greatest band of all time» («La última gira del grupo más grande de todos los tiempos»), un argumento muy goloso para todas las generaciones que crecieron con la música de Black Sabbath.

La gira comenzó en enero de 2016 en Omaha (Estados Unidos) y acabó el 4 de febrero de 2017 en su Birmingham natal. Se centraron sobre todo en Estados Unidos y Europa, aunque también se despidieron de Latinoamérica, Rusia o Canadá. Faltaron muchos países, entre los que se incluye España, donde, según fuentes cercanas a los promotores más importantes, afirman que el caché de la banda era tan alto que nadie se arriesgaba a traerlos. Se calcula que casi 600.000 personas acudieron a los 81 conciertos de esta gira. La recaudación se estima en torno a casi 42 millones de dólares. El artista que más dinero recaudó de una gira en 2019 fue Ed Sheeran y logró casi 224 millones de dólares. Si miramos el tour más exitoso de 2017, el mismo año que esta gira de Sabbath, sería el de U2, que recaudó 316 millones de dólares. En cualquier caso, no está nada mal la cifra de estos «cuatro pringados» de Birmingham, que además cuentan con casi cinco décadas de historia y que por tantas dificultades han pasado.

El grupo tuvo un último detalle con sus fans. Coincidiendo con la primera fecha de la gira, publicaron un EP llamado *The End* que incluía cuatro nuevas canciones y cuatro grabaciones en directo de temas de 13. No se podía comprar en tiendas ni escuchar en streaming. Sólo podía adquirirse en el puesto de merchandising en cada uno de los conciertos del tour. Como suele ser habitual con este tipo de lanzamientos exclusivos, no tardó en aparecer subido en Internet, pero fue un detalle con el que quizá quisieron adelantarse al fenómeno de los bootlegs, grabaciones no autorizadas que desde los años setenta hacían los seguidores de los grandes grupos y que solían venderse en los conciertos como reliquias porque incluían material raro o fuera del circuito comercial.

La gran pregunta tras el último concierto que dio Black Sabbath en febrero de 2017 en Birmingham es si, efectivamente, será el último.

Con Black Sabbath nunca se sabe

Cuando Tony Iommi anunció en agosto de 2016 que su cáncer estaba oficialmente en remisión, surgió la esperanza de que se reactivase la maquinaria de Black Sabbath tras esa supuesta gira de despedida. Sin embargo, Tony ha

Ozzy publicó en 2020 nuevo disco en solitario, *Ordinary Man*.

seguido diciendo que no puede viajar mucho y, por tanto, a priori quedan descartadas las grandes giras de antaño. Por eso desde entonces siempre ha habido rumores y conversaciones entre bambalinas sobre posibles conciertos esporádicos.

El primer punto que muchos marcaron en el calendario fue el año 2020, en el que tanto los discos *Black Sabbath* como *Paranoid* cumplían 50 años, una fecha demasiado redonda como para no celebrarla por todo lo alto. No ha trascendido si había algo cerrado, pero la pandemia mundial de coronavirus seguro que trastocó todos los planes. En su lugar, el grupo está siguiendo un proceso de reedición de toda su discografía con las canciones remasterizadas, material inédito y otros contenidos exclusivos para los seguidores.

En la actualidad, el integrante de la formación original más activo es Ozzy, que incluso publicó nuevo álbum en 2020, *Ordinary Man*, en el que, como siempre ha sabido hacer, bebe de la sangre nueva para rejuvenecer y actualizar su sonido. En este caso, se apoya en el productor Andrew Watt, nacido en 1990, cuando ya Sabbath estaba en decadencia, e incluye la colaboración de uno de los músicos del momento, Post Malone, protagonista de uno de los hits de trap más importantes del mundo, «rockstar». También participa el legendario Elton John, que canta y toca el piano en una balada cuya letra habla de toda una vida entregada a la música por los fans y que cuenta con un estribillo que lanza un mensaje claro: «no quiero morir siendo un hombre normal». Ninguno de los dos lo es.

La mala noticia es que Ozzy confirmó en enero de 2020 que padece Parkinson. Tras muchos años sufriendo temblores, problemas de memoria y dificultades en el habla, finalmente la enfermedad dio la cara. Antes de saberse oficialmente, en septiembre de 2018, anunció una última gira en solitario con Judas Priest como grupo invitado. La llamó *No More Tours 2*, un guiño a la que en teoría era su despedida de los conciertos, allá por 1992. Sin embargo, sus problemas de salud le obligaron a posponer todas las fechas, primero de 2019 a 2020 y, debido a la pandemia de coronavirus, finalmente a 2022. Si Ozzy, con 72 años cumplidos en diciembre de 2020, se ve optimista como para seguir tocando a dos años vista, ¿significa que aún sigue habiendo esperanza para algún concierto más de Black Sabbath?

Tony Iommi ha mencionado que estaría dispuesto a ello. Si algo ha demostrado a lo largo de los últimos 50 años es que siempre lo ha estado. Sin embargo, Geezer Butler dio una entrevista en 2020 en la que cerró la puerta a una reunión: «Definitivamente no habrá más Sabbath. Se ha terminado». Ozzy sigue la misma línea clara y contundente que el bajista, aunque confiesa que de lo único que se arrepiente es de que en los últimos conciertos no participara Bill Ward. El baterista, por cierto, publicó un vídeo en 2019 con su cara en primer plano y de apenas 20 segundos en el que reconocía que seguía queriendo a sus excompañeros («siempre lo he hecho», apunta) y que está «abierto a cualquier idea para tocar juntos en el futuro». Quizá el tiempo le haya servido para arrepentirse de su polémica posición antes de la salida a la venta de *13*.

Lo cierto es que con Black Sabbath nunca se sabe, y si las posibilidades son del 50% si hacemos caso a sus cuatro integrantes originales, eso quiere decir que no hay nada descartado, al menos mientras sigan vivos. Hay quien mira los Juegos de la Mancomunidad de 2022 (Commonwealth Games 2022), que tendrán sede en Birmingham entre julio y agosto de ese año, como una buena ocasión para que Sabbath haga una aparición estelar como embajadores de la ciudad inglesa. En el futuro se verá. Pero, sin duda, es admirable que, después de cinco décadas acaparando titulares, siga habiendo interés por ver a unos abuelos de más de 70 años tocando juntos sus canciones. No deja de ser la prueba de que, a pesar de todos los obstáculos, algo hicieron bien para trascender a varias generaciones. Tocaron el cielo y el infierno con su música pero, desde luego, su legado ya no es algo terrenal. Es de todos.

7. Anécdotas: las típicas cosas para decir que eres un experto en Black Sabbath

- Antes incluso de que existiera Black Sabbath, a mediados de los años sesenta, Tony y Bill coincidieron en un grupo llamado The Rest. Así fue como se conocieron. En aquella época se cruzaron con un músico peculiar llamado John Bonham, al que entonces echaban de los grupos porque tocaba demasiado fuerte para tratarse de versiones de pop y rock. «Todo esto era antes de que los grupos tuvieran sistemas de PA y las baterías estuvieran amplificadas. Él tocaba sin micros, pero golpeaba tan fuerte que era increíble», recuerda Tony. Bonham acabó siendo el baterista de Led Zeppelin, otro de los grupos escultores del rock duro junto con Deep Purple y Black Sabbath.
- Antes de encontrar su afición por la música, el joven Ozzy pasó por unos cuantos trabajos. Uno de ellos fue fontanero, y, paradojas de la vida, se cortó por accidente la parte superior de uno de sus dedos pulgares, aunque antes de que empecemos a buscar patrones con Tony Iommi, hay que aclarar que, por suerte, pudieron volver a reimplantárselo en el hospital.
- El nombre real de Geezer es Terence Michael Joseph Butler. Sin embargo, en el Reino Unido de los años cincuenta y sesenta, «geezer», como «bloke», era un palabra argot que se utilizaba como sinónimo de «hombre», «chico» o, como coloquialmente se dice en España, «tío». Es el equivalente al «dude» de Estados Unidos. Por lo visto, Terence no se quitaba el «geezer» de la boca, y por eso todo el mundo empezó a llamarle así. Y así se quedó.
- Al parecer, el primer concierto que Tony, Ozzy, Geezer y Bill dieron juntos, el 24 de agosto de 1968 en Carlisle, no fue muy bueno. Lo que no podrá olvidar ninguno de ellos es la pelea que vivieron justo después. Esta se originó porque un borracho le preguntó a Ozzy si quería acostarse con su novia porque «la estaba mirando». Ozzy, que no la recuerda especialmente atractiva (en concreto, la define como «troll»), sabía que cualquier cosa que contestase iba a acabar mal, así que decidió involucrar a un tercero para intentar librarse de la situación. «Bill, ¿te acostarías con esta chica?»,

le preguntó Ozzy al baterista. «¿Cómo?», respondió sorprendido. Y fue entonces cuando el hombre borracho montó en cólera y empezó a repartir puñetazos. Tanto Ozzy como Bill estaban esquivándolos, pero Tony vio lo que estaba pasando, se acercó y, supuestamente, le dio una buena paliza a aquel pobre ebrio. Acto seguido continuó recogiendo sus cosas, como si nada. «Tony era mucho más pequeño que el tipo, muuucho más pequeño, pero era un luchador increíble», recuerda Ozzy.

Tony Iommi apareció junto a Jethro Tull en la película de los Stones *The Rolling Stones Rock and Roll Circus.*

- Tony Iommi estuvo un mes siendo el guitarrista de Jethro Tull y fue ahí donde vio cómo hacía las cosas un grupo profesional, algo que luego él aplicó en lo que acabaría siendo Black Sabbath. La única aparición en directo de Tony junto a Jethro Tull fue en una película de los Rolling Stones que se llamaba *The Rolling Stones Rock and Roll Circus.* Tony ya había anunciado su intención de irse, pero Ian le pidió que le hiciera el favor de tocar en una cita tan importante porque no había tiempo material para encontrar a un sustituto. Y así lo hizo, rodeado de bandas como The Who y The Dirty Mac, un supergrupo conformado nada más y nada menos que por John Lennon y Yoko Ono, el baterista de Jimi Hendrix, Mitch Mitchell, y los guitarristas Eric Clapton y Keith Richards. Aunque se iba a emitir en la BBC, los Rolling lo cancelaron porque no acabaron contentos con su actuación. Finalmente, acabó viendo la luz en VHS en 1996 y en DVD en 2004. Para los curiosos, se puede ver a Jethro Tull con Tony tocando la canción «Song for Jeffrey» y es fácil de encontrar en YouTube.

- Fue Geezer quien sugirió el nombre de Black Sabbath. Fue por culpa de su hermano, que había visto una película de terror llamada *Black Sabbath*, dirigida por Mario Bava y protagonizada por Boris Karloff, y no dejaba de hablar de ella. El nombre le llamó la atención, lo propuso y a sus compañeros les gustó. También es cierto que la otra opción era «Jimmy Underpass And The Six Way Combo», del siempre gracioso Ozzy.

- «Paranoid» es la canción de mayor éxito de Black Sabbath y, aparte de que estuvieron a punto de no grabarla porque consideraban que era demasiado simple, la letra la improvisó prácticamente en el estudio Geezer, y, aunque

Black Sabbath, la película de Mario Bava que da nombre al grupo.

«es una mezcla de la paranoia que te entra cuando estás fumando droga y la depresión que viene después», en ningún momento se menciona eso de «Paranoid» en los versos. Le puso ese título porque «paranoid» era una palabra muy usada entonces, sobre todo para los jóvenes que fumaban droga. «Es como el *YOLO*[12] o lo que quiera que sea hoy día», reconoce Geezer, que explica que también tiene que ver con que tenía problemas de depresión no solo por la droga, sino porque varios miembros de su familia murieron en la época y también porque pasaba mucha hambre en las giras al ser vegetariano.

- Tony Iommi, acostumbrado a vivir en un estado de percance continuo, tuvo que grabar el primer disco de Black Sabbath con una guitarra que no estaba acostumbrado a usar. Iba a grabar con su Fender Stratocaster, pero le falló la pastilla (que hace las veces de micrófono en una guitarra eléctrica), y tuvo que tocar con su sustituta, una Gibson SG (conocida por ser la favorita de Angus Young de AC/DC), que apenas había tocado. Esto para un guitarrista suele ser sinónimo de malas noticias: no poder grabar con la guitarra con la que te sientes cómodo es una faena, pero más para Iommi

---

(12) YOLO, *de las siglas en inglés de You Only Live Once («Sólo se vive una vez»), es una expresión que se dice antes de hacer algo de lo que posiblemente te arrepientas después.*

y sus peculiares y accidentados dedos, aunque no le quedó más remedio que seguir adelante.

- La música de Black Sabbath es tan universal que incluso llegó a formar parte de películas taquilleras del Universo Cinematográfico de Marvel. Así, *Iron Man*, protagonizada por Robert Downey Jr., utilizó la canción con el mismo nombre en los créditos del final, e incluso el propio Tony Stark aparece con una camiseta de la gira *Never Say Die!* de Black Sabbath en otra cinta de la saga, *Los Vengadores*.

- Si los integrantes originales de Black Sabbath empezaron a llevar cruces plateadas como tónica habitual es porque, al parecer, una vez se negaron a tocar en un círculo de rocas (similar al Stonehenge) en lo que parecía un rito satánico. Cuenta Geezer que les maldijeron por negarse a actuar y, por si acaso, empezaron a colgarse esas cruces, que fabricaba el padre de Ozzy. Luego acabaron convirtiéndolas en objetos de merchandising y todo un signo de la imagen del grupo. Vamos, que de satánicos tenían poco nuestros queridos protagonistas, pero eso no les impidió atraer a un determinado tipo de público que consideraba que sí lo eran. Fue otra de las consecuencias de la estrategia promocional que decidieron emplear para Black Sabbath.

- Por su primera gira por Estados Unidos, allá por 1970, Black Sabbath solía ser el grupo telonero. No fue así en Detroit, donde lograron ser el grupo principal y, según Bill, fue el concierto que lo cambió todo. Al parecer, la audiencia estaba bastante parada durante la primera parte del repertorio, y entonces Ozzy empezó a insultarles. Acto seguido, Bill arrojó parte de su batería al público y se marchó del escenario. Sus compañeros le siguieron. La gente empezó a preguntarse qué estaba pasando y, cuando los chicos volvieron a salir, repitieron el proceso de insultar e increpar a la audiencia. Así lo hicieron hasta siete veces seguidas. Los medios locales se hicieron eco de aquella estampa surrealista y alimentaron el nombre del grupo, que se ganó la fama de extravagante por sus propios méritos. «La siguiente vez que volvimos estuvimos tocando en estadios», recuerda Bill. Y no le falta razón, puesto que en su segunda gira por Estados Unidos, con 25 conciertos a partir de febrero de 1971, acabaron tocando dos noches seguidas en el Inglewood Forum de Los Ángeles, con capacidad para 15.000 personas.

- Una de las muchas cosas que pasaron durante la loca grabación de *Vol.4*, fue cuando Ozzy pulsó un botón por error y acabó llegando la policía. Esta anécdota le sirvió al vocalista de inspiración para una canción de su disco en solitario *Ordinary Man*, publicado en 2020. Se llama «It's A Raid» y junto a Post Malone rememora este peculiar episodio. Básicamente, como hacía mucho calor, Ozzy pulsó por error un botón que pensaba que era el del aire acondicionado. En realidad era una alarma conectada con la policía, que tardó pocos minutos en personarse para

Black Sabbath de gira por los EE.UU.

ver si todo estaba bien. Cuando los chicos vieron aparecer dos coches de policía en la entrada de la mansión, pensaron que era una redada y que sus días de diversión acabarían en la cárcel angelina. Ozzy comenzó a gritar histérico «It's a raid!» (¡es una redada!), que es justo el título de su canción, y sus compañeros se dispusieron a arrojar por el retrete toda la droga que pudieron. «Debimos tirar por la cadena unos 10.000 dólares de cocaína y hierba», recuerda Geezer. Ozzy, en cambio, pensó que hacer eso era un desperdicio, así que se encerró en una de las habitaciones y esnifó todo lo que pudo: «Me salía cocaína por las orejas. Después de aquello me pasé cuatro días sin poder dormir», cuenta. Los policías solo querían comprobar que todo estaba bien, y, por suerte, abrieron la puerta unas *au pair* que trabajaban para su representante, Meehan, que confirmaron a los agentes que no había pasado nada. Cuando se marcharon, nuestros intrépidos protagonistas intentaron salvar algo de droga de los atascados retretes, sin éxito.

- Para la citada grabación de *Vol.4*, Black Sabbath tenía un generoso presupuesto de 60.000 dólares. Geezer cuenta que estaban tan enganchados a la cocaína que se gastaron unos 75.000 sólo en esta droga, que fletaban hasta con aviones privados. Si ajustamos a la inflación y al valor de ese dinero en 2020, sería el equivalente a unos 470.000 dólares (385.000 euros). Una absoluta barbaridad.

- Otra anécdota que sucedió después de que grabaran *Vol.4* y cuando estaban a punto de tomar el avión de vuelta a Reino Unido. Después de varios meses de desfase y desenfreno, con orgías, drogas y múltiples historias que pasaron en aquella mansión, los chicos temían haber contraído alguna enfermedad de transmisión sexual, y lo último que querían era contagiar a sus respectivas parejas. «Un método a prueba de fallos para asegurarte de que no le pegabas nada raro a tu señora era una inyección de penicilina. Lo aprendí después de pillar gonorrea una vez», confiesa Ozzy. Por tanto, dado que no conocían a ningún médico de confianza para este «trámite», la única solución era ir a urgencias e inventarse alguna excusa para que les pusieran esa inyección. Se presentaron en un centro médico en medio de un pequeño pueblo de Estados Unidos, del que ni recuerdan el nombre, y llegó el momento de dar explicaciones en recepción. La imagen debió ser dantesca: casi diez melenudos, contando a nuestros chicos (menos Bill, que estaba con su novia en otro sitio) y varios miembros que trabajaban para ellos en los conciertos, poniendo cara de buenos sin saber cómo explicar que habían sido unos cafres durante varias semanas consecutivas. «Ozzy, a ti no te importa, estás loco, explícale tú a la recepcionista», le increpaban, y finalmente dijo: «Creo que me he roto una costilla». Cuando le tocó el turno a Geezer, su actuación fue de todo menos discreta: «Tengo lo mismo que él». Alguien debió chivarse porque a los siguientes ya solo les preguntaban «¿va usted con los demás?», sin pedir más explicaciones. Acabaron todos en una sala con los pantalones bajados y el culo en pompa esperando el dichoso chute de penicilina. Esto también es la vida de las estrellas del rock.

- Durante las grabaciones de *Sabbath Bloody Sabbath*, Ozzy fue camello por un día de la banda inglesa Yes, que estaban en el mismo estudio que Sabbath. El vocalista les pasó un poco del hachís de Afganistán que había recibido, y los chicos de Yes aceptaron probarlo inmediatamente. Ozzy se marchó a grabar varias tomas de sus voces con Black Sabbath, que intercaló con algún porro que otro de su recién llegado pedido, y varias horas más tarde decidió pasarse por el estudio de Yes para ver qué tal les iba. No había nadie. Preguntó en recepción y le dijeron que se empezaron a encontrar mal y se marcharon a casa. Y él como si nada, claro.

- Por si no hubieran sufrido lo bastante mientras estaban grabando *Sabotage*, tuvieron que regrabar por completo «The Thrill of it All» porque uno de los técnicos se equivocó al etiquetar los tonos de referencia para el máster, y sobreescribió con ellos la propia canción. Black Sabbath se acordó de él en los créditos del álbum: «Operador de cinta y saboteador - David Harris», pusieron con sorna.

- Durante la gira de *Sabotage* contaron con Aerosmith o KISS como teloneros. Los chicos de Black Sabbath no se llevaban bien al principio con los de KISS, y llegaron a hacer cosas como pintar los carteles de los conciertos cambiando KISS por PISS («Orina» o «pis», en español, muy diferente al «beso» de su nombre original). Como vemos, no solo eran bromistas entre ellos.

- En *Technical Ecstasy* las cosas empezaron a tambalearse en los Black Sabbath originales, aunque eso no frenó sus ganas de juerga. Por ejemplo, Tony cuenta cómo acabaron disfrazando a Bill de Hitler mientras el baterista iba borracho. Para recrear el peinado del dictador le pusieron tanta cinta adhesiva a Bill que tuvieron que cortarle el pelo después para quitársela. Es posible que todas las bromas que le hacían a Bill den para un libro entero, aunque una de las más repetidas era abandonarle en sitios concretos cuando estaba completamente borracho. Sus despertares debieron ser curiosos.

- Aunque *Never Say Die!* suele ser uno de los discos peor valorados de Black Sabbath, funcionó bien en ventas en Reino Unido, lo que les permitió volver al famoso programa de televisión inglés *Top of the Pops*. El propio Ozzy reconoce que fue divertido porque tuvieron la oportunidad de conocer a Bob Marley, que también grabó una actuación entonces. «Siempre recordaré el momento en el que salió de su camerino, que estaba al lado del nuestro, y literalmente no podías ver su cabeza a través de la nube de humo de porro. Estaba fumando el mayor porro que he visto en mi vida y, créeme, he visto unos cuantos», rememora Ozzy.

- Tony recuerda que Ronnie James Dio siempre conducía en un Cadillac, y que tenía que elevar el asiento porque el coche era enorme (y él no muy alto). Un día Tony se enteró de que a Ronnie le daban miedo las serpientes, y, al parecer, en la zona por donde ensayaban había bastantes. El guitarrista, que siempre fue uno de los más bromistas en Sabbath, preparó una especie de sistema de poleas para que cuando Ronnie abriera la puerta del conductor le saltara una serpiente de juguete que colocó en el asiento del copiloto. «Casi se caga encima», recuerda Tony, que reconoce que «bromear así ayuda a la gente a llevarse mejor».

- Mientras volaban de Los Ángeles a Miami para empezar a preparar el disco *Heaven and Hell* hubo una anécdota curiosa. Tony recuerda que en el trayecto les llamó la atención que el avión viajaba muy vacío. Al parecer había aviso de huracán y todo el mundo estaba huyendo de Miami en vez de yendo hacia allá. Se enteraron al llegar cuando en el hotel les dijeron que llenaran de agua las bañeras y cerraran las ventanas. La reacción de Tony y Nichols fue salir al balcón a fumar y deleitarse con las palmeras azotadas por el viento. Un policía tuvo que llamarles la atención para que se refugiaran dentro porque aquello era peligroso.

- El 17 de abril de 1980 no solo fue el primer concierto de Ronnie James Dio con Black Sabbath. También fue el nacimiento de un símbolo, el de usar el pulgar, el índice y el meñique en alto para representar los cuernos, que acabaron convirtiéndose en un gesto universal en cualquier concierto de rock o metal. Se le ocurrió a Ronnie y es un símbolo de respeto y paz y nada tiene que ver con Satán o el diablo.

- El teclista Geoff Nichols, que nunca fue reconocido como autor en ningún disco de Sabbath, fue la sombra durante muchos años de Tony Iommi, aunque por momentos parecía que era el único que le soportaba. La cosa llegó hasta tal punto que ni los encargados de montar y desmontar el escenario de Sabbath le aguantaban. Al parecer, cuentan que tenían que quitar todos los pelos que se le caían de la cabeza en el teclado cada noche. Por otro lado, Geezer se paró a escuchar grabaciones de directos y no le gustó lo que escuchó, aunque nunca le contó nada a Tony.

- Cuando Black Sabbath se puso a buscar cantantes después de la marcha de Ronnie James Dio, entre los candidatos estaba, curiosamente, Michael Bolton, que en los años ochenta se hizo famoso por sus baladas pop, y a finales de los noventa puso voz al tema principal de *Hércules*, la película de animación de Disney. Aunque sus orígenes estaban en el rock y en el heavy metal, tanto en su etapa en solitario como siendo el vocalista de Blackjack, Tony recuerda con cariño cómo fue la audición con Bolton: «Le invitamos a venir a probar y le pedimos que cantara «Heaven and Hell», «War Pigs» y «Neon Knights». Lo hizo muy bien, pero no era lo que estábamos buscando exactamente entonces». Eso sí, viendo el éxito internacional que acabó teniendo el cantante, Tony reconoce: «La cagamos, ¿no? ¡Michael Bolton! Un pequeño error».

- Mientras grababan *Born Again*, Ian Gillan decidió instalar una tienda en el jardín de la mansión en la que se encontraban porque, según le explicó a Tony, «era mejor para su voz». Sin embargo, Paul Clark, tour manager de Black Sabbath en estos años, cuenta que lo de la tienda «fue estúpido» porque le pillaron en varias ocasiones colándose dentro de la casa cuando pensaba que todo el mundo dormía. Se ve que el postureo ya existía en los años ochenta.

- En la década de los ochenta se empezaron a hacer famosas las grandes producciones escénicas de los grupos de rock. Black Sabbath, por ejemplo, intentó recrear el Stonehenge con enormes bloques de piedras. La aportación de Don Arden a la producción fue contratar a un figurante con enanismo, que se vestía del bebé de la portada del disco que presentaban,

Born Again. El concierto comenzaba con un llanto pregrabado del bebé y el figurante aparecía trepando entre las «rocas» del Stonehenge. Acto seguido se tiraba por detrás hacia un colchón que no era visible desde la audiencia y aparecían trabajadores de la gira de Black Sabbath disfrazados de monjes. Una noche, con el pabellón Maple Leaf Gardens de Toronto lleno con más de 15.000 personas, este teatrillo salió mal. Alguien se olvidó de colocar el colchón de seguridad detrás del escenario, por lo que el figurante cayó directamente al suelo. Siguieron con el concierto sin mayor problema, aunque no queda constancia de si el pobre figurante acabó en el hospital o fue solo un golpe.

- Entre *Born Again* y *Seventh Star*, en 1985, Tony, Ozzy, Geezer y Bill se reunieron para tocar en directo una sola vez y por una causa benéfica en el famoso festival Live Aid. Mientras ensayaban el repertorio que iban a tocar en una sala privada, Tony cuenta que entraron dos chicas y se situaron al fondo para ver cómo tocaban. Tony envió a alguien para que las echara. Resulta que una de las chicas era Madonna. «Fue vergonzoso, siendo sinceros», reconoció años más tarde el guitarrista, que en aquel momento estaba más preocupado de la resaca que tenía que de quedar bien con quien fuera.

- El grupo empezó a grabar lo que sería *The Eternal Idol* en 1986 en la isla caribeña de Montserrat, aunque estuvieron unos días antes de vacaciones en la cercana isla de Antigua. Mientras el resto de la banda se adelantó y fue de Antigua a Montserrat, Tony decidió quedarse un par de días más y navegar junto a Meehan en su barco hasta la isla donde grabarían. Al parecer, por el camino se toparon con una enorme tormenta, aunque lo único que hubo que lamentar fue que una de las maletas de Tony, con su equipo de música y su pasaporte dentro, se mojó y se arruinó. Sin embargo, el guitarrista se juró que no volvería a subirse en un barco así en la vida.

- La canción «Headless Cross», que da título al disco con ese mismo nombre, fue elegida como single. Grabaron un videoclip en una abadía inglesa con mucha historia (allí, Guillermo el Conquistador venció al Rey Haroldo II mil años antes). Cuenta Iommi que pasaron mucho frío mientras hacían el vídeo porque las escenas se grabaron a medianoche: «Cozy bebía brandy para entrar en calor, pero acabó borracho como una cuba. Casi se cae de la batería. Yo tenía la nariz colorada y no sentía los dedos. Logramos pillar la luz del amanecer, pero también una gripe». Qué lejos quedaba el glamour que vivieron décadas antes...

- Durante la gira de *Headless Cross* hay una anécdota con México. Aunque la canción «Headless Cross» cuenta un mito de la Edad Media en el que un pueblo inglés con ese mismo nombre reza a Dios para salvarse de la peste, la traducción literal al español de su título, «Cruz sin cabeza», no fue muy bien recibida entre algunos sectores católicos. Teniendo también en cuenta el pasado «satánico» del grupo, no tardaron en surgir protestas contra la actuación de Black Sabbath en tierras mexicanas. El concierto estaba programado en el Estadio Plan de San Luis Potosí, con capacidad para 18.000 personas. Al parecer, había gente viajando desde todo México para ir a verles porque era su primera visita al país. Cuando empezaron los preparativos para montar el escenario y todo lo necesario para el show, la policía detuvo al personal que trabajaba para Black Sabbath. Decían que el concierto no podía seguir adelante porque había riesgos de disturbios y aglomeraciones. El mismo alcalde de San Luis Potosí acabó prohibiendo el concierto, por lo que Iommi y los suyos decidieron marcharse en el primer tren. «No discutes con un tipo con una metralleta, y seguramente miles de jóvenes decepcionados nos culparían a nosotros de aquello». Tuvieron que pasar unos cuantos años hasta que Black Sabbath volviera a México.
- Heaven and Hell, el último gran grupo que tuvo Ronnie James Dio junto a Tony Iommi, Geezer Butler y Vinny Apice, originalmente quiso ser una celebración de la era Dio de Black Sabbath. Sin embargo, en esta época, Sharon Osbourne, esposa de Ozzy, tenía todos los derechos de la marca Black Sabbath porque se los había comprado a Tony Iommi años antes para ayudarle a superar un bache económico que le había llevado incluso a la cárcel. Como es lógico, Sharon se negó a que Iommi y los suyos giraran usando ese nombre. Finalmente acabó surgiendo una banda que tuvo gran éxito y, desgraciadamente, solo un disco en el mercado.
- *13* (2013) fue el primer disco de Black Sabbath en llegar al número uno en ventas en Estados Unidos. «Solo» tuvieron que pasar 43 años y cientos de obstáculos e historias por el camino para que cuatro «pringados» de Birmingham consiguieran llegar a lo más alto, aunque ya lo estaban para muchos desde hacía años.

8. Las influencias de Black Sabbath en otros grupos

El germen de Black Sabbath comenzó a finales de los años sesenta cuando cuatro chavales de Birmingham empezaron a hacer versiones de grupos como Crow, The Aynsley Dunbar Retaliation, Cream o John Mayall's Bluesbreakers. Tomaron como punto de partida el blues, un género cuyos orígenes se remontan a mediados del siglo XIX, y lo transformaron en un estilo de música robusto, potente y nunca antes escuchado en el mundo: el heavy metal.

Junto con otros grupos como Led Zeppelin o Deep Purple, Black Sabbath marcó el principio de un camino que, con el paso de las décadas, se bifurcó en cientos de subramas, desde el power metal, pasando por el metal sinfónico hasta llegar al metalcore, black metal, death metal, djent, progresivo, groove metal, thrash metal, stoner, industrial, gótico, alternativo, y un larguísimo etcétera. Y, como en todo árbol genealógico, es bonito e interesante apreciar cuál es el punto de partida, buscar las conexiones y observar en qué ha derivado todo.

Hay un ejemplo muy obvio en todo esto porque ellos mismos lo han dicho en más de una ocasión: **Metallica**. Los integrantes de la que es una de las bandas más grandes de heavy metal de todos los tiempos han llegado a decir que, si no hubiera existido Black Sabbath, ellos no se dedicarían a la música y, por tanto, tampoco existiría Metallica. Que un grupo que ha vendido más de 125 millones de discos en todo el mundo reconozca esto hace pensar la fuerte influencia que ha tenido Sabbath, no solo por lo que hay de ellos en las canciones de Metallica, sino porque, a su vez, Metallica ha influenciado a cientos de otras bandas porque es una de las formaciones de más éxito comercial de toda la historia del rock. Se produce así una cadena que tiene el mismo nexo, y ése es Black Sabbath.

Lars Ulrich, baterista de Metallica, dijo esto en el discurso en la gala en la que Black Sabbath fue incluido en el Salón de la Fama del Rock and Roll en el año 2006: «Si no fuera por Bill, Geezer, Ozzy y Tony, nosotros [Metallica] no estaríamos aquí. Si no existiera Black Sabbath, no existiría Metallica. Sin Black Sabbath, el hard rock y el heavy metal serían muy diferentes. Sin Black Sabbath, yo podría seguir siendo un repartidor de periódicos perfectamente. Black Sabbath es y será siempre sinónimo de heavy metal. Por supuesto que todos respetamos a Blue Cheer, nos encanta Led Zeppelin o Deep Purple, y admiramos a Steppenwolf, pero cuando se trata de definir un género como el heavy metal, Black Sabbath destaca por sí solo. Tomaron elementos que ya existían en el blues, el rock y el soul, los mezclaron con la apropiada cantidad de oscuridad y experiencia callejera, y lo fusionaron con ese "factor X" por descubrir, creando algo único, que nunca se había escuchado ni vivido antes, y tremendamente rompedor con sus enormes himnos de perdición. Black Sabbath es una entidad propia. En mi mente, la única palabra que encaja es "pioneros"»[13]. Posiblemente no se pueda decir más claro.

Metallica empezó de la misma manera que Black Sabbath, es decir, haciendo versiones. En vez de fijarse en el blues como nuestros protagonistas, eligieron canciones de Black Sabbath, Diamond Head o Motörhead. Luego ya consiguieron un sonido propio y el resto es historia, pero una muestra muy clara de la influencia directa que tuvo en ellos Black Sabbath es la canción de Metallica «For Whom The Bell Tolls», publicada en su álbum *Ride the Lightning* (1984), cuyo riff principal bebe del de «Fairies Wear Boots» del disco *Paranoid*. Incluso las melodías de guitarra para unir y hacer que la canción avancen se inspiran de manera muy obvia en el tema original de Sabbath. Esa forma de entender los ritmos, de darle pegada a las guitarras y ponerlas al frente, es algo que viene totalmente de Sabbath. Incluso en su más reciente álbum de estudio, *Hardwired… To Self-Destruct* (2016), el bajista Robert Trujillo afirma que se sigue inspirando en las poderosas secciones rítmicas de Black Sabbath y el famoso «muro de sonido» a cargo de Geezer Butler. Es increíble que, incluso llevando décadas en lo más alto del rock, sigan reconociendo que siguen mirando cómo hacían las cosas Black Sabbath para no perder el foco. Ellos les marcaron el camino.

Iron Maiden es otro de los ejemplos claros que beben de la fórmula de Black Sabbath. Curiosamente, Metallica también tiene trazos de Iron Maiden en su música, como en el arpegio de guitarra de la canción «The Unforgiven II», de un patrón muy similar al de «Children of the Damned» de Iron Maiden. Sin embargo, Steve Harris, líder y bajista de Iron Maiden, otro de los estandartes sin los que sería más difícil comprender el heavy metal,

---

(13) *Discurso en la gala de Inducción de Black Sabbath en el Pabellón del Rock and Roll en 2006.*

afirma que es seguidor de Black Sabbath desde que era pequeño. Por eso es fácil escuchar «Children of the Grave» de Sabbath y entender por qué Iron Maiden construye esas poderosas bases rítmicas en temas como «The Trooper» o «Hallowed Be thy Name». Al igual que Sabbath, Iron Maiden apuesta mucho por compases de 6/8 o 12/8, que es una de las explicaciones para comprender por qué el «ritmillo» de muchas canciones de ambos grupos suena similar. Harris fundó Iron Maiden en 1975, pero no fue hasta los años ochenta que el grupo empezó a triunfar a lo bestia. Y nunca mejor dicho porque *Number of the Beast* (1982) o «El número de la Bestia» en español, es uno de sus discos más exitosos, y en el año 2010 había vendido más de 14 millones de copias en todo el mundo.

A su vez, Bruce Dickinson, vocalista de Maiden y uno de los más alabados en el género, reconoce que Ronnie James Dio es una de sus principales influencias como cantante. Bruce cuenta que la primera vez que escuchó a Dio fue en Rainbow en el disco *Rising* (1976) y su reacción fue decir «¡Oh, Dios mío! ¿Quién es este tipo?». Efectivamente, si escuchamos ese deje operístico y rotundo que tiene Dickinson en la voz, es fácil establecer un puente con la contundencia y sonoridad que el propio Ronnie dio a sus canciones, incluyendo los tres discos de estudio que grabó con Black Sabbath (*Heaven and Hell*, *Mob Rules* y *Dehumanizer*).

Judas Priest es a menudo referenciado como uno de los pilares del heavy metal clásico. Se formó en Birmingham en 1969, casi al mismo tiempo que Black Sabbath, aunque la banda no grabó su primer álbum hasta 1974 y su éxito comercial no se produjo hasta los años ochenta, que es cuando llegan sus discos más importantes e influyentes. Su cantante, Rob Halford, suplió varias veces a Ozzy en directo en Black Sabbath y ha mencionado en varias entrevistas que sin Black Sabbath el heavy metal no existiría. «Para mí son el inicio del verdadero heavy metal», ha llegado a afirmar Halford. ¿Dónde podemos escuchar a Black Sabbath en Judas Priest? Es cierto que su estilo es mucho más melódico y rápido que el de Sabbath, pero canciones como «Electric Eye», «Beyond the Realms of Death» o «Night Crawler» tienen presente ese toque oscuro en el que tanto profundizaba Sabbath y, sobre todo, esa manera de entender la importancia de la base rítmica (batería, bajo y guitarras rítmicas) para darle mucha más pegada a la música.

Pantera es uno de los máximos exponentes del groove metal y también una de las referencias para entender eso que se conoce como «metal extremo», que abarca géneros muy dispares pero muy agresivos como el black metal, death metal o thrash metal. Hartos del éxito que estaban teniendo grupos de rock melódico y glam metal en los años ochenta, con Bon Jovi o Mötley Crüe a la cabeza, la respuesta de Pantera fue embrutecer todavía más el heavy metal hasta límites que poco se habían explorado. Utilizaron la agresividad musical para expresar el malestar que sentían hacia la sociedad y todo lo negativo que sucedía (desde guerras hasta las drogas), y sus integrantes llegaron a decir que Black Sabbath es una de sus bandas favoritas. Incluso se animaron a grabar varias versiones, como «Planet Caravan», que fue paradójica porque escuchamos una de las canciones más suaves de Black Sabbath interpretada por uno de los grupos más brutos de los años noventa. Otra de las elegidas fue «Hole in the Sky», en la que claramente se aprecian los elementos clave que configuraron el sonido de Pantera: riffs de guitarra pesados, bajo y batería sonando a todo volumen y unas voces con muchísima energía. Lo mismo sucede con «Electric Funeral», que también grabaron y que suena como si Black Sabbath hubiera subido aún más la ganancia de sus amplificadores, lo cual creo que es un buen resumen para describir parte de la música de Pantera.

Hay mucho de Tony Iommi en los riffs de Pantera. Su guitarrista, Dimebag Darrell, que marcó un antes y un después a la hora de entender cómo se toca ese instrumento en el heavy metal, se inspira claramente en la rotundidad y en el sonido redondo que Iommi siempre le dio a sus melodías. No hay más que escuchar «Walk» de Pantera y fijarse en «Iron Man» de Black Sabbath. Es como una evolución mucho más enfadada de Black Sabbath.

Otro de los grupos de rock más grandes del planeta es **Guns N' Roses**. Han vendido más de 100 millones de discos, llenado estadios por todo el mundo y su música es parte de la banda sonora fundamental de los años ochenta y noventa. Aunque su estilo está alejado del heavy metal y se acerca más al hard rock que ayudaron a definir Led Zeppelin y Deep Purple, la banda de Axl Rose y compañía también se fijó en Black Sabbath para construir su sonido. El propio Tony Iommi cuenta en su biografía que la canción de Sabbath «Zero the Hero», que él mismo compuso para el disco *Born Again* (1983), le recuerda mucho al riff principal de «Paradise City», uno de los clásicos más reconocibles de Guns N' Roses. Perteneciente a su álbum *Appetite for Destruction* (1987), es, posiblemente, una de las canciones de rock más famosas que existen. Y, sí, hay un estrecho parecido entre la melodía de las guitarras de ambas canciones, aunque es más inspiración que plagio, como muchos han señalado.

El propio Slash, guitarrista original de Guns N' Roses, y todo un icono del rock, reconoce que Black Sabbath es una de sus principales influencias y menciona *Sabbath Bloody Sabbath* (1973) como uno de sus discos preferidos de toda la vida, junto a otros de Led Zeppelin, Deep Purple o Van Halen.

No es casualidad, por tanto, que los riffs de Slash sean como una especie de prolongación de lo que Iommi ya hacía a finales de los años sesenta.

Zakk Wylde es uno de los guitarristas de heavy metal más valorados en la escena actual. Se ganó la fama cuando entró a ser el guitarrista solista de la banda de Ozzy Osbourne en 1987, con quien dio giras internacionales y grabó varios discos de estudio. Zakk es un claro heredero del sonido de Dimebag Darell de Pantera y, en consecuencia, también de Tony Iommi. No es casualidad que Ozzy le eligiera para su banda. De la misma manera que tampoco es coincidencia que el grupo que creó Zakk, Black Label Society, lleve «black» en el nombre. Por supuesto, si escuchamos canciones de esa banda como «Stillborn» o «Suicide Messiah», no solo apreciaremos una manera de hacer riffs que es totalmente Black Sabbath, sino que el propio Zakk, que también es el vocalista en esta formación, tiene un soniquete muy inspirado en Ozzy.

A Zakk le gusta tanto Sabbath que incluso ha creado una banda tributo llamada **Zakk Sabbath**, con la que en verano de 2020 publicó *Vertigo*, un disco que es una reinterpretación de todas las canciones del álbum debut de Black Sabbath, que incluye clásicos como «N.I.B.», «The Wizard» o la propia «Black Sabbath».

Opeth es una banda de culto en el metal progresivo y su sonido es tan variopinto que va desde el jazz hasta el death metal. Su líder, cantante, guitarrista y principal compositor se llama Mikael Åkerfeldt y ha sido reconocido como uno de los autores con más talento en el mundo del rock. Su disco favorito de siempre es *Sabbath Bloody Sabbath* (1973), y su canción preferida del grupo está en este mismo álbum, «Spiral Architect». También cita *Sabotage* (1975) como otra de sus referencias, aunque él mismo explica que una de las cosas que más le gustan de Sabbath era su manera de intercalar pasajes muy duros con otros acústicos. Esa ambivalencia es una de las absolutas protagonistas en el sonido de Opeth, que tiene canciones muy complejas técnicamente, como «Windowpane», «Ghost of Perdition» o «Burden» y que son todo un viaje con picos y valles musicales. Es curioso porque Tony Iommi tuvo que defender ante sus compañeros en su momento la inclusión de canciones más suaves como «Changes». Él decía que era la manera de resaltar los temas más duros. Y eso es algo que aprendió muy bien Mikael Åkerfeldt y aplica en Opeth.

A **King Diamond** se le reconoce enseguida por su pintoresca imagen. Siempre ha aparecido con la cara maquillada, y ahí Alice Cooper es su principal influencia (como anécdota, fue denunciado por Gene Simmons de KISS por supuestamente copiarle el diseño de su maquillaje de «demonio»;

King Diamond tuvo que cambiarlo radicalmente y entonces Simmons retiró la denuncia). Diamond es uno de esos artistas teatrales que siempre ha querido ir un paso más allá de solo la música, con producciones escénicas, ambientaciones extravagantes y discos conceptuales. Antes de actuar en solitario, triunfó en una banda llamada **Mercyful Fate**, conocida por sus letras sobre el ocultismo y el satanismo. ¿Y quién fue la referencia para llegar a ese punto? Eso es. El vocalista danés confiesa que fue a partir de Black Sabbath que empezó a interesarse por el satanismo (como hemos visto, Black Sabbath nunca fueron estrictamente satánicos, pero ciertamente daban imagen de ello) y por la oscuridad, que ha estado presente siempre en su música. Por ejemplo, las canciones de Mercyful Fate «Evil» o «Curse Of The Pharaohs» tienen una clara resonancia en los primeros trabajos de Black Sabbath. De hecho, Diamond recuerda que *Master of Reality* (1973) fue el primer disco que compró en su vida junto con *Fireball* (1971) de Deep Purple. No parece tampoco mucha coincidencia que Metallica decidiera grabar un popurrí de cinco canciones de Mercyful Fate en su álbum *Garage Inc.* (1998). Al fin y al cabo, todos bebieron de la misma marmita de Black Sabbath.

Si nos quedamos en el aspecto visual, **Ghost** es otra de las bandas que más han llamado la atención en los últimos años. Hubo un tiempo en el que Black Sabbath ni concedía entrevistas (al igual que Led Zeppelin), y Ghost aprendió bien de esa táctica de «hacerse de rogar». Dieron una vuelta de tuerca más a esto, y aunque ellos sí se prodigaban en entrevistas, lo hacían desde el más absoluto anonimato. Nadie sabía quiénes se escondían detrás de esos maquillajes tenebrosos. Fue toda una revelación cuando en 2017 el vocalista y líder de la formación dijo su nombre real, Tobias Forge. El resto de sus compañeros siguen actuando sin decir quiénes son, y hubo hasta rumores que apuntaban a Dave Grohl de Foo Fighters como el baterista (algo que acabó descartándose, ya que simplemente grabó un par de canciones con ellos y produjo uno de sus discos).

Ghost no solo aprendió la técnica del misterio como herramienta de marketing de Black Sabbath, sino que también tiene dejes de su música. Mientras que el guitarrista de Metallica, Kirk Hammet, llegó a decir que Ghost era el equivalente actual a Black Sabbath, lo cierto es que en sus canciones hay mucho de esas ambientaciones oscuras y densas. Ghost también juega con las afinaciones más graves de las guitarras y con esas voces casi etéreas que caracterizaban la era de Ozzy. Algunos ejemplos son «Ritual», «Dance Macabre» o «Year Zero», que con solo escuchar fragmentos sueltos queda patente en quiénes se fijaron para conseguir ese sonido.

Si ponemos la mirada en el grunge, ese estilo de música que surgió en los años noventa como respuesta al desencanto de una juventud que no veía un futuro muy próspero, no tardaremos en toparnos con declaraciones de Kurt Cobain, líder de **Nirvana**, que llegó a asegurar que su música era una mezcla de Black Sabbath con los Beatles. El propio baterista de la formación, Dave Grohl, que años más tarde triunfaría con su grupo Foo Fighters, reconoce que en el disco *Bleach* (1989) de Nirvana se aprecia una clara influencia de Black Sabbath, y eso que él ni siquiera llegó a tocar en ese trabajo, por lo que no lo dice por quedar bien. Es cierto que uno escucha canciones como «Blew», «Love Buzz» o «Negative Creep» y se aprecia ese fanatismo por la distorsión de las guitarras y un golpetazo a la cara combinando las líneas de bajo y la batería. Esa rabia primigenia, que también bebe del punk, se encuentra, sobre todo, en los primeros discos de Sabbath.

Alice In Chains es otro de los pilares del grunge. Su guitarrista, cantante y principal compositor, Jerry Cantrell, ha confesado que Tony Iommi es una de sus mayores influencias a la hora de tocar la guitarra y también Ozzy por «sus voces tenebrosas y potentes». De hecho, Alice In Chains le debe mucho a Ozzy porque fueron sus teloneros en la gran gira *No More Tours*, que era la supuesta despedida del vocalista de los escenarios. Si escuchamos la potente línea de bajo de «Would?» o la contundente «Man in the Box» no tardaremos en identificar varios de los aspectos clave del sonido oscuro de Black Sabbath.

Cambiando de tercio y mirando otro estilo diferente de metal, nos topamos con **Anthrax**, considerados uno de los cuatro grandes grupos del thrash metal junto a Metallica, Megadeth y Slayer. Una vez le preguntaron a su guitarrista, Scott Ian, cuáles son sus cinco discos preferidos de metal. Su respuesta fue: «los cinco primeros discos de Black Sabbath». Y sigue siendo todavía más directo: «escribieron la guía para hacer heavy metal. De ahí salen todos los riffs que se han compuesto jamás. Tony Iommi es el tipo responsable de todo esto». Si nos detenemos en canciones de Anthrax como «Madhouse», «Bring the Noise» o «I Am The Law» identificamos un gusto por las guitarras muy graves y en primer plano, así como unas bases rítmicas que lo intentan acaparar todo mientras las voces gritan con furia. Black Sabbath son la cuna de todo esto.

Hay muchísimos grupos internacionales más que han sido influenciados directamente por Black Sabbath. Por citar algunos poco más están **Electric Wizard** (cuyo nombre es ya una mezcla de dos canciones de Sabbath, «The Wizard» y «Electric Funeral»), que son de los más venerados dentro del doom metal; **Black Flag**, que son unos pioneros del hardcore punk y cuyo cantante, Henry Rollins, llegó a decir «Cuando escuché a Black Sabbath, me di cuenta de que mi vida tenía una banda sonora»; **Down**, el esqueje de Pantera con integrantes de Crowbar, Corrosion Of Conformity y Eyehategod, tiene una fuerte influencia de Sabbath con unos potentes grooves. Tanto es así, que su vocalista, Phil Anselmo, llegó a decir: «Puedes confiar en el whisky, en la marihuana y en Black Sabbath»; **Kyuss**, la banda de Josh Home y Nick Oliveri, también miembros de The Queens of the Stone Age, son una referencia en el rock stoner, que bebe por méritos propios de la contundencia y la pesadez de Black Sabbath, como se aprecia en canciones como «Space Cadet» (ese riff de bajo seguro que tiene orgulloso a Geezer Butler), «Green Machine» o «Hurricane».

Black Sabbath también ha tenido mucha influencia en la **música rock española**. Por ejemplo, **Mägo de Oz**. El propio Txus, líder de la formación madrileña, nos cuenta en el siguiente capítulo *(Músicos hablan y reflexionan sobre Black Sabbath)* que «Jesús de Chamberí» es producto de una influencia directa de Black Sabbath y, más en concreto, de «Heaven and Hell». Aunque hay mucho más de Iron Maiden que de Black Sabbath en la música de Mägo de Oz, lo cierto es que cuando el grupo español se adentra en territorios más oscuros y tenebrosos, se palpa un giro que parte de esas guitarras pesadas de Black Sabbath y esa manera de construir atmósferas que tan bien se le daba a Tony Iommi. Otros ejemplos pueden ser «Astaroth», con ese inicio tan contundente, «El Lago», con una potente base rítmica, o «Satanael», con un claro toque arabesco y un tratamiento de guitarras muy en primer plano.

Aunque el vocalista **Leo Jiménez** se hizo famoso en España y Latinoamérica por ser el portentoso cantante de **Saratoga**, una de las bandas más importantes del heavy metal patrio, el madrileño siempre ha confesado que su gusto musical más personal es mucho más oscuro. Le encantan el metal extremo y los sonidos más agresivos de bandas como Machine Head, Pantera o Behemoth. Y, hablando conmigo, me dijo que Black Sabbath tiene gran parte de culpa de que él tuviera predilección por la música más tétrica. Posteriormente, tanto en su grupo Stravaganzza como en su grupo en solitario, se aprecia un gusto por las guitarras contundentes y las poderosas bases rítmicas. «Al igual que para mí han sido una influencia importantísima a la hora de hacer mi propia música, estoy convencido de que esta banda fue la principal influencia para infinidad de grupos doom, stoner o incluso black metal. Es obvio que, sin duda, también lo fueron para muchísimos grupos de heavy metal o thrash, entre ellos los propios Metallica», me cuenta Leo.

Barón Rojo es uno de los máximos exponentes del heavy metal español. Su guitarrista y líder, Armando de Castro, reconoce que él tiene un contexto más cercano al blues, pero que, si acabó haciendo heavy metal, fue por Black Sabbath. Paradojas de la vida, ambos grupos acabaron compartiendo productor, ya que Chris Tsangarides fue quien trabajó con ellos en su álbum en directo *Al Rojo Vivo* (1984), así como para *The Eternal Idol* (1987) de Black Sabbath. Efectivamente, aunque Barón Rojo siempre ha tenido un regusto más a estilos melódicos o cercanos al hard rock, temas como «Hijos de Caín» o «Cuerdas de Acero» tienen un toque más oscuro, sobre todo en el tratamiento de las guitarras y la manera de construir las ambientaciones.

Sôber, uno de los grupos más importantes del metal alternativo español, es otro de los que parecen reflejarse en Black Sabbath, tanto en la manera de aprovechar la oscuridad para generar contrastes con melodías pegadizas, como a la hora de construir los esquemas de las canciones y, en particular, los riffs, que son la columna vertebral de muchas canciones de este grupo. «Arrepentido», «Loco» o «Diez Años» son algunos temas de la banda liderada por Carlos Escobedo en los que se pueden encontrar ingredientes que Black Sabbath ya usaba desde los años setenta.

Si nos fijamos en grupos españoles más extremos, podemos detenernos en **Hamlet**, una formación que nada tiene que ver con el heavy metal tradicional, pero que aprovecha el volumen brutal que Black Sabbath daba en sus grabaciones para llenar y darle mucha energía y adrenalina a sus canciones. El riff inicial de «Limítate», la distorsión del bajo en «No Sé Decir Adiós» o la profunda base rítmica de «J.F.» son algunos ejemplos que remiten a Iommi y los suyos.

9. Discografía

Black Sabbath (1970)

Publicado el 13 de febrero de 1970, el debut de Black Sabbath fue muy mal recibido por la prensa, con una crítica especialmente de la revista *Rolling Stone*, que concluía «es como Cream, pero peor». Sin embargo, el boca a boca hizo que el disco fuera un absoluto éxito comercial en las listas de ventas en Reino Unido. Ante la sorpresa, pronto llegó el contrato para lanzarlo por Estados Unidos y, a partir de ahí, todo sucedió muy rápido.

Canciones como «Black Sabbath», «N.I.B» o «The Wizard» ayudaron a definir las bases de la banda: contundencia, ritmos pesados, voces afiladas y guitarras a tope de volumen.

Hay una curiosidad sobre su portada. A lo largo de los años, y dada la mala calidad con la que la foto de ese molino y esa mujer vestida de negro ha llegado hasta nuestros días, muchos se han preguntado qué sostenía en las manos la modelo. ¿Un gato? ¿Un candil? La respuesta aparentemente es «nada». La sesión de fotos fue al amanecer, hacía mucho frío y la única ropa que llevaba la chica, Louisa Livingstone, era esa manto negro con el que aparece. El fotógrafo, Keith Macmillan, que firmaba entonces como Keef, cree recordar que sostenía un gato negro, pero la modelo lo niega. «Creo que era la posición de mis manos», por lo que probablemente sólo estaba frotándoselas para darse calor.

Paranoid (1970)

Tony, Ozzy, Geezer y Bill querían llamar a este disco *War Pigs*, porque, para ellos, la canción que mejor representaba el álbum era esta. Sin embargo, como acabaron improvisando en el estudio «Paranoid» y fue todo un éxito cuando la publicaron como single, la discográfica decidió que así debería llamarse para que la gente asociara mejor el nombre.

La portada ya estaba hecha y tenía sentido cuando se llamaba *War Pigs*, porque mostraba a un hombre vestido de cerdo con una espada en alto. No obstante, parece que a nadie de la discográfica se le ocurrió cambiarla porque el CD, que se llamó finalmente *Paranoid*, salió publicado con una portada que nada tenía que ver con ese título.

En este trabajo también se incluye «Iron Man», otro de los clásicos que definen el muro sonoro de Black Sabbath.

Master of Reality (1971)

«Children of the Grave» o «Sweet Leaf» son dos de las canciones más representativas de este disco, en el que, entre otras cosas, ya se escuchan los cimientos sobre los que se sustentaría el grunge. También, a partir de este álbum fue cuando a Tony le dio por incluir breves temas instrumentales. En este se despachó con dos: «Embryo» y «Orchid».

Volvió a ser un éxito comercial y la correspondiente gira fue muy bien. Sin embargo, fue a partir de aquí que empezaron a sentir las consecuencias de no descansar y de llevar una vida de desenfreno con drogas, fiestas y viajar sin parar.

Vol. 4 (1972)

Con *Vol. 4*, que ellos querían haber llamado *Snowblind* como guiño a su amada cocaína, intentaron expandir su sonido y les dio por hacer canciones algo más complejas. Incluso se atrevieron con una balada a piano, «Changes». La escribió Tony, que nunca antes había tocado el piano, una muestra de la capacidad y el talento que escondían los chicos.

«Tomorrow's Dream» o la propia «Snowblind» son otras canciones destacadas de un álbum, aunque en líneas generales supone el primer tropiezo comercial de Black Sabbath, mal síntoma para un grupo que llevaba varios años al alza.

Después de la primera parte de la gira, en la que decidieron llevar su propio camello de cocaína, Tony decidió que no seguirían con el resto conciertos previstos porque necesitaban centrarse en su próxima obra, con la que querían llevar todo a otro nivel compositivo para ver si así les tomaban en serio en la prensa.

Sabbath Bloody Sabbath (1973)

Después de un enorme bloqueo creativo y unas cuantas experiencias algo surrealistas en un castillo inglés del siglo XVIII, *Sabbath Bloody Sabbath* fue el intento de Tony Iommi para reivindicar la sofisticación musical de su grupo.

Es un álbum musicalmente muy variado, en el que hay pasajes cercanos al blues, otros al jazz e incluso otros que recuerdan a los Rolling Stones o a los Beatles. Ozzy firma una de sus mejores interpretaciones vocales y tal vez por ello el cantante afirma que es el último gran álbum de Sabbath.

La propia «Sabbath Bloody Sabbath», «Sabbra Cadabra» o «Spiral Architect» son varias de las canciones más destacadas de un disco que se convirtió en el más exitoso del grupo tras *Paranoid*. Palabras mayores.

Sabotage (1975)

Tras descubrir que sus anteriores representantes les habían estafado y siendo conscientes de que no eran ni dueños de sus propias canciones, incluyendo clásicos de su repertorio como «Paranoid», «Iron Man» o «N.I.B», el grupo decidió desahogarse con *Sabotage*, un título que dieron para dejar claro que habían sido «saboteados».

A pesar de su pésima portada, la única en la que aparecen los cuatro integrantes originales de toda su discografía, el CD incluye varios temas que acabarían convirtiéndose en indispensables para entender su música, como «Hole in the Sky» o «Symptoms of the Universe», que hay quien considera una de las primeras canciones de metal progresivo de la historia. También está «Superztar», que incluye un coro de 40 personas y una arpista de 86 años.

La prensa volvió a cebarse contra ellos («causa daño cerebral» llegó a leerse en alguna crítica), aunque al menos les permitió salir de gira y empezar a ganar dinero, esta vez con la atenta mirada de Don Arden y lejos de sus exrepresentantes, con quienes tardarían un tiempo en resolver varios litigios.

Technical Ecstasy (1976)

«Éxtasis técnico» fue la respuesta del grupo ante la ola del punk, que estaba de moda en la época. Iommi y los suyos veían este estilo como algo simple, poco sofisticado, y por eso intentaron dar una vuelta de tuerca más a su música para guardar distancias con bandas como The Clash o The Damned.

Empezamos a escuchar iteraciones que se desvían del sonido clásico de Sabbath, como «Back Street Kids», que suena más a Van Halen, «Gypsy», muy en la onda de grupos hippies de los 70 como Free, o la infame «Rock 'N' Roll Doctor», que coquetea con el rock sureño y eso no se lo perdonaron los seguidores más fieles de Sabbath. Por si fuera poco, Bill toma el micro para cantar en «It's Alright», una balada que suena más a KISS que al grupo que inventó el heavy metal. Fue quizá el primer aviso de que el grupo había perdido el foco y de que hacía falta un revulsivo.

Funcionó fatal en ventas, aunque lo compensaron con una gira en la que recaudaron bien, a pesar de que tuvieran que cancelar las últimas cuatro fechas por Europa por una pelea entre Geezer y Malcolm Young de AC/DC, que eran los teloneros de Black Sabbath en el tour.

Never Say Die! (1978)

Si no puedes con el enemigo, únete a él. Viendo que el punk no era una moda pasajera como ellos pensaban, parece que en *Never Say Die!* su reacción fue hacer canciones más rápidas para intentar emular la energía de ese nuevo estilo musical.

En su lugar lo que consiguieron fue uno

de los discos peor valorados de Black Sabbath, en el que escuchamos a una banda completamente perdida, con canciones que dan la sensación de que estaban a medio hacer.

Quizá fue por el frío que pasaron preparando las canciones en un cine cerrado de Toronto en pleno invierno y sin calefacción, o que directamente la química se había desvanecido entre ellos, pero *Never Say Die!* ofrece una de las caras más alejadas de lo que uno se imagina cuando piensa en Black Sabbath.

13 (2013)

Después de tantas idas y venidas, de reuniones, de avisos sobre un nuevo álbum con la formación original y unos seguidores que querían más, finalmente Tony, Geezer y Ozzy se metieron al estudio. Bill rechazó públicamente formar parte de esto y en su lugar contaron con el baterista Bill Walk (Rage Against The Machine, Audioslave, Prophets of Rage, etc.).

Tal vez por tratarse del último LP de toda la historia de Black Sabbath es uno de los que más suena a su esencia, con canciones pesadas, ritmos machacones y melodías lúgubres. «God is Dead?» o «The End of the Beginning» son varios ejemplos de ello. El sonido es demoledor y en la producción no escatimaron en detalles y, además, el estado en el que suenan nuestros «chicos» (entonces ya más cerca de los 70 años que de los 60) es sorprendente.

13 logró ser el primer y único disco de Black Sabbath en llegar al número uno en ventas en Estados Unidos. Después de 43 años de carrera, no está mal, ¿no?

CON RONNIE JAMES DIO:

Heaven and Hell (1980)

Es considerado como uno de los pináculos del heavy metal. Incluye clásicos indispensables para entender el género como «Neon Knights», «Children of the Sea» o la propia «Heaven and Hell». De hecho, si desgranamos estas canciones, es fácil que encontremos retazos de ellas en grupos de metal que acabaron surgiendo después y que, a su vez, influenciaron a las nuevas generaciones. Gran parte de la música rock o heavy moderna bebe de este álbum.

Fue un disco muy necesario para Black Sabbath y que llegó en el momento justo, el inicio de los años ochenta, en el que la música también estaba cambiando mucho. Con *Heaven and Hell*, Sabbath volvió a ser relevante en el mundillo y gran parte de la culpa la tuvo el aire renovado que otorgó la potente voz de Ronnie James Dio.

Las ventas fueron muy buenas y la gira todo un éxito. Además, fue durante el primer concierto de Ronnie con Sabbath cuando nació el gesto de los cuernos con las manos. Se mire por donde se mire, *Heaven and Hell* es un disco histórico.

Mob Rules (1981)

Teniendo en cuenta el éxito en todos los sentidos de *Heaven and Hell*, es lógico que el grupo, ahora con Vinny Appice en sustitución de Bill Ward a la batería, decidiera seguir un patrón similar (si algo funciona...).

El problema es que durante las sesiones de preparación y grabación empezaron a evidenciarse ciertas batallas de egos, que acabaron reflejándose en una tensión entre ellos que incluso se aprecia en las canciones, que suenan especialmente afiladas. Temas como «Turn Up The Night», «The Sign of the Southern Cross» o «The Mob Rules» parecen puñetazos sonoros más que temas de un grupo de heavy metal.

La fórmula musical que surge en este álbum sirve claramente de influencia a bandas como Iron Maiden, Angra o Soundgarden, grupos muy diferentes entre sí que tienen a Sabbath como denominador común.

También fue un éxito en ventas, aunque esta vez estuvo compitiendo al mismo tiempo contra el primer disco en solitario de Ozzy, *Diary of a Madman*, que conquistó Estados Unidos.

Dehumanizer (1992)

Black Sabbath necesitaba un revulsivo después de varios discos malos a nivel de ventas con Tony Martin. Cuando Ronnie James Dio se mostró dispuesto a volver, Iommi no se lo pensó. A ellos se les sumó el regreso de Geezer Butler, que tras colaborar en varios conciertos tanto con Dio como con Sabbath, sintió el gusanillo del escenario y quiso volver a las andadas. Vinny Appice también volvió, esta vez porque Cozy Powell tuvo un accidente con su caballo y no podría tocar en seis meses (y Tony Iommi no quería esperar tanto tiempo para grabar nuevo álbum).

Así, Tony, Geezer, Ronnie y Appice, la misma formación que grabó *Mob Rules* diez años antes, parió *Dehumanizer*, un álbum que tardaron mucho más tiempo de lo normal en preparar (en total, un año y medio) porque las tensiones entre Iommi y Ronnie fueron evidentes desde el principio. No obstante, ese ambiente crispado le sentó bien a la música, que sonaba muy afilada, muy enfadada. Black Sabbath recuperó su lado más oscuro y heavy, y se aprecia en temas como la agresiva «TV Crimes» o «After All (The Dead)», que parece sacada de lo más oscuro del averno. La que cierra el trabajo, «Buried Alive», suena a grunge, un género que estaba en auge justo durante estos años. Cuando a Iommi le preguntaron por esto, no dudó en decir que quienes influenciaron a los grupos grunge fueron ellos, no al revés.

Otro punto a favor de *Dehumanizer* fueron las letras, que escribieron tanto Ronnie como Geezer, y que apelaban y criticaban cosas reales que estaban pasando en el mundo, como los telepredicadores o el lado malvado de las personas.

Esta vuelta a las raíces y a la formación de *Mob Rules* hizo que *Dehumanizer* fuera el mayor éxito de Black Sabbath de la última década.

CON IAN GILLAN:

Born Again (1983)

Según Tony, Geezer y Bill, este disco no estaba planeado que saliera como uno de Black Sabbath, sino como una colaboración especial con Ian Gillan. El exvocalista de Deep Purple, sin embargo, confiesa que en todo momento quedó claro que iba a ser un disco de Sabbath.

Más allá de si había o no intención de publicarlo como Black Sabbath, *Born Again* fue un auténtico esperpento. Desde la propia portada con ese bebé con cuernos y garras, hasta la extraña combinación musical de Gillan con los demás, las canciones no se puede decir que suenen a Black Sabbath. De hecho, parece más bien un intento de adaptarse a la peculiar voz de Gillan que seguir con el legado de una banda que siempre tuvo una personalidad muy clara.

A pesar de ello, temas como «Zero To Hero» parece que marcaron a bandas como Guns N' Roses. Tony encuentra bastantes similitudes entre el riff de su canción y la de la mítica «Paradise City» de los liderados por Axl Rose.

Funcionó bien en ventas, pero no tanto como los dos discos anteriores con Ronnie. Poco después, esta formación se rompería, así que se podría decir que es una curiosa nota al pie en la historia de la banda.

Seventh Star (1986)

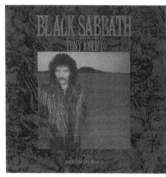

Tony Iommi concibió *Seventh Star* como un disco en solitario, así que tomó una dirección musical que le apetecía probar y que con Black Sabbath nunca se le habría ocurrido. Por eso decidió acercarse con estas canciones al sonido del hard rock melódico de grupos como Foreigner o incluso Rainbow.

No hay más que escuchar el single «No Stranger To Love», una balada empalagosa muy apropiada para los años ochenta pero totalmente alejada de la solemnidad de Black Sabbath. Otros ejemplos son «In for the Kill» o «Danger Zone». Esta última bien podría servir de banda sonora para cualquier película americana de acción. La única que se acerca un poco al sonido Sabbath es «Seventh Star», pero incluso con la voz de Glenn suena más a soul que a heavy metal.

No hay nada malo en estas canciones. Dentro de su género son composiciones interesantes y la ejecución es buena, sobre todo Glenn, que hizo muy buen trabajo vocal. El problema es que la discográfica quiso publicar esto como un disco de Black Sabbath. ¿El resultado? Un fracaso comercial. La gente no entendía que este disco llevara el nombre de Black Sabbath. Por coherencia nunca debió haberlo llevado, pero, como diría cierto presentador de informativos, así son las cosas y así se las hemos contado.

The Eternal Idol (1987)

El primer disco que grabó Tony Martin con Black Sabbath fue un desafío por varios motivos. El primero: la presión para un músico amateur que entraba en un grupo histórico. El segundo: la situación tan mala en la que estaba Sabbath, que había perdido la credibilidad en la escena musical. Y, finalmente, estaba el hecho de que la voz del álbum la había grabado otro cantante (Ray Gillen), por lo que, aunque diera sus pinceladas y personalidad, había que seguir cierto molde, con todo lo que eso implica.

El resultado es un álbum que suena a banda completamente perdida. Un ejemplo claro es «Lost Forever», un intento por sonar actuales con ese toque más rápido y heavy que se llevaba en los ochenta. No olvidemos que Sabbath se hizo famoso por todo lo contrario, es decir, tempos lentos, pesadez y contundencia, y esto era pasar de un extremo a otro.

Los seguidores no entendieron ni apreciaron este lanzamiento, que se convirtió en el mayor fracaso de toda la historia de Black Sabbath. En cierta manera, es lógico porque era difícil tomar en serio a un grupo que cambiaba de integrantes como de pantalones y que, para rizar el rizo, primero hizo canciones casi AOR en *Seventh Star*, y ahora les daba por canciones heavies y rápidas.

Headless Cross (1989)

Con *Headless Cross*, Tony Iommi, único integrante original que quedaba de Black Sabbath, intentó enmendar los errores de los discos anteriores. Para empezar, quiso recuperar tanto el sonido como la imagen oscura, densa y tenebrosa de la banda.

Se aprecia un grupo con las cosas más claras. Merece la pena destacar temas como «Devil & Daughter» o «Kill in the Spirit World», que se acercan más a un rock melódico teñido de oscuridad en el que brilla la voz de Tony Martin. Otra de las interesantes es «When Death Calls», en la que participa Brian May de Queen con un buen solo de guitarra.

A pesar de que musicalmente Black Sabbath empezó a «encontrarse» un poco más en este álbum, su desempeño comercial en Estados Unidos fue pobre, y aquí la discográfica, I.R.S., tuvo parte de la culpa según Iommi porque, al parecer, no hacían bien su trabajo promocional. En Reino Unido fue mejor, pero tampoco era para cantar victoria. Y algo así pasó con la gira. En Estados Unidos incluso tuvieron que cancelar conciertos por la escasa venta de entradas. En Reino Unido siguieron adelante más por empeño que por buenos resultados. Por lo menos, en países como Japón, Rusia, Alemania o Italia, sí lograron llenos. No todo estaba perdido.

Tyr (1990)

En su eterno empeño por mejorar, Iommi no se rindió y quiso que *Tyr* gustase más a los fans y que, por tanto, vendiera más que *Headless Cross*. Con Neil Murray, exbajista de Whitesnake, como principal novedad en la formación, Iommi confió en las letras de Tony Martin, que decidió optar por la mitología nórdica como temática principal, y en Cozy Powell, con quien se encargó de la labor de producción.

Aunque *Tyr* tuvo deslices como «Feels Good To Me», una balada de la que incluso el propio Iommi acabó renegando, también hubo muy buenos temas como «The Sabbath Stones», una crítica al fanatismo religioso, «Anno Mundi», que incluye una impresionante introducción a coro cantada en latín, o «Valhalla», con toques de progresivo muy claros y que le sentaron muy bien a Sabbath.

Iommi respiró aliviado cuando vio que *Tyr* funcionó mejor en ventas que *Headless Cross*. También cuando la gira por Europa fue bien, especialmente en Alemania. Sin embargo, se quedó muy preocupado porque, por primera vez en mucho tiempo, no hubo gira por Estados Unidos porque allí el grupo ya no tenía tirón. Había que tomar medidas y fue entonces cuando Ronnie James Dio volvió a escena.

Cross Purposes (1994)

Para muchos, *Cross Purposes* es el mejor trabajo de Black Sabbath con Tony Martin.
Lo cierto es que el grupo supo encontrar
un punto muy bueno de equilibrio entre
la voz melódica de Martin y los sonidos
más contundentes que caracterizaban a Sabbath.

«Virtual Death», «The Hand That
Rocks The Cradle» o «Cardinal Sin» son
varios cortes representativos de un álbum en el que, seguramente, otra de
las claves fue la participación de Geezer, que se involucró en las composiciones junto a Tony Iommi y se notó en unas canciones oscuras y con mucho
cuerpo (su manera de tocar el bajo, haciendo vibrar con fuerza las cuerdas, es
una de las señas de identidad de la banda y le otorga una personalidad muy
identificable).

Sin embargo, la credibilidad de Sabbath después de tantísimo cambio de
formación estaba lejos de lo que un día fue, y *Cross Purposes* fue otro desca-
labro comercial. Desde luego, Tony Martin debió pensar que el culpable era
él, a pesar de que fuera buen cantante.

Forbidden (1995)

Si algo demuestra la historia de Black Sabbath es que las cosas siempre pueden ir a
peor. *Forbidden* es el vivo ejemplo de ello.
En un intento desesperado por volver a sonar actuales, y teniendo en cuenta que en
estos años lo que se consideraba moderno
era el nu metal, un estilo que mezclaba diferentes tipos de metal con otros géneros

como el rap, aconsejaron a Black Sabbath acercarse al rap en su música. Y como ellos también estaban desesperados por volver a encajar en el panorama musical, aceptaron.

Lo hicieron con un productor con experiencia en el rap, Ernie Cunnigan, e incluso contando con el rapero Ice-T colaborando en «The Illusion of Power», el primer corte del álbum que, a decir verdad, ponía las cosas difíciles a los seguidores del sonido Sabbath de siempre para seguir escuchando el resto.

«Get a Grip» suena a «Love in a Elevator» de Aerosmith y «Shaking Off The Chains» es un engendro que intenta sonar a rap metal y que, en otras condiciones, seguramente no habría pasado más allá de unas risas en un ensayo. Por suerte, no todo es malo en *Forbidden*. Se salvan cortes como la balada «I Won't Cry For You» o «Kiss of Death», que clausura el álbum con cierta dignidad.

Ni siquiera fue una sorpresa cuando se supo que fue un desastre en ventas. Black Sabbath no volvió a publicar un disco de estudio hasta pasados 18 años.

OTROS (DISCOS EN DIRECTO, RECOPILATORIOS Y EP)

DISCOS EN DIRECTO

Paradójicamente, el primer Grammy que ganó Black Sabbath fue por un disco en directo, *Reunion* (1998), que fue la manera que tuvo la industria de premiar el esperado regreso de la formación original con Tony, Ozzy, Geezer y Bill. Desde luego, Black Sabbath siempre ha sido un grupo de conciertos. Les ayudaron a salir de apuros económicos durante muchos años, pero siempre fueron el lugar de reencuentro de sus seguidores, los que siempre les apoyaron y mostraron interés por verles, al contrario que la prensa, por ejemplo, que siempre les castigó con duras críticas.

Ozzy siempre ha dicho que Black Sabbath es un grupo «del pueblo» y, desde luego, la mejor manera de celebrarlo es escucharles en los discos en directo, donde incluso los errores hablan mucho de su música y de la conexión con el público.

CON OZZY:

- *Live at Last* (1980)
- *Reunion* (1998)
- *Past Lives* (2002)
- *Live... Gathered in Their Masses* (2013)
- *The End: Live in Birmingham* (2017)

CON RONNIE JAMES DIO:

- *Live Evil* (1982)
- *Live at Hammersmith Odeon* (2007)

CON TONY MARTIN:

- *Cross Purposes Live* (1995)

DISCOS RECOPILATORIOS

A lo largo de los años, el catálogo existente de Black Sabbath ha ido expri-
miéndose con múltiples discos recopilatorios (que si la era de Dio, que si
grandes éxitos, que si la colección de canciones indispensables…). Esto es
algo habitual en grupos históricos porque sirve para vestir de «nuevos lanzamientos» para las discográficas y generar interés en torno a esas bandas. En
el caso de Sabbath, incluso hubo recopilatorios que salieron sin su conoci-
miento, como *We Sold Our Soul for Rock 'n' Roll*, que publicó el exrepresentante de la formación, Patrick Meehan en 1975.

● *We Sold Our Soul for Rock 'n' Roll* (1975)
● *The Collection* (1992)
● *The Sabbath Stones* (1996)
● *The Best of Black Sabbath* (2000)
● *Symptom of the Universe: The Original Black Sabbath 1970–1978* (2002)
● *Black Box: The Complete Original Black Sabbath 1970–1978* (2004)
● *Greatest Hits 1970–1978* (2006)
● *Black Sabbath: The Dio Years* (2007)
● *The Rules of Hell* (2008)
● *Greatest Hits* (2009)
● *Iron Man: The Best of Black Sabbath* (2012)
● *The Ultimate Collection* (2016)
● *The Ten Year War* (2017)

EP

● *The End* (2016)

Es el único EP oficial de Black Sabbath y, técnicamente, es el último trabajo de
estudio de la formación. Está compuesto por cuatro canciones nuevas y cuatro
grabadas en vivo de *13*, el último larga duración de la banda. Solo pudo comprarse en los puestos de merchandising de la gira de despedida que el grupo
hizo entre 2016 y 2017 y, aunque es un detalle interesante para los seguidores,
en lo musical es bastante prescindible porque ni los temas nuevos son muy
buenos, ni las grabaciones de los conciertos son especialmente memorables.

10. Músicos hablan y reflexionan sobre Black Sabbath

En este apartado he querido recopilar opiniones, experiencias y anécdotas de músicos de rock, que son los herederos del ADN de Black Sabbath y los que, junto a los seguidores, mantienen viva su esencia de una manera o de otra.

Antes de pasar a los músicos, os dejo con un breve comentario del periodista musical especializado en rock y metal **Rafa Basa**, que lleva 35 años cubriendo y siguiendo la actualidad de Black Sabbath, incluyendo entrevistas y crónicas de conciertos:

Black Sabbath es una de las cuatro bandas más legendarias de la historia, sin duda. Yo no fui un fan acérrimo del grupo, pero como periodista les he seguido, respetado y continúo informado de su vida y milagros puntualmente, en sus diferentes etapas. Es claro que inventaron un sonido, un estilo, influyeron en el rock, y muchos se han mirado y siguen mirándose en su espejo, emulando sus fundamentos musicales, y eso solo lo consiguen bandas tan grandes como ellos.

Como periodista he entrevistado varias veces en persona a Ozzy, pero fue en su etapa en solitario, y fue como entrevistar a Herman Munster (Risas). Son momentos que no olvidaré. Recuerdo, en la promoción de *No More Tears*, que escuché en un estudio de grabación, varios temas del disco, y cuando terminé, la persona de Sony me dijo: «Voy a buscar a Ozzy para que le entrevistes. ¿Quieres tomar algo? Pero te voy a pedir un favor —me dijo—: «no pidas cerveza; este tío huele el alcohol y se vuelve loco». (Risas)

Todas sus etapas tienen su magia, pero, sin duda, Black Sabbath sin Ozzy no son Black Sabbath. Las demás versiones son caprichos musicales de Tony Iommi. La etapa de Ronnie James Dio es, para mí, impresionante, y con Tony Martin, sublime. Pero si hablamos de Black Sabbath, sin Ozzy es otra cosa.

¿Temas? Con Ozzy, «Paranoid», por lo que significa históricamente; con Ronnie Dio, «Heaven and Hell»; y con Martin, «Headless Cross».

Rafa Basa, periodista y fundador de Rafabasa.com

MÚSICOS ESPAÑOLES

Leo Jiménez es considerado uno de los mejores vocalistas de rock y metal en español de las últimas décadas. Primero con Saratoga, luego con Stravaganzza y después con su banda en solitario, el artista madrileño cuenta lo que representa para él Black Sabbath:

Los Sabbath fueron para mí el comienzo de mi camino hacia «el lado oscuro». Desde el principio, por mi propio gusto personal, siempre sentí predilección por los sonidos y las temáticas de canciones más oscuras antes que por otras más alegres. Lo primero que escuché de ellos fue su canción homónima de 1970, y me daba incluso un pelín de miedo...y ¡justo eso era lo que me más me encantaba! (risas) Desde niño siempre me apasionó pasar un poco de miedo.

Ese primer álbum de Black Sabbath me cautivó. Al principio casi ni lo comprendía, pues la música de los setenta era un poco difícil de digerir para un chaval de los ochenta como yo. Pero me llamaba poderosamente la atención y lo escuchaba constantemente, pese a no entenderlo bien del todo.

Hay dos etapas de Black Sabbath que me apasionan: los primeros discos con Ozzy y todas las etapas con Ronnie James Dio. Uno de mis álbumes favoritos, pese a no ser de los más famosos de la banda, es el *Dehumanizer*, de principios de los noventa. Ese disco tiene una potencia muy acorde a los tiempos metaleros que ya corrían por aquellos años. En lo que a «caña» se refiere, *Dehumanizer* estaba a la altura de muchos otros discos de bandas en teoría más duras que los Sabbath. Y eso me encanta. Es un trallazo de principio a fin.

Mi tema preferido de este disco es «TV Crimes». Vi el videoclip por aquellos tiempos y me flipó la temática. Sin embargo, mi canción favorita de Black Sabbath siempre ha sido «Neon Knights», del álbum *Heaven and Hell*. Con el paso de los años nunca he parado de escucharla, e incluso yo mismo me atreví a versionarla para rendirle un homenaje al gran Dio. La incluí como *bonus track* en mi disco en solitario *La factoría del contraste* (2016).

Esta banda siempre ha tenido algo especial. Una esencia, un halo de luz incomparable dentro de un panorama donde todos tendemos a sonar de algún modo, y en algún que otro momento, a nuestros papás; BLACK SABBATH.

Leo Jiménez (Leo Jiménez, Stravaganzza)

Txus es el baterista, compositor, líder y uno de los fundadores de **Mägo de Oz**, uno de los grupos de rock y metal más exitosos en español de la historia reciente. Esto es lo que me contó sobre Black Sabbath:

Para mí, Black Sabbath significa heavy metal. Son los padres de este invento. Oscuridad, sentimientos lúgubres. Estoy convencido de que, de ese triángulo formado en los setenta por Deep Purple, Led Zeppelin y Black Sabbath, los que realmente inventaron el heavy metal puro y duro fueron Black Sabbath. Tanto Deep Purple como Led Zeppelin tienen tintes más de hard rock, son grupos más abiertos. Black Sabbath son, sobre todos los riffs de Tony Iommi, espeluznantes.

Mi primer recuerdo de Black Sabbath es con 14 años comprarme un disco muy barato, porque tenía una canción que me llamaba mucho la atención, que era «Funeral Eléctrico», «Electric Funeral». Fue la primera canción que escuché de Black Sabbath y me quedé acojonao', porque, claro, yo tenía 14 años y para mí eso era super satánico.

Mi etapa favorita de Sabbath es con Ronnie James Dio y mi canción preferida del grupo es «Heaven and Hell», me parece una auténtica pasada. Y claro que Black Sabbath me ha influenciado. Hay una canción que da título a un disco de Mägo de Oz que se llama «Jesús de Chamberí». Eso es «Heaven and Hell», es puro Black Sabbath.

Para mí es una banda importantísima, sino la que más, porque son los que iniciaron esto, si no las demás bandas no habrían existido. Me parece que es una banda de heavy puro y duro, con un halo de misterio que, desde el punto de vista de marketing, creo que se lo curraron mucho. Es un grupo con muchísimas canciones atemporales y, bueno, una de estas bandas que dejan de ser solo de los heavies, y se convierte en una banda mítica de rock, en mayúsculas. Cuando una banda deja de ser de pop, de heavy o de trap, y pasa a ser una banda de todo el mundo, es que han llegado a triunfar de verdad. Eso es triunfar de verdad.

Txus DiFellatio (*Mägo de Oz, Alderaan*)

Paco Ventura es guitarrista de **Medina Azahara** desde 1989. La banda cordobesa, fundada en 1979, es una de las históricas del rock español. Paco, que también tiene un proyecto en solitario llamado **Black Moon**, se centra más en la importancia de las guitarras de Black Sabbath:

Para mí, Black Sabbath representa la forma de hacer rock con acordes poderosos que ya te ponen en situación de las letras que narran sus canciones. Escuchando la guitarra de Tony Iommi ya te acojonas un poco y te pone sobre aviso de lo que se te viene encima con cada tema. Creo que es el mejor guitarrista haciendo riffs.

Lo primero que se me viene a la cabeza cuando recuerdo la primera imagen que tuve de Black Sabbath es la figura de Dio moviendo sus brazos y cantando «Heaven and Hell», con Tony Iommi vestido de negro y una gran cruz colgada de su pecho y blandiendo una Gibson SG negra. Cómo guitarrista que estaba empezando, Ritchie Blackmore era mi ídolo a seguir, pero al ver a Tony pensaba, joder, ese tío tiene una imagen increíble sobre el escenario, quiero ser como él.

Me gustan todas las etapas de Sabbath, con Ozzy eran tremendos, con Gillan, buenísimos, y con Tony Martin también me gustaron, tiene una voz increíble y me sorprendió muy gratamente, pero mi etapa favorita fue con Dio. Soy admirador de todo lo que ha hecho este hombre y de su forma de cantar y hacer melodías con su voz rajada. *Heaven and Hell* es mi disco favorito junto al directo *Live Evil*. Temas como «Neon Knights» o el mismo «Heaven and Hell» son alucinantes, tanto en directo como en estudio. Amo esta etapa de Sabbath y es la que más viví y me influenció como compositor y guitarrista.

Black Sabbath están en la cumbre del Olimpo de los grupos consagrados, no sólo por su discografía, también por la calidad de sus músicos y lo que han influenciado a las siguientes generaciones, no sólo de amantes del rock, sino también a los músicos que hacemos esta música. Los admiramos en todas sus etapas, han sabido brillar en cada una de ellas y siempre van a estar en ese lugar reservado para los más grandes de la historia del rock. Larga vida a Black Sabbath.

Paco Ventura (*Medina Azahara, Black Moon*)

Armando de Castro es el guitarrista y cofundador de **Barón Rojo**, uno de los grupos de heavy metal más alabados de España. En declaraciones a *El País*[14], esto es lo que opina de Black Sabbath:

Creo que hicieron de la necesidad una virtud. Ellos se dieron cuenta de que tocando blues rock iban a tener mucha competencia, así que buscaron su hueco. Con ese sonido denso y distorsionado de guitarra, probablemente por las dificultades que tenía Iommi por el accidente que tuvo y la forma de cantar de Ozzy, totalmente ácrata. Tiene una forma de entonar extrañísima, pero encajaba con esas letras y las atmósferas oscuras. A mí me costó entrar en su música, porque yo venía del blues y el rock and roll, de Led Zeppelin, Deep Purple o Cream. Pero luego entendí ese sonido tan frío e industrial y me voló la cabeza. Ese primer disco de Black Sabbath está entre mis favoritos de la historia. De hecho, me metí en el heavy por ese disco.

Armando de Castro (Barón Rojo)

MÚSICOS INTERNACIONALES

Afortunadamente para Black Sabbath, nunca se llegó a cumplir la teoría que Roger Waters de Pink Floyd tenía sobre ellos en 1970: «Son una mierda y desaparecerán rápidamente». Tony Iommi se refirió a esto a lo largo de los años para regodearse.

Sin embargo, son muchos los músicos internacionales que elogian a Black Sabbath. Estos son algunos de ellos:

Rob Halford (cantante de Judas Priest). «En mi mente tengo claro que Sabbath inventó lo que conocemos como el verdadero y puro heavy metal. Sin ellos, el género nunca habría existido»[15].

Steve Harris (bajista de Iron Maiden). «Sabbath me impactó por primera vez cuando estaba en la escuela. Solía ir a casa de un amigo a jugar al ajedrez y él tenía puesto siempre algún disco de fondo, desde Sabbath, King Crimson

(14) Carlos Marcos, «Black Sabbath: cómo cuatro parias de Birmingham crearon una nueva religión, el 'heavy metal'», en El País, Madrid, 29/04/2020

(15) Kory Grow, «Heavy Metal, Year One: The Inside Story of Black Sabbath's Groundbreaking Debut», en Rolling Stone, 11/02/2020

hasta Jethro Tull. Estoy seguro de que lo hacía para distraerme, y lo conseguía porque yo trataba de escuchar. Al final le pedí prestados los discos y los escuché en casa. Me influenciaron muchos, pero el primer disco de Sabbath y *Paranoid* fueron de los que hicieron que acabara queriendo tocar. Me cambiaron la vida por completo»[16].

James Hetfield (vocalista y cantante de Metallica). «Imaginad a un niño de nueve años —tímido, con pinta de educado, pero hirviendo por dentro y deseando que la vida explotara con algún tipo de estímulo—. Descubrir la música fue ese estímulo, pero no cualquier tipo de música. Aquello era algo más que música —un sonido potente, altísimo, pesado que removió su alma—. Ese tímido niño de nueve años saqueaba constantemente la colección de música de su hermano mayor, con quien compartía habitación. Todos esos riffs monstruosos le calaron y le hicieron sentir cosas que nunca había sido capaz de describir con palabras antes. Le ayudaron a romper el cascarón en el que estaba.

Y ahora, como ese niño de nueve años y ahora músico adulto, me doy cuenta de que sin ese sonido tan característico, no existiría Metallica, especialmente con un James Hetfield. Nunca he conocido un grupo tan influyente y tan atemporal. Han contagiado su maravillosa enfermedad a través de diferentes generaciones de música. Siempre han sido citados como influencia de grupos de heavy hasta hoy en día. Son muy queridos y respetados como los padres de la música heavy».

Las siguientes declaraciones de estos músicos pertenecen todas al mismo reportaje de *Consequence Of Sound*[17]:

David Draiman (cantante de Disturbed). «Fueron unos disruptores en la época. Su sonido era tan oscuro, tan siniestro, tan de miedo en cierto modo, pero tan absolutamente bonito, desde no haber escuchado nunca una manera de tocar la guitarra como la de Tony Iommi, a los apasionados gemidos de Ozzy Osbourne, las conmovedoras letras de Geezer Butler o el monstruo rítmico que era Bill Ward».

---

(16) *Joe Divita, «Iron Maiden's Steve Harris: Why I Decided to Play Bass», en Loudwire,* *13/01/2020*

(17) *Greg Prato, «50 Years Ago, Black Sabbath Ushered in Heavy Metal With Their Classic Self-Titled Debut Album», en Consequence Of Sound, 17/02/2020*

Mikael Åkerfeldt (líder de Opeth). «Black Sabbath es mi grupo favorito junto con los Beatles. Me encantan todos sus discos, los de Ozzy, los dos primeros de Dio, incluso el de Ian Gillan, me encanta *Born Again*, y no me hace falta ni ponerlos, me los sé de memoria todos».

Myles Kennedy (cantante de Alter Bridge). «Recuerdo hace mucho tiempo que en la radio, sobre las ocho de la tarde, había una especie de batalla entre dos DJ's por ver quién era capaz de poner la canción más heavy. Así es como descubrí a bandas como Alice Cooper y muchas otras más. Y una de las que pusieron ese día fue «Iron Man». Yo estaba en mi litera, arropado con las sábanas de Star Wars y me dije: «¿Qué es esto? ¡Es increíble!».

Mark Tremonti (guitarrista de Alter Bridge). «Mi hermano Mike era más de escuchar a Van Halen, Kiss, etc. pero mi otro hermano, Dan, tenía todos los discos más heavies y oscuros, así que todo eso lo escuché de él. Recuerdo escuchar «Sweet Leaf» y me encantaba. Black Sabbath tiene algunas de las líneas de guitarra más icónicas, las voces de Ozzy son geniales… son los padrinos del heavy metal».

Tom Morello (guitarrista de Rage Against The Machine). «La primera canción que escuché de Sabbath fue «Iron Man», compré el disco *Paranoid* y se me fue la olla. Nunca había habido música como esa y es tan genial que empezó mi amor por los riffs de guitarra».

Lzzy Hale (cantante de Halestorm). «La primera vez que recuerdo escuchar a Black Sabbath fue con la canción «Heaven and Hell», con ese enorme solo de guitarra que tenía en medio y es, literalmente, una de las razones principales por las que toco la guitarra hoy en día».

11. Bibliografía

Bayer, Gerd, *Heavy Metal Music in Britain*, Routledge, 2009.

Cope, Andrew Laurence, *Black Sabbath and the Rise of Heavy Metal Music*, Routledge, 2016.

Konow, David, *Bang Your Head: The Rise and Fall of Heavy Metal*, Three Rivers PR, 2003.

Iommi, Tony y Lammers, T.J., *Iron Man: My Journey Through Heaven and Hell with Black Sabbat*h, Simon & Schuster Ltd, 2011.

Osbourne, Ozzy y Ayres, Chris, *I Am Ozzy*, Sphere, 2010.

Wall, Mick, *Black Sabbath: Symptom of the Universe*, Orion, 2013.

Weinstein, Deena, «Just So Stories: How Heavy Metal Got Its Name—A Cautionary Tale», en *Rock Music Studies*, Volume 1, Issue 1, 2014.

12. Videografía

«Biography: The Nine Lives of Ozzy Osbourne», en A&E Network, 2020

«End The Silence Music Memory», canal oficial de YouTube de Ozzy Osbourne, 19/09/2019
https://youtu.be/nb5E4TKLNVA

Bray, Riley, «Icons: Tony Iommi of Black Sabbath», en el canal de YouTube de Gibson, 13/02/2020

Johnston, R. Greg, «Biography: The Nine Lives of Ozzy Osbourne», para A&E Television Networks

Ley, Shaun, «Tony Iommi on HARDTalk», en BBC, 2013

Longfellow, Matthew, «Black Sabbath - Paranoid», en BBC Classic Albums, 2010

MTV, «All Hail Black Sabbath», en *Ultra Sound*, 1998

Neuman, Mark, «Ozzy Osbourne - 30 Years After the Blizzard», en el canal oficial de YouTube de Ozzy Osbourne, 19/09/2020
https://youtu.be/BoHwI_Zs8no

The Story Behind «Planet Caravan», en el canal oficial de YouTube de Black Sabbath
https://youtu.be/zoQga3hMkyc

13. Webgrafía

Autor desconocido, «AC/DC Guitarist Clears Up Knife Incident With BLACK SABBATH», en Blabbermouth, 2/09/2003
https://www.blabbermouth.net/news/ac-dc-guitarist-clears-up-knife-incident-with-black-sabbath/

Autor desconocido, «Fear And Loathing In Los Angeles: The Story Of Black Sabbath's Vol. 4», en *Louder Sound*, 24/09/2019
https://www.loudersound.com/features/fear-and-loathing-in-los-angeles-the-story-of-black-sabbaths-vol-4

Bond, Dan, «Interview: Album Covers & Magazine Designer Steve 'Krusher' Joule», en Geeks of Doom, 30/08/2011
http://geeksofdoom.com/2011/08/30/interview-album-covers-and-magazine-designer-steve-krusher-joule

Cole, Paul, «EXCLUSIVE: Guitar hero Tony Iommi - Why Black Sabbath tour will have to be our last», en Birmingham Live, 6/08/2015
https://www.birminghammail.co.uk/whats-on/music-nightlife-news/exclusive-guitar-hero-tony-iommi-9994546

Divita, Joe, «Iron Maiden's Steve Harris: Why I Decided to Play Bass», en *Loudwire*, 13/01/2020
https://loudwire.com/steve-harris-why-decided-play-bass-interview/

Elliot, Paul, «King Diamond: the confessions of Satan's little helper», en Louder Sound, 3/07/2016
https://www.loudersound.com/features/king-diamond-the-confessions-of-satan-s-little-helper

Epstein, Dan, «From the Archive: Original Members of Black Sabbath Look Back on 30-Plus Years of Demonic Riffing», en *Guitar World*, 23/12/2011 https://www.guitarworld.com/gw-archive/archive-original-members-black-sabbath-look-back-30-plus-years-demonic-riffing-2001

Everley, Dave, «"We were four f**king dummies from Birmingham»: the epic story of the birth of Black Sabbath», en *Louder Sound*, agosto de 2019 https://www.loudersound.com/features/black-sabbath-story-early-years

Frankenberg, Eric, «The Year in Touring Charts 2019: Ed Sheeran Meets The Rolling Stones in Boxscore History», en Billboard, 05/12/2019 https://www.billboard.com/articles/business/chart-beat/8545427/ed-sheeran-rolling-stones-2019-touring-charts

Frickle, David, «Jimmy Page: The Rolling Stone Interview», en *Rolling Stone*, 6/12/2012 https://www.rollingstone.com/feature/jimmy-page-the-rolling-stone-interview-101221/

Giles, Jeff, «When Ronnie James Dio Returned to Black Sabbath for 'Dehumanizer'», en Ultima Classic Rock, 22/06/2017 https://ultimateclassicrock.com/black-sabbath-dehumanizer-album/

Green, Robin, «How Black Was My Sabbath», en *Rolling Stone*, 28/10/1971 https://www.rollingstone.com/music/music-news/how-black-was-my-sabbath-78052/

Greene, Andy, «Black Sabbath Pledge To Carry on Without Drummer Bill Ward», en *Rolling Stone*, 3/02/2012 https://www.rollingstone.com/music/music-news/black-sabbath-pledge-to-carry-on-without-drummer-bill-ward-104765/

Grow, Kory, «Black Sabbath on Sixties Origins: 'We Were Rejected Again and Again'», en *Rolling Stone*, 25/02/2020 https://www.rollingstone.com/music/music-features/black-sabbath-on-sixties-origins-we-were-rejected-again-and-again-192645/

Grow, Kory, «Heavy Metal, Year One: The Inside Story of Black Sabbath's

Groundbreaking Debut», en *Rolling Stone*, 11/02/2020
https://www.rollingstone.com/music/music-features/black-sabbath-debut-album-heavy-metal-origin-interview-949070/

Grow, Kory, «'That Evil Kind of Feeling': The Inside Story of Black Sabbath's Iconic Cover Art», en *Rolling Stone*, 13/02/2020
https://www.rollingstone.com/music/music-features/black-sabbath-cover-art-keef-keith-macmillan-interview-951578/

James, Gary, «Interview with Geezer Butler of Black Sabbath», en *Classic Bands*, 18/05/2014
http://www.classicbands.com/GeezerButlerInterview.html

Jovanović, Marko, «Geezer Butler Talks Struggles That Inspired Him to Write Black Sabbath's 'Paranoid,' Says 'Iron Man' Is Based on Jesus Christ», en *Ultimate Guitar*, 6/10/2020 https://www.ultimateguitar.com/news/general_music_news/geezer_butler_talks_struggles_that_inspired_him_to_write_black_sabbaths_paranoid_says_iron_man_is_based_on_jesus_christ.html

Jovanović, Marko, «Tony Iommi: After My Finger Accident, I Used Banjo Strings», en *Ultimate Guitar*, 19/12/2017
https://www.ultimate-guitar.com/news/general_music_news/tony_iommi_after_my_finger_accident_i_used_banjo_strings.html

Kaufman, Gil, «Black Sabbath Finally Make Rock Hall Of Fame — Whether Ozzy Likes It Or Not», en MTV, 28/11/2005
http://www.mtv.com/news/1515054/black-sabbath-finally-make-rock-hall-of-fame-whether-ozzy-likes-it-or-not/

Kielty, Martin, «How Metallica tapped Black Sabbath for Hardwired», en Louder Sound, 14/12/2016
https://www.loudersound.com/news/how-metallica-tapped-black-sabbath-for-hardwired

Levine, Nick, «Black Sabbath: 'We named new album '13' to piss off record company'», en NME, 10/06/2013
https://www.nme.com/news/music/black-sabbath-60-1251275

Marcos, Carlos, «Black Sabbath: cómo cuatro parias de Birmingham crearon una nueva religión, el 'heavy metal'», en *El País*, Madrid, 29/04/2020
https://elpais.com/cultura/2020-04-28/black-sabbath-como-cuatro-parias-de-birmingham-crearon-una-nueva-religion-el-heavy-metal.html

Muela, César, «Crítica de The End, nuevo EP de Black Sabbath», en Más Decibelios, 24/01/2016
https://masdecibelios.es/black-sabbath-the-end/

NME Blog, «Soundtrack Of My Life: Ozzy Osbourne», en *New Musical Express*, 26/10/2016
https://www.nme.com/blogs/nme-blogs/soundtrack-life-ozzy-osbourne-1780760

Norton, Tom, «Five minutes with: Geezer Butler», en Digital Studio Me, 13/05/2014
https://www.digitalstudiome.com/article-7406-exclusive-five-minutes-with-geezer-butler

O'Neill, Eamon, «Geezer Butler: «There will definitely be no more Sabbath – it's done»», en Eon Music, 10/11/2020
https://www.eonmusic.co.uk/geezer-butler-black-sabbath-eonmusic-interview-november-2020.html

Prato, Greg, «50 Years Ago, Black Sabbath Ushered in Heavy Metal With Their Classic Self-Titled Debut Album», en *Consequence Of Sound*, 17/02/2020
https://consequenceofsound.net/2020/02/black-sabbath-self-titled-debut-album-anniversary/

Shteamer, Hank, «Opeth's Mikael Akerfeldt: My 10 Favorite Metal Albums», en Rolling Stone, 26/07/2017
https://www.rollingstone.com/music/music-lists/opeths-mikael-akerfeldt-my-10-favorite-metal-albums-198740/black-sabbath-sabbath-bloody-sabbath-1973-198806/

Simpson, George, «Black Sabbath REUNION? Geezer Butler on future – 'I was sad Bill Ward wasn't at last show'», en Express, 21/10/2020 https://www.express.co.uk/entertainment/music/1350584/Black-Sabbath-reunion-Geezer-Butler-interview-Bill-Ward-Ozzy-Osbourne

Slavković, David, «Businessman or a Mobster? The Story of Infamous Black Sabbath Manager Don Arden», en *Ultimate Guitar*, 28/07/2020
https://www.ultimate-guitar.com/articles/features/businessman_or_a_mobster_the_story_of_infamous_black_sabbath_manager_don_arden-77653

Spaeth, Marco, «Rattle The Cage again», en la web oficial de Tony Martin, 24/11/2007
https://web.archive.org/web/20071124085403/http://www.tonymartin.net/articles/rattlecage.html

Stevenson, Jane, «Black Sabbath gets lucky with 13», en The Sudbury Star, 09/08/2013
https://www.thesudburystar.com/2013/08/09/black-sabbath-gets-lucky-with13/wcm/0a89e982-9f97-44f7-ba4c-96d85a032221

Uhelszki, Jaan, «Ozzy Says «No Thanks» to Hall of Fame», en Rolling Stone, 5/10/1999
https://www.rollingstone.com/music/music-news/ozzy-says-no-thanks-to-hall-of-fame-79479/

Wiederhorn, Jon, «40 Years Ago: Black Sabbath Roar Back With 'Heaven and Hell'», en Loudwire, 25/04/2020
https://loudwire.com/black-sabbath-heaven-and-hell-album-anniversary/

Wiederhorn, Jon, «39 Years Ago: Black Sabbath's 'Mob Rules' Proves Dio Success Was No Fluke», en Loudwire, 04/11/2020
https://loudwire.com/black-sabbath-anniversary-mob-rules/

Wiederhorn, Jon, «28 Years Ago: Black Sabbath Release 'Dehumanizer'», en Loudwire, 22/06/2020
https://loudwire.com/black-sabbath-dehumanizer-album-anniversary/

PLAYLIST DE BLACK SABBATH EN SPOTIFY

Para finalizar, comparto el enlace de una playlist que he creado en Spotify con las canciones que considero fundamentales de Black Sabbath. Para verla también puedes escanear el código que hay más abajo:

https://open.spotify.com/playlist/0A9M95tpVeAYXZ72gFHjFA?si=DmC0_sBHRFyiyZP6LjlU_Q

La Novela Gráfica del Rock

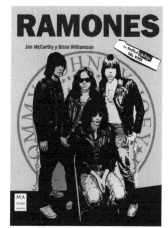

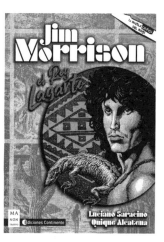